叢書・ウニベルシタス　665

ル・ゴフ自伝

歴史家の生活

ジャック・ル・ゴフ
鎌田博夫 訳

法政大学出版局

Jacques Le Goff
UNE VIE POUR L'HISTOIRE
Entretiens avec Marc Heurgon

目次

6　高等研究学院の科長・学長時代——一九七二—七七年　159

1　青春の思い出

家族的遺産

先年、あなたが『自己史のこころみ』(1)で述べられた詳しい思い出をここでくり返す必要はないと思いますが、ただご家族とあなたの若い日の思い出のなかで歴史家としてのあなたの未来を予告している若干の事実をふり返ることは興味深く思います。

そこで、まず今世紀はじめのご家庭の情景がひじょうに深く印象に残っています。わたしは数年前、弁護士アンリ・ルクレールの伝記(2)をつくりましたが、この弁護士の家族はあなたのように南仏でなくリムザン地方に住んでいました。そこにルクレールの父、公職の教師がいて、その方は不可知論者ですが、明るく、家族にはやさしい人です。そこには母もいて、あなたの場合とおなじく、彼女はキリスト教の熱心な信者であり、『オーブ』紙で代表されるような民主・キリスト教派的イデオロギーに頼っています。

あなたは父上の主な長所として、とくに誠実さと厳格さを挙げていますが。

そのとおりです。わたしの父はまず実直の手本のような人間でした。そこから今日とは違う時代に生きた者として、少しずつ、まれに見る公明正大な人物のように思われました。まさしく父は、模範的な社会としての第三共和国の偉大な時期におけるフランスと同様、つまり正しく進歩的な祖国をつくり、そのおかげで第一次世界大戦に勝利できました。ちょうど父はそのようなエピナル版画を体現していた。その後、わたしはこの想像的イメージの歴史に魅せられた。だから父の面影はその歴史をおもしろがっているように見える。この想像的第三共和国、それは現実には存在しないが、それでもこの時期を生きた父には現実のように思われた——そのように想像しながら生きました。じっさい、父は多少の見当違いはあったにしても——なぜなら父が生きたのは、成人してから第三共和国の輝かしい時期、つまり一九一八年までの時期の一部分を生きただけですから——、この共和国に賛美と愛着、しかし批判的でもあるまなざしを向けていた。たとえばこの想像的第三共和国はその国を体現した多くの人々を生みだし、かずかずの真価を発揮し、体制が変わったのちにも影響をのこし、今日でもわれわれの模範になっています。

あなたのご家族は少なかったですね。

わたしは祖父母を知りません。母方の伯父はいたが、これは変わり者でした。かれはトゥーロンに住んでいたので、よく会いました、わたしはこの伯父夫婦が好きだったが、かれはわたしのイデオロギーの形成にはほとんど関係がありません。というわけで、よく見られるように多くの叔父、叔母がいたり、おおぜいのいとこがいる家族ではなかった。わたしが人生の最初の十六年をいっしょに過ごしたのは両親だけだった。

だがそれは社会的選択というわけではなく、たとえばわたしがひとりっ子であったというのも、父の年齢のせいかも知れない——わたしが生まれたのは、父が四十六歳のときでした。だがむしろ母がひどい難産をしたという事情で説明がつくでしょう、つまり母は産褥熱にかかり、三カ月のあいだ生死のあいだをさまよった——しかもそのとき臨終の秘蹟を受けたほどです。さいわい母は助かったが、二度と子供が産めない体になった。だからわたしがひとりっ子だというのもたんに偶然の理由からです。父——レオン地方のブルターニュ人で、「レオン子」——の家族はブルターニュ地方のカトリック系だったので事情は違います、つまり父には男のきょうだいが一人と女きょうだいが二人いたが、妹のほうは幼いうちに結核で亡くなった。それでもこれは子供の多い伝統的な家族の見本になるでしょう。

第一次世界大戦はあなたのご両親の世代ではたいへんな苦難だったでしょう。ご家庭でも何か被害を受けましたか。

わたしの両親やその知り合いたちが大戦の思い出につきまとわれた環境でわたしは育った。一九一四年には、もう父はあまり若くなかった、というのも三十六歳だったから。この年齢層の人々は開戦当初には第一線に動員されなかった。ところが一九一六年には予備役のすべての人に召集がかかり、かれはヴェルダンへ動員された。そのときの塹壕生活の思い出がなまなましく残ることになります。

戦争末期には父の状況もよくなる、というのもかれは英語教師だったので、アメリカ軍のヨーロッパ介入後に通訳としてアメリカ軍に派遣されたからです。しかしアメリカ兵との接触からは悪い印象しか残らなかった、つまりアメリカ兵はイギリス兵に比べて「行儀が悪く」教養もなかった、というのもイギリスに二年間いた父はイギリス人をよく知り、尊敬もしていましたから。

あなたは大戦の大きな打撃から今日でも影響を受けていますか。

そうです。直接の影響ではないが、わたしの知らないあの大戦から一世紀近く経った今日でも、あの戦争を体験した人々にとって戦争がいかなるものであったかということがわたしの心に深く刻みこまれています。幼いころ、まだ日も浅いあのたいへんな社会的ショックのことがよく話題になっていた。それから三、四十年後、次の大戦が終わったころ、わたしはエコール・ノルマル・シュペリユールの学生だったが、シャルル＝エドモン・ペラン先生が一九一四年の戦闘で前哨をつとめたときの思い出を回想した姿が今でも目に浮かびます。

でも結局、あなたのご家族は被害を受けなかったのでしょう？

ほんとうに助かりました。わたしの親類で亡くなったのはひとりもいません。

母の弟も無傷でした。父方の叔父、つまり父の妹の夫は海軍の技術士官だった、またその才能にも恵まれていたのに退職した。だれにも分かることですが、かれの仕事は「ほんとうの」士官たち、つまり海軍兵学校を卒業した直系の士官から軽蔑される職場にいました、だからそのような社会的序列の相違がそのとき以来、わたしの歴史的ビジョンに影響したと思います。そこに社会的偏見――この技術者らは一般に低い階層の出身だった――と何か一般的な思いこみとの一致が認められた、というのも技術士官は生活の大半を機械のなかや地獄のなか、底辺、つまりひどく陰性に想像される場所で過ごしているからです。戦時中、それもとくに一九一四年の戦争中、この技術士官らは犠牲にされ、大砲の餌食として扱われた。かれらは一九一四年のイゼール川で戦った海軍陸戦隊に所属していて、その五分の四が陸地に残された。

それから叔父はダーダネルス海峡で輸送船団の護衛にあたったが、一度ならず二度まで機雷の攻撃を受けた。かれがどうして助かったのか、不思議なほどです。

あなたのご家族は第三共和国時代の間に、ほかの多くの家族とおなじく社会的地位の向上を果たしましたか。

そうでもあり、そうでもありません。この問題についてわたしが考えたのはもっと後になってからです。だが幼いころから、わたしは両方の経験をしたことをはっきり覚えています。

母方では零落したようです、とにかく社会的に落ちぶれました。祖父はワイン商人だったので、その家族はゆたかな暮らしをしていたが、とつぜん、害虫の大被害を受けた(一八七五―八〇年)。ブドウは、まだ木のうちに買い入れるのが習慣だったから、とつぜん、収穫がゼロになってしまった。そのころにはまだ保険の制度がなかったから、不用心だった祖父は破産しました。母からよく聞かされたのは二、三年のうちに家族の生計が一変した、つまり田舎の別荘を手放し、御者つきの自家用馬車も売り払わねばならなかった。

祖父はワイン商で失敗し、落胆したが、トゥーロンの港町でレストランのオーナーになった。ところがそれも成功せず、タバコ販売所の店長になって生涯を終えた。母も早くから自活の道を考えねばならなかったので、音楽教師になり、トゥーロンのピアノ学校の校長の助手をつとめた。この出来事は、わたしが歴史家になってから「運命の輪」のように思われる、つまりこの象徴は中世の西洋ではなじみ深いものです、というのもこの不幸は結局、一種の社会的下落、または一種の社会的周辺人化につながりますから。

だがこの悲運の最初の犠牲者はむしろ伯父だった。かれは母より十歳年長だったが、リセでりっぱな勉学ができた年ごろに父の財産――少なくとも裕福だった――に頼りきり、特に何もしなかった。トゥーロンで、家族の知り合いが奔走してくれたおかげで市役所の副主任の職が見つかった。収入が少なかったので、かれはあまり熱意を示さなかった。そこでかれは見せ物、この場合はミュージックホールの仕事に転向し、それがかれの余技になった。第二次世界大戦の前に、かれがトゥーロンにあったカジノの支配人をしていたことが思いだされる。いまからしばらく前に、テレビでミュージックホールの華やかな時代が放映されたとき、わたしは伯父の知り合いで、わたしによく話してくれた芸能人たちを思いがけず見ることができた、たとえばトゥーロン出身の有名なマイヨールをはじめ、シャルル・トレネもいた、この歌手もそのころはまだ無名で、たいしたギャラも要求しなかったので、伯父に呼ばれてトゥーロンまで来たのでした。

わたしはこの伯父のことが忘れられない、かれは社会的周辺人に近かったが、まったく魅力ある人でした。かれの妻も大好きだった。彼女はイタリア人で、ダンサーだったが、伯父がよく知らないで彼女を雇いいれ、たいへん気に入っていっしょになった、ただ、祖父は賛成しかねていましたが。かれらが結婚したのは、その後、娘が生まれてからだった。ところで、この伯母はひじょうに優しく、親切で、気前のよい人でした。無教養で、ローマ庶民の典型のような女性でした。だが料理にかけては天才だった！　だからわたしが社会的階級を批判的に見る習慣、つまり歴史家としての反応の形成が早熟だったのもそのへんから来ています。

それに反して、あなたの父方のほうでは第三共和国時代の社会的身分向上という発展に即応したのでしょう？

たしかにそうです。わたしの家族はブルターニュ地方の農民出身だったが、教育界でも、まず初等教育の方面で社会的地位をきずいた。伯母は若死にしたので覚えていませんが、小学校の教師でした。父はもう一段上へ進み、リセの助教員から正規の教員になる。一方、祖父のほうは別の社会的地位向上の道を選んだ。それは軍隊であり、海軍だった。かれは下士官だったが、予備将校と呼ばれ、ゆくゆくは士官になる。このように農家の者が二、三世代のあいだに出世しました。

前世紀の終わりごろ、あなたのご家族はあのドレフュス事件を経験されたでしょう?

そうです。ただしこの事件の正確なことについてはもっと後になってから、つまりわたしが学生、そして教師になってから分かりました。だが、まずその事件に驚いたのは周知のとおりであり――しかも直接の証言もあった――、フランスはこの事件で真っ二つに分断された、だから家族や社会層でも分裂が生じた。一方ではドレフュス派、他方では反ドレフュス派に分かれた。もちろん、社会的身分というよりはむしろ宗教的所属のほうが決定的だった、つまりカトリック教徒の大半が反ドレフュス派になった。

ドレフュス事件は父を一変させた。かれは信仰深いブルターニュ地方のつつましい家庭で育ち、一八九九年の裁判やり直しのときはレンヌの学生だったが、この宗教的で道徳的な意識の悲劇を個人的なドラマとして経験した。この危機から、父は深く反教権派になり、宗教、つまりほとんどの信者がユダヤ人排斥派で、反啓蒙的なキリスト教会を憎むようになった。かれはドレフュス派としての自己を貫くためには反ドレフュス派の基盤である宗教と決別しなければならなかった。だからかれは英語の正教員に任命されたとき、外国への派遣を希望した。もちろん外国を知りたかったが、まずミッション・スクールの教会人教師から受けた感化を外国で矯正したかったのでしょう。そこでかれは外国でフランス語を教える施設をつくった「民間派遣団」と呼ばれる組織に加入した。そしてさっそくサロニカ、ついでスミルナで教え、さらに中東、特にアレクサンドリアで暮らし、一九一四年の大戦にいたります。だがかれはきわめて真摯だったので、母のことを思って、あまり反教権主義を振りかざさなかった、だからかれはわたしにもあまりドレフュス事件のことを話さなかった。

そんな事情では、あなたのご両親の結婚はたいへんだったでしょう? あなたのお母さんのようなカトリック教徒で、信仰深く、敬虔さでは伝統主義のビジョンに頼っている女性が、すべての宗教的実践や宗教そのものから遠い戦闘的反教権主義者と結婚するなどとは、まったく考えられない家庭生活ではありませんか!

まず、事実を述べましょう。戦後、父は長年暮らした地中海沿岸にとどまりたかったのでトゥーロンのリセで英語教師の職をえました。そこで若いピアノ教師と出会い、一九二三年四月に結婚しました。わたしは一九二四年一月一日、午前七時に生まれた。では説明しましょう。母は何よりもまず父とのあいだに芽生えた愛に生き、奇妙なことに各自の個性にはあまりこだわらず、またすでに話したように、母も父も他人の信念には寛容で、敬意を払った。母はそれまでもっぱら宗教から来ていると信じていた徳性を父に発見した、つまり誠実さ、献身、愛他心、深い正義感です。母は父を心から尊敬していて、わたしにいつも父をほめていた。そしてこうつけたした——「ねぇ、わたしは多くのキリスト教徒がお父さんのようにふるまって欲しいと思います」。恐らく母はいつか父のさまよう魂を神の道へつれもどせると期待していたのでしょう。父はどうかと言えば、父はこの問題については固く口を閉ざしていたので、推測するしかない。明らかにかれは宗教がいつかは消滅する迷信であり、女性はその最後の信者として認容できた。おなじく、かれとしては、夫たる者は妻を養わねばならないと思った。そこで母は、その仕事、つまりピアノの教授をあきらめねばならなかった。

ひとたび結婚すれば、実際的な問題に直面するはず。まず、生まれてくる子供にキリスト教的教育を受けさせるべきかどうかの問題があったでしょう?

その点については父はあっさり譲歩した。両親で決めたことは——わたしのようなひとりっ子の場合だったが——初聖体のときまではわたしに宗教的教育を受けさせるが、いつも一般の公立学校へ通わせるという条件つきだった。初聖体の儀式がすんだら、両親は決して子供に宗教を実践させるか、させないかを強制しない、つまり子供の自由にまかせるということになった。両親はそれぞれ違った期待を抱いた。母はわたしが神の道を誤らないようにと摂理の神に祈った。父はわたしがいかなる信仰も捨てて迷信に惑わされないだろうと確信していた。

その結婚式はキリスト教会でおこなわれたのですか。

それが大問題で、もう少しで何もかもだめになるところでした。一九二〇年代のトゥーロンでは、以前に告解をしていなければ聖職者は教会で結婚式を挙げさせてくれなかった。ところで父はきっぱりことわった。父にそんなことを頼むのは酷すぎた。だから幾日も不安と苦悩の日がつづいた。母が訪ねていった聖職者はすべて、父のために「告解証明書」を免除するか、あるいは偽の証明書の発行を拒否した。結局、母は大聖堂の三番目の助任司祭だった老人で、伝統を尊重するが理解もある聖職者に頼みこみ、妥協の手段を見つけてもらった。つまり父は、教会へ行き、神父のそばにすわり、宗教的で道徳的な対話を交わすことに同意した。そこで父は赦免を受け、告解証明書を受けとり、かくて結婚式がうまく運ばれた。

あなたのお母さんはたいへん信仰があつかった。彼女の信心の仕方で、あなたは衝撃を受けたことがありませんか。

宗教的な実践形式には反啓蒙的だと思われるものもありました。たとえば母は父と共同で使っていた部屋の片すみに個人用の小さい祭壇を置いていた。そして夫がいないときに祈禱していた。父も、この祭壇に小さい聖母像が祭られ、祈禱台が置かれていても別に気を悪くする様子はなかった。母はロザリオに凝り、五月のマリアの月にはいつも聖母に祈っていた。

あなたは、母が恐れと苦しみと犠牲のキリスト教を生きたと述べていましたが。

母は宗教的実践で励まされた、母にとって宗教はまず美徳の実践だった。つまり母にとって「善良なキリスト教徒」とは誠実で、まじめで、そして慈悲深く、罪の意識に苦しむ者でした。

この苦痛のキリスト教形式、その典礼、そして特徴的な精神状態はまったく許せないと思われたが、そのことで母を非難しなかったのは、母がキリスト教会、いや少なくともある部類の聖職者の犠牲だと思われたからです。たとえば母はみずから不幸になろうとした、そしてその傾向は宗教的理由から来ていた、なぜなら魂が救われ天国へ行けるためには、まず苦しまねばならないと信じたのです。母の生活観には苦痛礼賛が混じっていた、つまり苦痛と諦念のすべてを尊重した。もちろん、母にはいろいろな不幸があったので、そのような考え方も仕方がなかったかも知れない。彼女が熱愛していた自分の母が五十三歳で亡くなったとき、彼女はまだ二十四歳だった。彼女のほうが長生きしたが……母は信仰の書物に親しんだ、とりわけ『ロザリオ会報』だった、というのも「苦痛の神秘」が大部分を占めていたから。『イミタティオ・クリスティ』［キリストにならって］は母の愛読書だった。要するに、わたしにとって我慢ならないキリスト教は、母のような立派な信者のあいだの幾百万の信者に不幸をもたらした。絶えまない自己懲罰、幸福の拒否、罪の意識と悔悛礼賛のせいです。

聖母マリアの重視があなたに衝撃を与えることが多かった。とりわけマリア信仰儀礼と大巡礼から生じた信仰の促進。

われわれはマリア崇拝に浸りすぎた、そこには本質的に感情的動機を強調する感受性の高揚があったと思われた。わたしは母の部屋の信心コーナーで、五月には毎日、声高いマリアへの祈りに加えられた。さらに六歳のとき、母と伯父と伯母につれられて記念すべきルルド巡礼をした。そのとき、父はこの巡礼をしぶしぶみとめたのだった。打ち明けて言えば、わたしはまだ幼かったが、あの人々を見て、ぞっとしました、というのもわたしが単純で、早熟な批判の目を向けていたかどうか分からないが、かれらがみな間違っていて、狂気じみた期待に文字どおり利用され、だまされているように思われたから。


あなたが教理問答を受けたときのことをどのように覚えていますか。

ファヴィエ神父は立派な老聖職者だったが、教育の仕方がうまくなかった。わたしはただ退屈しただけだった。「命じられたことを信じて、おこないなさい」。これが子供たちの期待にこたえるにはあまりにも単純すぎた、というのも子供たちはもっとためになる心の糧を望んでいたのに。

そのころだったと思われるが、わたしには歴史家の気質が芽生えはじめたような気がします。あまり早くから文献に接し、福音書をじかに読みたくなったのです。ところで、われわれに教えないか、あるいは教えても歪曲されたことがたくさんあった。宗教において本質的な事柄だと言われた多くの主張は福音書にはまったく書かれていなかった。イエスとその使徒たちのことは反宗教改革や十九世紀の幻想このかた、われわれに示された戯画には見られなかった。


あなたの家庭をとりまき、家族に感化を与えた聖職者たちに対してあなたの態度はきびしいことが多いですね。

「立派な聖職者」と呼ばれる人々も知っています、つまりかれらは確かに真理や宗教的価値や善意や友愛をひろめました。たとえばトゥーロン聖堂の第一助任司祭がいます、かれは年老いた母といっしょにわれわれとおなじ建物に住んでいた。この司祭は庶民出身であり、たいへん謙虚で、かなり教養もあって、わたしに蔵書を利用させてくれた。また一九三〇年代の終わりに、トゥーロンの首席司祭だった人のことも思いだされる、かれはその後、アジャクシオの司教になったロサ猊下です。かれはわたしが出会った最初のすばらしい聖職者でした。

だがトゥーロンには感じの悪い聖職者も多かった。なかでも憎かったのは母の告解師でした。これは元宣教師であり、おかげで宣教師に対するわたしの反感は幼いときに根強くなった。宣教師が植民地主義に生き、その伝統を固執する社会を代表するかぎり、宣教師が伝道する土地の人民を軽蔑し、嫌悪したのでわたしは腹が立った。しかも母は自分の告解師のことを「M・尊父はいい方です」とわたしに言った――「いい方だって？　あの男が黒人やインディアンのことをどう言っているか、知っているの？」（かれはラテン・アメリカにいたことがある）――「それは思い違いだわ」と母は反論した。

あなたが受けた宗教教育は完全なものでしたか。

とんでもない。われわれは聖書や聖史について実際に何も教えられなかった。聖書がわたしの愛読書になるのは、わたしが中世研究者になってからです。聖書がなければ、中世の社会や文化、さらにわれわれの文明も理解できないでしょう。

サタンをどう思いますか。

皮肉なことに、これはいちばん気にならない人物です。わたしとしては、宗教にあまり関係のない怪物に見えた。わたしはサタンの出現や迫害を懲罰とは結びつけず、むしろ純粋な意地悪さと思いました。教理問答の文章の中でもっとも分かりにくいことはだれも教えてくれなかった——サタンの「荘重さ」とは何か。わたしはあっさり「葬儀」に結びつけたくなかった、また埋葬の儀式が恐ろしかったので、しばらくはサタンを葬儀屋の姿とおなじように想像した。この恐怖心は暗闇に対する恐怖と密接に関係していた。両親がわたしの部屋に常夜灯を置いてくれるようになり、わたしが九歳のころにはもう夜を恐れなくなり、同時にサタンも消えた。ほぼおなじころ、なつかしい神話の世界からサンタクロースも消えた。

まだごく幼いときに煉獄の話を聞かれたのでしたね。

そうです。その概念がひじょうに重要だと分かりました。母は「煉獄慈善団」という会にはいっていたが、わたしにはそれが母のためになると思われた、というのも母が煉獄という観念で安心できたからだと分かったからです。母は自分の両親や自分も将来、煉獄でなく恐ろしい地獄へ落ちるとは信じられなかった、母はその両親については安心していた、たとえ自分の父があまり信心深くなかったとしても、きわめて善良だと思っていたから、しばらくのあいだは煉獄に置かれるかも知れないが地獄に落ちるとはとうてい信じられなかった。だから父のために心配し、父のために祈りつづけながら煉獄を信じて慰められた。後日、十三世紀のあるテキストで「煉獄は希望である」という言葉を発見して、完全にそのことが理解できた。

あなたのお父さんは晩年に改宗されたということでしたが、いわばマルタン・デュ・ガールの小説の主人公ジャヤ

ン・バロワの例にならったと言えます。

その現象についてはかんたんに説明がつくと思われるが、純粋に霊的、個人的な理由を引きだすのは困難です。だが――父の普段の行動から見て――父は八十歳で死んだが、最後の十年間は両足が麻痺して、車椅子を使わなければ部屋から移動できなかった。そのため母は異常なほど献身的だった、だから父が「改宗」したのも、ほんとうは母に対する感謝を示すためだと思われてならない、なぜなら父が改宗するほど深く感激したとは思われないから。

父は自分の気持を打ち明けたり、示したりするタイプではなかった。かれは夫婦で住んでいたトゥーロン郊外の教区の司祭を呼んだが、復活祭のために自宅で聖体を拝領したのは亡くなる一、二年前のことであった。それだけに、たとえ母への愛情が本質的な動機だったとしても、わたしにはそれだけだとは思われない、つまり道徳的なまじめさから自分の態度になんらかの意義を認めて欲しかったのでしょう。たんに母を喜ばせるだけで、自分の内面的な価値のない形式的なおこないをしたとは思われない。しかもいつまでもわたしには痛ましい思い出がよみがえってきます、つまり父の埋葬のとき――もちろん葬儀のとき――わたしは母にこう言った――「パパが教会堂へ行くのをはじめて見たよ」。

事実、若いころに心を打たれた出来事があります、それは一九三九年八月、前大戦の直前にピレネー山脈へバカンス旅行をしたときのことです。途中、トゥールーズで一日の休憩をするために下車し、町を見物した。父は旅行者のスケジュール以外にはどの教会、サン-セルナン聖堂にもはいろうとしなかった。わたしがかなりいらいらして、父にくってかかるほどだった――「パパの反教権主義はひどすぎる!」それでもわたしは父を尊敬し、愛し、また少し恐れていた。だがかれはまさしく正義の人らしく大仰に振るまったのでしょう。

トゥーロン――軍港で植民地的な都会

あなたは幼いころのトゥーロンの騒音について具体的な記憶がありますか。

われわれはラ・ファイエット大通りに面した市場のそばのアパートに住んでいました。毎朝、農家の女たちがラバにひかせた荷車に果物や野菜を積んで到着し、開店の準備をする音が聞こえた。いくらか朝遅く起きても、市場で主な買い物をすることができた。いつもわたしが最初の客だった、そして迷信によれば一番の客がよい客なら、一日中、品物の売れ行きがよいとのことでした。子供の客は運がつくと言われた。だからわたしはプロヴァンス語で「ガリ、ガリ」、つまり「子ねずみちゃん」と呼ばれた。それが騒音と地方色のすべてだった。感じやすい世界はつねにわたしにはたいへん大事だった。この具体的なすべての兆候を抜きにして過去の庶民生活を再現してはならない、でなければ庶民を知ることはできないでしょう。

あなたは戦前のトゥーロンの軍事的で植民地的な性格に気づきましたか。

ごく若かったころ、特にリセで、恐ろしい社会的圧力によって「海軍・植民地連合会」に参加させられたことがあります。それはほとんど公的な組織であり、その役割が一九三〇年代のトゥーロンに関して、まだ充分に研究されていないのは残念です、なぜならその価値が充分にあると思われるから。この組織の使命は、かつて帝国を征服し支配した船乗りや兵隊に対する賛美と感謝の念を強めることでした。若者たちのためには船や兵舎の見学会、将校との懇談会などが開催された。わたしが十歳のころであり、政治的意識はまったくなかったが、懇談会での話は怖かった、というのも戦争の英雄で、かつ人種的偏見や植民地主義の英雄がいつも称賛されていたから。たとえば、そのころ両親はわたしにボーイスカウトへはいりたいかと尋ねた。わたしはきっぱりことわった――「それは絶対にいやです!」両親はわたしの反応を見て、むしろ喜んだと思います。ボーイスカウトの変な服装や活動が滑稽で、不愉快に思われたのです。

もうひとつ、幼い日のトゥーロンではっきり思いだされることがあります。日曜日、また特に休日の木曜日に、古いヴォーバン城壁へ散歩に行った、そこは散歩道になっていて美しい松林があった。ごく幼かったころ、わたしは乳母につれられてそこへ行ったが、この乳母は恐らく母方の親戚だった。その後は、母につれられて行った、だが母はわたしを産んでから体調をくずし、歩くのが苦しそうでした。われわれの目に映ったのは城塞堀で訓練をしている兵隊の光景だった。この教練は、ヴァンセンヌで兵役につかせられたわたしの息子の話では、いまでも続けられているらしい。思いだされるのは、当時、訓練を指揮する士官や下士官の粗暴さ、野卑な攻撃性にはひどい衝撃を受けました。それに反して、兵卒たちはほとんどアフリカ人、特にセネガル人であり、愛らしい若者たちでした。だからその若者らががっしりして強そうな士官に敬礼するのを見てショックを受けた。腕力はわたしの価値観になかった。その光景は忘れられない。このような反応は、恐らくわたしが受けた宗教的教育、男の友情、キリスト教的友愛の話を聞いていたからでしょう。その話はいつまでもわたしには値打ちがある。わたしが歴史家としてよく奴隷や農奴の問題に触れるようになって、また思いかえされることになります。

戦前のトゥーロンはすでにひどく反動的だったのですか。

トゥーロンの経験はわたしには決定的です。事実、わたしは幼い日々をフランスでいちばん植民地主義的な土地で過ごした。一九六二年以後、「フランス系アルジェリア人」が移住してきてからトゥーロンが極右の都市になったなどと言わないで欲しい。もちろん、トゥーロンが公的に「国民戦線」F・N・に牛耳られるフランス随一の都会になるのは一九九五年以後のことですが、わたしにとっては、まず古くからある深い伝統の結果だと思われる。「反動的」という語は、わたしの言い方では「人民戦線」と同時に使われたが、わたしは「反動的」というものを社会的進歩の敵と見なすことにしています。両者を混同しないように努めています。幸いなことに、反動家たちは必ずしも人種差別者ではなかった。後者のほうがはるかに悪人でした。

そんな人々が海軍にも陸軍にもいましたか。

もう少しものの見分けができるようになって、陸軍のほうが海軍より悪質だと思われた。海軍には教育を受けた者もいて、根っから帝国に心酔していなかった。しかもかれらには、ほかの人々と違って原住民を虐待する必要がなかった。当時、セネガル人、モロッコ人、アンナン人の部隊と呼ばれた軍隊はほんとうに植民地主義の化身だったと思われる。

肯定的な面はまったくなかったのですか。

正当で、繊細な見方をしましょう。わたしもまた、たしかに海軍の肯定的で、美化された想像的イメージからのがれることはできなかった。美しい軍艦や水兵帽をかぶった水兵の格好を見れば、少しは心もはずむ。われわれはいつも、いくらか地域的愛国心の犠牲になっている。サッカーの場合もおなじで、トゥーロンが第一リーグであるかぎり、大試合のあとで結果を知るために駆けつけたものです（わたしとしてはラグビーのほうがおもしろいので、そのチームの結果を知るほうが楽しい。だから地中海沿岸の友人らから、わたしは裏切り者にされたことがある、というのもトゥーロンのラグビー・チームをあまり応援しなかったからです)。おなじくわたしはファロン山のサイクル・レースにも熱中します、水泳にも。ただし一度も泳いだことはないのですが。

父も海軍に未練があった。父の話では、実は近視のために海軍にはいれなかったので教師になったとか。しかしながら、海軍を理想化しかけたときに、その感激をぶちこわすような出来事がおこった。特に忘れられないのは、トゥーロン劇場において表彰式が開催され、そのとき、リセの若手教授が演説するならわしだった。一九三七年か一九三八年の見事な演説者のことが思いだされる、かれは海軍ときわめて悪質な植民地主義を激賞し、二流の小説家のものをさかんに引用した。わたしはその作家、つまりクロード・ファレールの作品を読んで、いやになりました(3)。

軍港トゥーロンを母港にした軍艦の将校たちが数年間の任期で配属され、その町に家族ごと滞在したはずです。恐らくあなたのクラスメートの中にもそんな子供がいたでしょう。あなたはその子らと付き合いましたか。

もちろん、リセのクラスには海軍将校の子供もかなりいました。まず、かれらの傲慢な態度は軍隊的な環境から生じていたと思われるが、多くの者(今にして思えば、あのころに男女共学が実現していたらどれほど進歩したか)は非常に親切だったし、いい仲間になった者もいます。わたしの親友のなかには見あたらないが、それはかれらが長くトゥーロンに滞在しなかったからであり、かれらの父の所属が変わってほかの土地へ引っ越したからでしょう。潜水艦乗組員には特別の魅力を感じました。

それはわたしのうちにあるきわめて深い反動です、つまりわたしにほんとうの反感を抱かせた責任は集団にあって、責任を個人的には責任のない人にまで押しつけようとする事実です、たとえば親の責任を子供に押しつけ、だれかの責任を家族に押しつける。宗教や人種の問題では集団的責任のことには触れないでおきます。ユダヤ人に対する中世のキリスト教徒の態度には、かなり前からわたしは憤慨している。だからわたしにはそのような感情をもてないとしても、父の言葉を聞けば、将校の子供だから付き合わないほうがよいという考え方はしなかったでしょう。

父は長年、海軍兵学校や陸軍士官学校の予備学級で英語を教えた。その仕事は父にとって不愉快でなかったと思われる。まじめな生徒たちだ、と父は言っていた。恐らく父には一種の個人的なノスタルジーだったかも知れない。母にもピアノを習いにくる男女生徒の中に海軍兵の家族がいました、そしてその子供らがとても利口だと母には思われた。

トゥーロンのリセで、はじめて長つづきした友情が生まれます。リセのクラスメートの二人は海軍関係ではなかったが、いちばん親しい友人になる、つまりマクス・ボーセとピエール・アンドローです。

マルセイユの印象はトゥーロンとは違いますか。

戦前にマルセイユへ行ったのは五、六度で、短い滞在でした。ときには日曜日に日帰りしました。わたしは動物園を見物し、象の「ププール」が忘れられない……

まず、マルセイユは大都会に見えた。近代建築の粋、サン-シャルル駅の階段の上につき、カヌビエール通り、ヴィユー-ポール、ジョリエット街を眺める。エクス門が古代芸術の傑作と思うようになる。「マルセイユ・オリエントの玄関口」という記念物の前にたって夢想にふける。世界に向かって開かれたこの開口口《ぐち》はすばらしかった。その後、ドイツ語のアンリ・ピザール先生を知り、親しくなり、ときには先生のお宅に招待された。この先生のアパートは建物の軒蛇腹のはしにあったので、港を見下ろせた。かれは一九四四年のマルセイユ解放戦で殺された、だからわたしが最後に先生のアパートを訪ねたのは一九四五年になって先生の未亡人に挨拶をしに行ったときでした。

わたしはマルセイユでさまざまな人種を知り、トゥーロンで味わった権力とコネの耐えがたい関係に比べて心から楽しかった。アラビア・カーペット商人でさえ、トゥーロンの城塞堀で操銃訓練をしている哀れなモロッコ人とは、おなじ社会でも別人のように見えた。だからわたしは今日では、必然的な事実であり、現実的であり、また当然の観念、つまり混血に対してますます好意的になっています。

それはさておき、一九四一―四二年のあいだ、わたしがリセ、ティエール・ド・マルセイユ校のエコール・ノルマル・シュペリユール予備学級一年にいたときの経験はトゥーロンの場合とはまったく違っていました。クラスメートには海軍将校の子供はいなかった。わたしは病弱で、寄宿生になった。町との付き合いは少なく、浅かったが、外出するのが楽しみでした。マルセイユの国際性、都市の組織力が大好きでした。わたしはここのボンヌ・メール教会で聖体拝領を受ける準備をしました。それから三十年後、マルセイユ市役所でガストン・デフェールの歓迎を受けたとき、子供のころの夢が実現したような印象を受けた。またわたしが、同僚で友人の数学者マルク・バルビュと協力して社会科学高等研究院〔大学〕の付属施設をあのすばらしいヴィエイユ・シャリテの建物内に創設したときは天にものぼる思いでした。

政治的意識

いつごろから、あなたは政治に関心をもちましたか。

ごく若いころから軍国主義に反対する気持ちがありました。たとえ父が自分の生活や感情をあまり話さなくても、わたしはドレフュス派的教育を受けていて、だから宗教よりは軍隊に反感を抱いた、なぜなら将校たちこそドレフュス事件の張本人だったから。一九三五年——わたしの十一歳のとき——、母と伯父、つまり父の義兄のことで重大な出来事がおこった。当時、われわれはパリ郊外にあるその伯父の家でバカンスを過ごしていた。

伯父は軍隊をやめていた——技術将校として味わった屈辱が主な原因だった——そしてかれは一九二〇年代には北部にあるマルク－アン－バルールの大きい織物製糸工場で人事部長になっていた。かれはアルベール・ド・マンとマルク・サンニエの思想に心服して社会・キリスト教主義の闘士になり、労働者に対して家族主義でなく寛容あるいはたんに公正な政策を実施するように経営者たちを説得していた。すべての者の模範——伯父や伯母のところでは聖者と思われていた人——はリールの司教リエナール枢機卿でした、かれは戦時中、ヴィシー政権派でしたが、フランスにおける戦前、戦後のキリスト教に名を残しました。

その後、ポール・デジャルダンの死後、ポンティニ大修道院が「ミッション・ド・フランス」の本部となり、この枢機卿が本部長になった、かれは規則正しく本部へおもむき、たいへんな勇気を示した、それはとりわけ労働聖職者を擁護するためであったが、その活動は教皇ピウス十二世のもとでは容易でなかった。

一九三五—三七年ころ、民主・キリスト教派という小団体がフランシスク・ゲーとジョルジュ・ビドーの尽力のおかげで情報機関『オーブ』紙という日刊紙をかなりひろく普及させることができた。かくて「オーブ友の会」がほぼフランス全国にわたって組織された。

そこで伯父はわたしの母にトゥーロンにも支部をつくるようにすすめた。母はこの新聞の熱心な購読者だったので、民主・キリスト教派的思想に熱中し、幾人かの仲間を集めることができた。奇妙なことに、それまで母はピアノと教会と夫と息子のために生きてきたが、とつぜん政治に関心をもった。彼女はわたしをその集会へよく連れていった、そして『オーブ』紙を読むことがわたしの政治意識を結晶させた。

それはちょうど「人民戦線」の発展と勝利の時期でした。それはあなたにとってどんな意義がありますか。

わたしには大事件のように思われた、そしていつも進歩と希望の運動だったように思われる。しかも真に歴史的な現象が成功するのに必要な想像的イメージもそなえている。心、情熱、夢がなければ、とるにたらない歴史にすぎなくなる……

わたしが決定的に「人民戦線」に味方したと言う必要があるでしょうか。歓迎するだけでなく、活動家としての役割も引き受ける必要を痛感しました、とくにトゥーロンのように反動的なデモが頻発するところでは。だからわたしは、前に述べただけでなく、人種差別に反対する気持ちと「進歩主義的」思想を合体させて人種差別とユダヤ人排斥に反対する「連盟」に加入しました。母もそれに賛成し、また大聖堂の首席司祭だった高徳の人も褒めてくれた、つまりかれはこの活動がキリスト教徒にとって少しも障害にならず、立派なことだと言ってくれた。事実、レオン・ブルムは反動者と人種差別の両方を憎む象徴的人物でした。

この時代に、左派をどう思いましたか。

わたしはあまりにも外向的で激しやすくなることがあります、しかし内面に情熱がなければ政治においてもたいしたことができないでしょう。その点でもすでに右派と左派は違っています。ほんとうに情熱的な右派の人には出会ったことがない、つまり左派では、燃え上がり、楽しいか不幸かになる、だが右派では、すべてが冷ややかであるか、それとも情熱があいまいな価値観、つまりヴィシー政権の「労働、家族、祖国」のことは申すまでもなく、国民、国家、秩序へ向かう。

しかもわたしのようなプチ・ブルジョアにとって大発見だったのは労働者世界のことです。それは人民の一部であるが、真にうらやむような生活に達することができず、また待遇も改善されなかったが、一九三六年には労働者階級に尊厳が与えられた。これは大したことです。

くり返して言うなら、左派は人種差別とユダヤ人排斥に対しても戦った。それはわたしにとってはたいへん重要なことでした。しかもその偏見は今日でもつづいていて、わたしには悪、絶対的な罪になると思われる。ほかの男、ほかの女を「人種が違う」というだけで憎むのは最低だと思われる、しかもその「違い」は、もっとも不合理な根拠にもとづく偽科学的な理論の勝手な正当化です。

正義感も加えたい。ゲーテのよく知られた言葉を読んだのはリセの生徒のときでした――「混乱よりは不正のほうがましである！」これはわたしにはひどい打撃だった。どうしてそんなことが言えようか。ゲーテがそのような意味で言ったのでないことは証明されているが、わたしには納得できない。どんな偉い天才にも限界があります。

大戦が近づいていることを感じましたか。またあなたはその時代の平和運動に動かされましたか。

『オーブ』紙の愛読者だったわたしはミュンヘン協定に大反対だった。ナチに対する強硬政策の賛否についてはリセでも大騒ぎだったことが思いだされる。だがヒトラーは比較的遠くにいるような気がした。そしてわたしのうちに激しい敵意を結晶させたのはフランコだった、かれが将軍であったのでますます

「卑劣」の化身に見えた。わたしはスペイン内戦を熱心に見守った、そしてたいへん残念だったのは、あの立派なレオン・ブルムが不干渉の立場を守ったことです。わたしの考えでは、かれは選択を誤り、イギリス同盟の罠にひっかかった、それがイギリスの保守派の体質から見て、またフランスにおける社会征服を強化する必要性、つまり名誉というよりは欲望だったという点で、間違いのもとでした。

平和主義については、それがもとで第二次世界大戦の前夜におけるフランス人が責任を放棄するようになったというべきです、というのは善良な人民でも政界でも、多くの者がヒトラー、次いでヴィシーへ賛同したからです。一九一九―三九年の時期は一九一四―一八年の時期の影になり、また多くの人のあいだには平和主義のスローガンが覆っていた――「これが最後の戦争だ［……］戦争はもうこりごりだ」。これが抵抗運動を弛緩させ、一九四〇年七月の左派議会の信じられない解散を引き起こす原因のひとつになった、そのとき、左派の過半数の者がペタンの全権を投票可決した。

一九三九年のスペインに話をもどすなら、フランスはこの勝利した国家主義政府を承認した。そして長いあいだスペイン共和国を支持したことを詫びるためにブルゴスのフランコのもとへ元帥を派遣した、その元帥がペタンだった、というのもペタンはこの「統帥」に共鳴していたからだと言われた。そのとき以来、ペタンはわたしの個人的な地獄の中で大きい座を占めた。

ヴィシー体制の汚点

あなたがペタンに反感を抱いたのは愛国心からですか。

そうです。わたしの家族はまったく国粋的でなく、きわめて愛国的であり、そのことはすでに述べたように、一九一四―一八年の前大戦で証明されています。この愛国心を証明する一例があります。一九三九年、戦争を準備できなかった政府はすべての国民を利用しはじめ、国防のために寄付を訴えた。母はためらうことなく純金の首飾りを差しだした、それは彼女が手元におけたはずの高価で貴重なアクセサリーの最後のものでした。

決して忘れられないもうひとつの話がある。一九四〇年五月から六月のあいだに、プロヴァンス地方の上空にムッソリーニ軍の飛行機が示威飛行をおこなったあとで、医者は病気中の父が防空壕へ降りてゆかないですむようにトゥーロンから避難するようにと勧告していた。そこでわれわれはセート方面へ疎開した。六月十七日、わたしはバカロレアの受験申し込みのためにモンプリエにいました。ちょうどそのとき、有名なウッフ広場で、拡声器からあの人物の忌まわしい声が伝えられた、その名を口にするのも不愉快なペタンが、戦闘を中止せよ、敵軍に休戦を申し入れたと告げていた。ひとりの兵士がシャツとパンツだけになって、こう叫んでいた姿がいまでも浮かんでくる――「こんなけがらわしい軍服なんか、二度と着るものか！」これはわたしが最初に見た抵抗活動でした。その兵士のように、わたしもペタンのことを不名誉だと思っていた。わたしは多くのフランス人と違って、まだ分からないヴィシー体制、いずれはユダヤ人を迫害しドイツに協力する体制のことよりはむしろペタン将軍のほうを憎んだ。かれこそ自分の政治的選択と個人的野心のためにフランスを踏みにじった男でした。まことの裏切り者だった！

あなたのご家族はペタンに反感をもちましたか。

ひどく嫌いました。一九四〇年夏にわれわれはトゥーロンに戻り、それからふたたび父はリセの教壇に立った。そのときからヴィシー政府のもとで生きるという大きい悲劇がはじまった、なぜならわが国の名誉を台なしにした恥ずべき人々に統治されると思われる国に残るということは苦痛の極みにいるような感じがしたからです。それは特に年寄りにとってはひどかった――わたしは絶望的になっている老人たちを目撃した――また若者にとって、一方では生々しい記憶があり、他方では、未来が暗澹としていたから。だからこそ、ペタンを絶対に許せない。

父は同僚の九割の者とは反対に闘争同盟に参加しようとしなかった、つまりこの同盟は両大戦間の戦闘員を再編成し、ペタン政府を支持するかわりに誓約をとりつけようとするものだった。ドイツ軍に対する「盾」元帥という説を信じる者が多かった。しかもこの一九四〇―四一年の雰囲気では「同盟」に加入しておかなければ後で後悔することになるというのが一般の風潮だった。母は父にこう言って父をはげました――「でも、ジャン、それがあなたの信念なら、りっぱにやれるわ、あなたの誠実さが分かるから」。わたしは家族の立場に勇気づけられた、特に父のおかげで。くり返して言えば、わたしは父をたいへん誇りに思った。

それでもトゥーロンにおいて、元帥の前で行進させられたでしょう?

それを話しておかなければならない。「国家元首」は一九四一年五月一日にトゥーロンに来るという知らせがあった。その日は習慣的にわたしの祝い日――父のジャックでなく子のジャックの――であったから、なおさら不愉快だった。おまけにわたしの祝い日を汚しにくるなんて。クラスの首席の者らがリセを代表して行進することになっていた。それがわたしに当たった。

「ル・ゴフくん、きみは元帥の前で行進することになったぞ」と言われたとき、わたしは辞退した。そのことについて、午後、クラスメートのひとりがわたしを脅しに来た――「きみのためになるから、ぜひ行進に出たまえ、でなければ必ずきみの家族に災いがおこるぜ」。帰宅して、その話を家族に語った。すると母はひどく心配して、その式に参加するほうがよいと主張した。結局、わたしは行進に出た。個人的に臆病だった。悪い思い出になった。

それでもヴィシーのブラックリストに載せられたのでしょう?

翌年、わたしはマルセイユのリセのエコール・ノルマル・シュペリユール予備学級一年に入学し、ガイトというすばらしい好人物の哲学教師を知った。かれが一九四二年に学校を去ったときには生徒たちはみな驚き、惜しんだ。というのもかれはヴィシー政府の「青年同盟」の事務局長に任命されたからです。それから数カ月たって、かれは出張でマルセイユに立ちより、われわれのところに挨拶に来た、そしてこっそりわたしに言ってくれた――「わたしは何か役に立つと思ってヴィシーにいるが、きみたちの名前がブラックリストに挙げられているよ。つまりきみの父が同盟に加入しなかったこと、またきみがトゥーロンで行進を辞退したことが記録されている。ほんとうは言ってはいけないのだが、だれがきみを密告したのかは分かっている」。それはわたしに行進するほうがよいと言って、わたしを脅した少年だった。

そのころ、エコール・ノルマル・シュペリユール予備学級で、寮費は、父が教師の場合は国費で負担してくれた。ところがわたしの場合はその特典がとり消されたので、両親が支払った。父の場合もおなじく定年の一年延期(わたしは未成年だったから)が認められなかったので、父がその理由を尋ねたら、「文部省は理由を言わなかった、だからこれは明らかに政治がからんでいる」という返事だった。わたしの生意気な態度がそのような結果を招いたのだった。

わたしを密告した者はトゥーロンのめがね店の息子だったが、民兵隊に参加し、「フランス解放」のときに銃殺された。もうひとりのクラスメートもおなじ運命をたどった。わたしは死刑に反対だから、その話を知らされてもうれしくなかった。率直に言って、前者は卑劣で、後者は情けないやつだった。

ペタンに対するあなたの総合評価は完全に否定的ですか。

ペタンはユダヤ人排斥者ではなかったとか。そう信じたいが、かれはまったくユダヤ人を保護しなかった。ドイツの勝利、ドイツへの協力、それを望まなかったとしても、かれはイギリス軍の勝利よりはそちらのほうを選んだ、これは結局、おなじことだろう。根本的に、かれは極右的政策にしたがった。フランス人のなかに――それは大多数だったと言われるが――長いあいだヴィシー政府派がいたとすれば、それはペタンが、だまされやすい国民のあいだで好評を博したからです、つまりかれは国民をだました。もしフランスの名誉に汚点があるとすれば、それはまさしくかれの責任です。だから、もしペタンの遺骨をイウー島から帰国させるという日が来れば、わたしは街頭に立って反対するだろう、もしまだ歩けたら。

ひとこと、シャルル・ド・ゴールの態度をペタンに対比させてもよいだろう。ド・ゴール自身の名誉、そしてフランスの名誉のためです。かれはフランスにすばらしい功績をのこした。一九四〇年六月十八日のド・ゴールへ限りない感謝と称賛を贈りたい、つまり祖国の名誉をまもった「レジスタンス」と「フランス解放」のために。もちろん、ド・ゴール派であろうとなかろうと、すべての抵抗運動者へも。

わたしはマルセイユのエコール・ノルマル・シュペリユール予備学級二年のときの恩恵を強調せずには戦時の思い出を続けられない。まず、ほとんどの教師が教え方にすぐれ、人情にあつく、おかげであの困難な時代を明晰に生きることができ、また明快で実りの多いやり方で、われわれの仕事、われわれの使命を導いてくれた。多くの先生がたはもう亡くなっているが、わたしは忘れない。それからありがたい友情、つまりこの時期の親友たち、かれらと気持をおなじくするほど深く結ばれた幸福がある、たとえばマリーズ・マーヌ＝エリエ（その夫ロジェはマルセイユ仲間で科学者になったが、悲しいことに今は故人になっている）、アンドレ・ルゴン、そしてピエール・ユボー。

レジスタンス運動の時期の思い出はどうですか。

一九四一年秋、わたしはマルセイユのエコール・ノルマル・シュペリユール予備学級一年に入学し、一九四二年秋、二年生になった。実際、レジスタンス運動の噂は聞いた、そして一九四一年夏以後、偶然に会ったリュバックの神父で未来の枢機卿になるひとの紹介で、ある会合に招かれてコンタクトがとれた。しかしそれ以上発展せず、いまでは後悔している。

一九四二年十二月にはわたしは病気になっている――かなり重症の肋膜炎――、それから回復期をアルプスで過ごします。マルセイユに戻ったのは一九四三年三月か四月で、エコール・ノルマル・シュペリユール受験のためだった。不合格だった。そこでもう一年、マルセイユでやり直さねばならなかった。

一九四三年十二月、わたしに「ドイツへの協力義務」の問題が生じる。一種の徴兵検査の呼び出しを受ける前に支障なく医師の診断を受けられることは知っていたが、その呼び出しの次の週に、最終的召集をのがれるためにわたしはアルプスへ戻った。最初の回復期のとき、予備学級の友達アンドレ・ルジョンからかれの生地の村の名を教えられていた。徴兵検査を済ませたらふたりでいっしょにそこへ戻ることにしていた。トゥーロンの最初の空襲のあとでわたしの両親もおなじ村に疎開してきた、つまり父は定年で退職していた。

そこでわれわれは抵抗運動派のグループと接触した。かれらの主な任務はイギリス軍の飛行機から山に投下される武器や薬品を集め、それを地域のマキへ輸送することだった。一度だけ、わたしのグループの者らがドイツ軍に対する作戦に参加した。わたしはその場にいなかった。わたしは一日中、マキで働いてから夜中に村はずれの農家にいる両親のところで泊まることが多かった。わたしの「レジスタンス」については語らないが、むしろ擬・レジスタンスと「ドイツへの協力義務」の拒否の話になるでしょう。

この時期はわたしにとって異常なバカンスとなり、特に読書に没頭できた、それは友人の両親の管理下にあったディーニュの教員養成学校の図書館のおかげだった。わたしは小説を読みあさった、とりわけ『ジャン・クリストフ』から『チボー家の人々』、さらにジョルジュ・ルノートル流の小話にいたるまで。

そのあいだにドイツの敗北は急速に進んでいた。一九四四年には、六月六日のノルマンディー上陸作戦があり、プロヴァンス地方では八月十五日。そのあいだにわれわれの地域のマキは解散する、それでも「レジスタンス運動」へのわたしの参加については少し大げさすぎる証言のような気がします。

最後にひとこと。わたしは「フランス解放」の雰囲気を実際には経験しなかった、というのもアルプスにとどまっていて、十一月になって、八月二十五日以来解放されているパリに着き、勉強をつづけたからです。だからトゥーロンの解放もマルセイユの解放も経験しなかった。わたしが参加できた唯一の祝典は九月二十一日、共和国とヴァルミーの記念日のときであり、ディーニュで盛大な民衆的祭典が開催されたときです。そこへ、かつてのマキの仲間といっしょに参加した。そこでわたしははじめて「フランス解放」の民衆的歓喜を味わった、そして自由と希望と幻想と、なんでも可能だと信じる青春の息吹きを感じました。

2　修学時代

ソルボンヌからルイ・ル・グラン校へ

一九四四年のおわりに、あなたはパリに来られた。あなたは歴史家になろうと決心し、すでに中世の研究を志していましたね。

トゥーロンのリセ三年生のとき、歴史科目に中世も含まれていたが、そのときの若くて優秀なアンリ・ミシェル先生に出会ったのが決定的だった、この教師はやがてレジスタンス運動に加わり、のちには第二次世界大戦専門の歴史家になった。もちろん、この先生の著書は、わたしがねらったような歴史学の刷新へ向かうものではない。だがかれはわたしにはじめて歴史資料を示し、その扱い方の厳密な規則を教えてくれた。かれは「歴史」が語ることではなく、説明すべきことだと教えてくれた。この出会いは、三年生のときから多くの読書、とりわけウォルター・スコットの物語やその主人公たちによって固められた。だから一九四四年、パリに着いた早々からわたしの選択は決まったように思われ、普通の生活に戻るのがかなり困難だった。エコール・ノルマル・シュペリユールの入試がいろいろな事情で一九四四年春に実施されず、十二月に臨時の入試がおこなわれたが、このときも不合格になった。

そこであなたはソルボンヌに入学し、そこの教育に失望したのですね。

事実、わたしは何週間か、自分の将来の選択について迷い、悩んだ。再度、リセの寄宿生にもどって受験勉強をつづける気持はまったくなかった。一時は方針を変えようかと思ったこともあります。一九四四年春のはじめに繰り上げ試験が実施されたとき、わたしはエクス-アン-プロヴァンスでフランス語とラテン語とギリシア語の三科目の修了資格をとっていた。一方、わたしは教授や大学の了解をもらってマキに加わっていた。今でも思いだされるが、ギリシア語の修了資格をとってから、ミラボー大通りにあるカフェで飲んでいたとき、ゲシュタポの手入れがあると知らされ、この古い町の路地へ逃げこんで助かったことがあります。

それでも学士資格をとり、文学部門の大学教授資格試験の準備をするには文献学の修了資格を追加するだけでよかった。そこで二週間ほどソルボンヌ大学で文献学の講義を聴いた。だがその授業があまりにもおもしろくなかったので、続ける気持を失った。戦後のソルボンヌに失望したので、やはり初志を貫こうと考え、ルイ・ル・グラン校にはいろうと決心した、それは一九四五年のことです。

ルイ・ル・グラン校の「エコール」予備学級は、今日とおなじように合格率の高さでは定評があります。

受験に成功させるための優秀な指導教師はいたが、マルセイユの予備学級で知った教師たちの優秀な知的能力に比べるとかなり低かったように思われる。だがマルセイユの学級からはほとんど一人もエコール・ノルマルに合格しなかったが、ルイ・ル・グラン校からは三分の一、または半数の者がうまく合格できた、というのも知的貧困のかわりに受験の技術と心理に関しては巧みに受験準備をしてくれたからです。

しかし例外はいる。この学校で教えられているような哲学の授業には興味をひかれたことがないが、フェルディナン・アルキエ先生の講義、とりわけテキストを解釈する先生の熱意に魅せられた。すでに述べたように、わたしにとってテキスト解釈は大事な学習になった。こうしてわたしは三人の偉大な精神が少し分かるようになった、つまり心から称賛したいデカルトとスピノザとカント。リセの哲学の授業でベルクソンに魅せられた。

事実、ルイ・ル・グラン校ですごした六カ月のあいだ、日曜も含めて懸命に勉強した。特別授業を受けられる少人数クラスにもはいれた、つまり朝五時半に起きて、哲学を学ぶ生徒といっしょにラテン語とギリシア語のテキストを翻訳した。それは「効果的」で、もっとも確実な練習法だった、ところが哲学、さらに歴史においても口頭発表は結果が確かめられなかった。三度目の受験（一九四五年春）では古典語をはじめとしてよい成績がとれた。

一九四四—四五年の冬は食糧難に加えて、燃料不足と電気不足に悩まされたが、あなたにもつらい思い出が残りましたか。

わたしにとってその冬は例外的に厳しいものではなかったのですが、食料に関しては一九四二—四三年の冬はひどいものでした、あのとき、マルセイユの予備学級二年生で、飢え死にしそうだった。戦争中の南フランス地中海沿岸地方の食糧難はよく知られている。わたしの両親は金持でなく、トゥーロンにいた。だから闇市での買い物ができなかった。わたしの肋膜炎が進行した原因には栄養失調もあると医者から言われていた。リセ、ティエール校での夜間の勉強で、わたしは紙を食べていました。

一九四四年の場合はそれほどでなかった。わたしはクラマールにある伯父の家に泊まった——戦前に『オーブ』紙のことを母に勧めた伯父だった。かれは金持でなかったが、みんなが飢えをしのげるようにやりくりしてくれた。わたしがいちばん若かった――かれの息子、つまり従兄はわたしより六歳年長でした――、だからほかの家族よりわたしのほうに食事の量を多くしてくれた。その親子ともひじょうに器用だったので、みんなが適度に暖をとれるように工夫してくれました。

まもなくわたしはルイ・ル・グラン校の寄宿生になったので、そこでは規則的に明かりと暖房もあり、飢えをしのぐこともできた――まずい食事でしたが。それでも戦時中のマルセイユの生活とは比べものにならないほどよかった。それにわたしは受験勉強に熱中していたので、それ以外のことは念頭になかった。

エコール・ノルマル・シュペリユール

エコール・ノルマルの雰囲気ではよい思い出がありますか。

昔のノルマリアン〔エコール・ノルマル・シュペリユール卒業生〕の言い分には加わりたいとは思いません、つまりかれらによればこの大学は世にもすぐれた学府であり生涯で最良の数年を経験したとか……わたしにとってもそのとおりだと告白しなければならないが、それは何よりもまず状況から来ています。まず、この大学は戦後になっていた。この大学は五年間の屈辱と失意のあとで輝かしく正常な状態にもどった、そして同時に、すでに述べたように、わたしは文化的にほとんど恵まれない地方の都会からパリという文化に恵まれたお伽の国に移ってきたのでした。

この上なく快適な自由を楽しめた。エコール・ノルマル内や外部の講義への出席は最低限しか要求されなかった。大事なことは要するに成功することだった。すべてのノルマリアンが例外的人物というわけではなく、またきわめて知的に優秀なひとでもエコール・ノルマルにはいらなかった人が多いと言うべきでしょう。だがこの大学にいる大部分の人が明らかに普通以上であり、またかれらの独創性や人間性とともに知的レベルにおいても驚くほどだった。おまけにわたしは修学の面ではあまりエコール・ノルマルに恩義を感じていません。あの大学では知的な活動があったとしても、おそらくうっかりしていて、あまり恩恵を受けられなかったのでしょう。

わたしは一九四五年十月にすぐエコール・ノルマルに入学できた、というのも一九四四年度の学生だったので、一九二四年生まれの学生とおなじように兵役を免除されました。

エコール・ノルマルでは、特にどんな友情に恵まれましたか。

エコール・ノルマルがあるウルム街の雰囲気は友情を育てるのに最適だった。だから多くの友人ができた。幸いなことにアラン・トゥレーヌと同室だったので、「相棒」になれた。

アラン・トゥレーヌの証言

ふたりとも同期生だったが、再会できたのはエコール・ノルマルの最終学年のころであり、大学教授資格試験準備のために戻ったときだった。事実、ふたりとも変わり者だった、つまりル・ゴフがチェコスロバキアで一年間すごしているあいだ、わたしは一年間、エコール・ノルマルを休んだ。わたしはおもしろくない講義に反抗していた、つまり全体が平凡で、特に歴史がそうだった。有名な教授たちもいることはいたが、すべて老年だった。ジョルジュ・ルフェーヴルの講義はなんとか聴けたが、ルノーデは講義のあいだ咳ばかりしていた。かれらはあまりにも老齢だった。わたしはまずギリシアのマルコスへ行き、それからユーゴスラビアとハンガリーに戻り、最後にノール県の炭鉱へ寄った。だからわれわれが新築の寮で再会したのは最終学年のときだった。そのとき、部屋を分け合った、というのも二間《ふたま》つづきであったので、じつに快適だった。

この年の中心的存在は肘かけ椅子であり、われわれふたりが蚤の市で買ってきたものだ、つまりかなりくたびれていたが、部屋に客を呼ぶことができた、たとえばフェルナン・ブローデルやジョルジュ・フリードマンらがお茶を飲みにきた。それがわたしにはきわめて重要だった、というのもわたしは社会学者を志していたから。ブローデルとの交際、それから大学教授資格試験のときにかれから受けた好意のおかげで、わたしの個人的問題はあっというまに片づいた、というのもまだ若すぎるわたしをかれが社会科学高等研究学院に呼んでくれたからだ、つまりわたしはまだ三十三歳だったにもかかわらずこの大学の指導教授に選ばれた。

トゥレーヌとわたしは科学研究棟の屋上にある通路の柵のあいだでテニスの練習をした。落ちたボールを拾いにロモン通りまで降りてゆかねばならなかった。

ギー・パルマッドと議論し、意見の交換をやったおかげで社会、男性、女性の歴史を理解するのに大いに役立った。かれだけが一九四二年以来のわたしの生活と感情を親しく知っていた。かれが実に注意深く見守っていたフランスを中心にした現代の動向について、いくらか規則的にかれと意見交換ができるようになった。かれは独身だった。かれは夜の男で、不眠症だった、だから夜半に必要ならわたしは受話器をとった、そして半時間は議論した。かれは一九九三年に亡くなるまで、わたしの一番の親友であり、「分身」であり、わたしの娘とよく気が合ったので、娘が結婚するときには代父になってもらった。かれの死は娘の最初の大きな悲しみであり、わたしには深い傷になった。

わが友ピエール・グレコの思い出も想起したい。かれは不幸にもさいきん亡くなったが、心理学者であり、ジャン・ピアジェの愛弟子《まなでし》だった、かれはマルセイユで機械工場を営むイタリア人の息子だったから、よくわたしは訪ねた。かれは外国人だったから順位一番でエコール・ノルマルに入学した。かれは大学教授資格試験でも哲学部門の一番だった。かれはほがらかで、しょっちゅう冗談を言って、ほかの連中を笑いにさそった。かれはいっしょに食事をしている仲間を笑わせる才能のほかに、エコール・ノルマルの内外で幾晩も（いつ眠ったのか）コントラバスでジャズをひいた。学生会の会長だったかれは祭典にかけてはアイデアが豊富で、エコール・ノルマルでは行事の天才であり、ガーデンパーティーとそのアトラクションの幹事だった。当時、まだ知られていなかったフレール・ジャックを呼んだのもかれだった。かれは今日、われわれが周辺人と呼ぶような人々に同情し、カトリックのサン-ヴァンサン-ド-ポール会の職員と市民的な社会福祉事務所の職員を兼務するという壮挙をやってのけた。そして両方の組織にわれわれの多くを呼びこんで不幸な人々を訪問した。それは確かにブルジョア的な慈善であったが、公的な団体から見放された人々の世話をした。このようなピエール・グレコは社会科学高等研究学院(4)で専門的な生活をおくりながら、情熱に似た何かをこの大学に注いだ。

アラン・トゥレーヌの証言

大学の世界では、さまざまに評価されるかも知れないが、もっとも知的でない面においても大学を活気づけようと心がける人々がいる。グレコの場合は奇妙である、つまりかれは最優秀で、なんでも一番で、中心的人物になり、突拍子もない話しぶりが好きで、集会屋で、社会科学高等研究学院のために尽力し、ル・ゴフと仲がよかった。かれはピアジェからどれほどチャンスを与えられても生涯で大きな仕事をしようとしなかった。かれはまれに見る魅力と善意をそなえ、大学のために個人的な活動を捧げた。ル・ゴフは組織者でなく、管理者でもないので、助っ人が必要だった、そしてグレコがル・ゴフの希望する個人間の和合をもたらしたのである。

その時代に、われわれはグループを組みサン‐ジェルマン‐デ‐プレへ出かけてラ・ローズ・ルージュですばらしいジュリエット・グレコに拍手をおくったり、ラ・フォンテーヌ・デ・キャトル・セゾンでセルジュ・レジアーニに喝采した。適度な快楽であったが、それが大切です。いろいろな分野での気晴らしは楽しい、たとえばシャンソン、見せ物はいつも時代を理解するための本質的な原資料になった。

ギー・パルダッドをはじめ、アラン・トゥレーヌ、そしてピエール・グレコのような文学者や科学者とともに、ほかの多くのノルマリアンもわたしにとって三期目の親友を形成した。すでに亡くなっている者もいるが、ほとんど会う機会のないその他の者らがなつかしい。かくて修業時代の各時期において、新しい友人層がわたしの宝だった。

終戦直後のソルボンヌ大学の歴史教育に関してたいへん厳しい評価でした。一九六〇年代のレベルは、はるかに優秀だと思われる、たとえばロラン・ムニエまたはアルフォンス・デュプロンがいます。しかし一九四五年から一九五〇年にかけては未来のソルボンヌを準備するのに重要な役割を演じた助手たちがいます。たとえばその時期にミシェル・モラ、現代史講座のピエール・ルヌヴァンの助手ジャン‐バティスト・デュロゼル、おなじくルネ・レモンらは立派なグループでした。

いいことを思いださせてくれました。いつかその時期のソルボンヌに対する攻撃をもっと正当に見直したいと思います。だがわたしがノルマリアンだったあいだは、地理学を除いて助手たちの授業を免除されていた――地理学の助手についてはひじょうに悪い思い出が残った――この授業は、エコール・ノルマル・シュペリユールでは受けられなかった、それは学士資格や大学教授資格試験準備に必要な若干の技術、つまり実習のことです。

それ以外に、「カイマン」つまり大学教授資格者で指導教師がいて、われわれのために助手の代わりをしていた、また歴史学のすぐれた人材もいた。たとえばジャン・ムーヴレはかなりの年輩だったが、エコール・ノルマルにいた、かれはほかへ移ろうとしなかった、それで研究がつづけられた――かれはりっぱな歴史家だった、ただ少し退屈な先生だったが。あるいはルネ・レモンはまだごく若かったが、すでに「カイマン」になっていた、またピエール・エソベリーはドイツ史の専門家だった。エコール・ノルマルではすべての科学教育がおこなわれていたが、ただ文学についてはソルボンヌとコレージュ・ド・フランスの教授に依頼してエコール・ノルマルの講義を補充した。

エコール・ノルマルの図書館は重要な知的倉庫でしたね。

そのとおりです。この図書館は今日でもすばらしい、またわたしは図書館人間だから、なおさら貴重に思われる。それから数年後、ローマ・フランス学院にいるとき、そのことをいっそう痛感します、つまりあそこでわたしの研究室はファルネーゼ宮殿のすばらしい蔵書に囲まれていて、昼間でも夜間でも、いつでも本といっしょに向きあっておれる。図書館の幸福はエコール・ノルマルで身につけたものだった、つまりあの大学には、蔵書が多いばかりでなく、知的な密度の高い伝統的な大図書館があります。

中世史の主任教授ルイ・アルファンに関して悪い思い出がありますね。

実際、ソルボンヌで、アルファンは封建制度に関する講義をしていたが、わたしはついていけなかった、それほど魅力に乏しい講義だった。一九四七年に発行されたかれの『シャルルマーニュ』について、どう言ったらよいか、たとえばリヨン大学の中世史専門家A・クランクローズのきわめて伝統的な著書より劣っているのではなかろうか。
中世史の修了試験で、わたしやアラン・トゥレーヌを不合格にしたのはこのルイ・アルファンだった。わたしの思い出で、かれに厳しいのはそこからきているのかも知れない。

アラン・トゥレーヌの証言

テーマは領主制社会に関していた。われわれがアルファンに会いにいったら、かれはこう言った、「きみたちのレポートでは、騎士社会について何も触れられていなかった、それだけでも非常識だと思われる」。われわれはマルク・ブロックを読んでいたので、飛び上がって驚いた、「なんですって、領主制社会が生産社会の概念として封建的関係のタイプとおなじものだとおっしゃるつもりですか！ なにもかも混同しないでください」。こうして、かれはわれわれを不合格にした……われわれのほうが完全に正しかったと思う、だがこの教授とわれわれの関係は明らかに悪化していた。

わたしは歴史家についてとやかく言いがかりをつけたくないが、封建制度における君主の地位に関するアルファンの大論文が思いだされる。まったく平凡だった！ これほど弱体化されて示された君主には本質的な実権が完全に喪失されているものと見なされていた、ところがマルク・ブロックの『王の奇跡』〔邦訳、刀水書房刊〕ではその権力が確認されていた。

それに反して、シャルル-エドモン・ペランはあなたの職業の出発点に深く関わっていたと思われます。エコール・ノルマルにおけるかれの講義について、どんな思い出がありますか。

シャルル－エドモン・ペランは事実、中世史の最初の恩師でしたが、かれには別の偉さもあった。かれはエコール・ノルマルにおいて週一回の講義を担当していた、そして毎週金曜日、朝九時から十時まで、エコール・ノルマルの討論室において五、六人のわれわれノルマリアンの小グループといっしょだった。ペランはいつも正確に十五分前にやってきた、そして小さい鞄を持っていた、その中に何がはいっているのかと興味があった。実はセーターをしまうためであり、暑い部屋にはいるとセーターを脱いだ。

ペランの授業は、はっきり言ってソルボンヌでは立派だがなんとなく退屈だった、しかしエコール・ノルマルではるかに蘊蓄をかたむけた講義をしてくれたので注意をひいた。一年間、カロリング王朝時代の農家（保有地）について講義をおこなった、このテーマは幻想を引き起こしたり、異常な感激をもたらさなかったが、それでも夢中にしてくれた。

わたしは特にシャルル－エドモン・ペランの講義を高く評価した。かれは未発表の歴史資料の解釈というべきものを明らかにしてくれた、つまりこの種の学習がわたしにとってどれほど重要かはすでに述べたとおりです。おかげでわたしはごく自然に、かれの指導のもとでプラハ大学において高等教育資格取得の準備ができた。そのことはあとで述べることになります。

あなたはヴィリアム・セストンの古代史講義も聴きました。それは大学教授資格試験の予備学習でしたが――かれはりっぱにその教育をおこなった――それはあなたの受験に大いに役立ったと思いますか。

わたしは古代史を研究対象にしていなかったが、セストンはすばらしい頭脳の持ち主だった。おそらくそのおかげで――駆けだしの若い歴史研究者にとってはとうぜんだが――あらゆる種類の文献・資料を分析し、批判する仕方を学ぶことができた。特にかれが力を注いだ授業、つまり碑銘学にすっかり魅せられた。まったく驚嘆すべきものだった。わたしはいつも深い感銘を受けるのだが、古代史の歴史家らは、中世までの時代を研究する場合よりもはるかに乏しい資料に頼らねばならない、つまりひじょうに制約された文献調査のために異常なほどの知力と創意と学術を駆使している。

アンリ-イレネ・マルーが一九三七年に聖アウグスティヌスと古代文化の末期に関する学位論文を発表してから、一九四五年に四十歳の若さでソルボンヌ大学教授に任命されたことについて話をうかがっていませんが。

かれについてはあまり話したくないのです。というのもわたしはかれの講義を聴く機会がなかったし、またかれの著書も好きでなかったから。確かに聖アウグスティヌスを論じるときはマルーを参照しなければならないでしょう。といってもマルーの研究をとおして聖アウグスティヌスは理解できないと思われる。むしろピーター・ブラウンのおかげで聖アウグスティヌスがはっきり分かった。この著書を読めば、幸いに目が覚める思いがした。

マルーに習ったことは一度もないが、かれもまた——かれとはひじょうに違ったタイプで、支持者層も異なる人であり、あとでもう一度触れることになるエルネスト・ラブルスのように——きわめて優秀な弟子に恵まれていて、称賛の的になっていた。これは重要なことです。わたしはしばしば人生において、無政府主義者のスローガン、つまり「神も師もなし」についてゆく気持になることがあるが、学問の世界では師は必要だと思われる。師の威光に感銘し、また確かに威光は現実的な何かにこたえているはずです。しかもマルーは市民活動に勇ましく参加している、その点ではかれに敬意を表したい。

その他の点では、かれの研究法は、いわゆる歴史的というよりはむしろ文学的で、ユマニストで、哲学者で、言うなれば伝統的だろう。かれはみずからをあえて愛好家だと言い、「付記」として小物だと言うが、その言葉に好感がもてる、つまりわれわれには専門外のことについて書きたい誘惑がある――わたしもその誘惑に負けることがある。しかしかれの俗謡選集（音楽評論家としてのかれのペンネーム、アンリ・ダヴァンソンの名で発行された）とトゥルバドゥールに関する著書には異論があります。さらにかれが歴史観について書いたものはあまり益するところがなかった。

マルーが一九四六年か一九四七年にソルボンヌにおいて「シュペングラーからトインビーへ」と題した講義が思いだされる。あれはじつにすばらしかった、ただあまり真剣ではなかったが。そのかわり、わたしはかれの『古代における教育史』を愛読しました。リュシアン・フェーヴルも一九四八年の『アナール』誌で、この本を取り上げ、「あらゆる意味において記念すべき傑作である」と評しました。

わたしとしては、率直な物言いで知られたヴィリアム・セストンのようにあまり称賛できないものだと思った。セストンは文献解説でこう書いていた――「その教育史では必読書がある、それはイェーゲルの『パイデイア』だ。もしドイツ語が読めないなら、マルー氏がフランス語で翻案した書を見ればよい」。

セストンはマルーを嫌っていた、と言わねばならない。ちょうどカトリック対プロテスタントのように。しかもセストンの晩年には、両者は政治的に違った意見をもっていたので、二人の関係はいっそう悪化していた。セストンは極右へ向かい、ひどい「フランス・アルジェリア」派になっていた。かれはギー・パルマッドやわたしの思想をよく理解していたので、われわれが最後に会合したときは気まずいものだった。まるでかれから挑戦を受けたようであった。マルーとわたしの関係は良好だった、というのも特にアルジェリア戦争のとき、かれには政治的勇気があり、立派だったから(5)。一九六八年にわたしが「月曜の歴史特集」というラジオ放送をはじめたとき、かれの『トゥルバドゥール』が再版されたので、わたしは思うままに批評した、もちろんマルーにも出てもらった。われわれはただ質疑応答をしただけだった。わたしはかれをトゥルバドゥールのほんとうの専門家として紹介しようとは思わなかった、なぜならかれを尊敬している人々から見て、かれが虐待されているように見られたでしょうから。

大学教授資格試験に向けて

どうして五年間もエコール・ノルマルにいたのですか。

原則として、歴史学専攻生は四年間在学します。だが二年すぎてから、この大学の規則で、一般的に外国語専攻生のために定められた許可をもらって一年間（一九四七―四八年）、わたしはプラハへ留学できた。それは十四世紀のカール四世大学の開学時の歴史を研究して高等教育資格をとるためだった。

帰国後、歴史の歴史学士資格に必要な地理学修了証明をとるために、一九四八年の春と秋の二度にわたって受験したがいずれも不合格だった（合計、三度、失敗したことになる）。それもきまっておなじ理由だった、つまり地質断面図の試験で哀れな点しかもらえなかった。まったく手引書も、明瞭な講義もなかった、またその科目が苦手だった。

なぜ歴史の学生にそんな試験を課したのか、理解に苦しみます。そのような科目はこれから歴史を専攻する学生にはなんの役にも立たないのに。しかもその講義を受ける条件もひどすぎた。木曜の朝、学部長アンドレ・ショレイの講義を聴こうとして、地理学院の小さい階段教室で段の片隅にすわりたいなら一時間前からすわっていなければならなかった……

そのとおりでした、だがわたしには結果が重大だった。とにかく、プラハから戻ると、高等教育資格証明を提出できた、というのもその文学資格証明をもっていることを示したかったから。資格証明が有効になるには四科目の証明があればよかった、それもおなじ教科でなくてもよかった。だが大学教授資格試験を受けるには事情が違った、つまり歴史の学士資格が必要だった、したがって要するに地理学修了証明を取得しなければならなかった。

一九四八年秋、ウルム街に戻ったとき、わたしは休学中だったが、待遇はひじょうに緩和されていた、たとえばエコール・ノルマルで無料で寮に住め、食事もできた。そのかわりノルマリアンとしての給費をもらえなかった、といってもそれは小額で、小遣い銭程度だったが。そこでアルバイトにギリシア語やラテン語を教えたり、偉い人の奴隷になって働かねばならなかった。

偉い人を覚えていますか。

覚えています、二人だけ。まずパリのトルコ大使メネンジョグルーという元外務大臣だった人で、かれはフランス語で回想録を書いていたが、フランス語はよく話せても、うまく書けなかったのでわたしに手伝わせた。これは不愉快な人種であり、その原稿は自己陶酔と攻撃的なナショナリズムでわたしを憤慨させた。そのアルバイトはすぐやめた、というのもわたしがかれにちょっとした注意をしたら、まったく失敬な態度で叱られ、お払い箱になりました。

もうひとつの経験はもっとおもしろかった。わたしがチェコスロバキアへ出発する前に、ソルボンヌ教授ヴィクトル＝リュシアン・タピエを知りました、かれは中世研究者でなくチェコの歴史の専門家だった。かれはわたしに深い好意を示し、かれの夫人もいっしょに付き合い、サン＝ジェルマン通りの自宅によく招待された、あるいはロワール＝アトランティックのラ・ベルヌリーにあるお宅にもバカンスを過ごしに行きました。

ところで、ヴィクトル＝リュシアン・タピエに一人のいとこがいて、これが当時、社会党にいて文部大臣だった。かれがピエール＝オリヴィエ・ラピーで、最近、九十歳をすぎて亡くなりました。この大臣はクロムウェルについて本を出したかったので、書記を探していた。わたしはクロムウェルについて文学的な仕事に没頭した、そしてラピーの原稿の大部分を書き上げた。ただしかれの期待に沿えなかったが。わたしはクロムウェルが好きでなかったが、ラピーには好意を抱いた。

以上がエコール・ノルマルの五年目（一九四九年秋）だった。そして全面的に学生に戻った。しかしよくある例とは違い、わたしは一度も「カイマン」になったことがない。

アラン・トゥレーヌの証言

わたしはエコール・ノルマルをさぼってノール県の炭鉱にいた。あるとき、偶然にヴァランシエンヌの書店でジョルジュ・フリードマンの『産業機械化の人的問題』を見つけた。この本を読んで、一種の精神的歓喜を味わった。ついにわたしの興味をひく問題について語る人を見つけたのだ。大学では望めない世界を発見させてくれた。フリードマンに会いに行くと、かれはすごく上品だった。また大学教授資格試験に受験したいとは思わないと言ったら、かれはこう答えてくれた――「一度だけ受けてみなさい、合格しようと落ちようと、あなたを国立科学研究所（ＣＮＲＳ）に入れてあげるよ」。そこでわたしは義理でも一年間がんばらねばならなかった、たまたまソルボンヌのギリシア史のアンドレ・エマール教授がセレウコス王朝の人間について予備授業をしてくれた。それから三カ月のあいだ、わたしは夢中になった。そのいきおいで、ほとんど何も知らずに受験にのぞんだ、またル・ゴフもわたしとあまり変わらなかった。だがよくご存知のようにノルマリアンだったら、まるで落第するためにがむしゃらな勉強をしながらリセや大学で教えている哀れな連中よりもはるかに恵まれた条件にいるのである。だからわれわれふたりとも合格した。

わたしは歴史の受験勉強では、まったく信じられないほどいつも不運だった、なぜならまったく知らないふたつのテーマばかりが試験にでたから、つまりナポレオンの戦争と宗教史だ。受験のとき、試験課題はピウス十世だった、またその人物に関して重要な本があったが、ドイツ語で書かれていた。

わたしは何も分からなかったので、ちょっとしたラブルス教授流のひどい戯画を書いた。レオ十三世と社会問題を説明するために一八七三年から一八九六年までの物価下落を分析し、それから物価上昇のときにピウス十世と反動が出現したことについて書いた。ブローデルはこの経済的還元論がいくらか並外れていると思ってくれたのだった！


それであなたはフェルナン・ブローデルの審査会の最初の「合格者組」だったのですね。

奇跡が起こったのかと思われた。歴史部門の大学教授資格試験の審査会が変わっただけでなく、真に革命的なことが生じた、その責任者は賢明な高等教育長、そのとき、おそらくすでにガストン・ベルジェだった。かれはその後、ブローデルのために人間科学会館を創設し、この二人はかたく結ばれた。そこで文部省は『アナール』派の教授陣に協力を求め、まず、フェルナン・ブローデルを館長にした。ブローデルはその後のような威光をまだそなえていなかった、かれはコレージュ・ド・フランス教授に選ばれたばかりであり、他方、リュシアン・フェーヴルは定年で退官していた。ブローデルは最高学府にいて、学位論文『フェリペ二世時代の地中海と地中海沿岸世界』を完成していたが、いわゆる「大学」には所属していなかった。そこでかれは審査会にきわめて伝統的な歴史家たち、たとえば視学総監モリス・クルゼらをうまくとり込まねばならなかった。

多くの人にとって、ブローデルはすこし悪魔的に見えた。この審査会に対して猛烈な反対運動が起こる、特に反動者になりやすい伝統主義的歴史家たちからであり、また共産主義者らからも激しい攻撃だった。はっきり思いだされることがある——それはたいへん勇気のいることだったが——モリス・アギュロンという教授資格試験予備学生がその年、大胆にも共産主義的学生新聞『クラルテ』紙にブローデルの学位論文の酷評を書いた。それでもかれは一九五〇年度の試験で堂々と首席で合格した。審査員には中世史にモリス・ロンバールもいた、かれはわたしの修学時代にたいへんな重要性をもつはずだった。これで一気にソルボンヌの古いほこりは激しい海風によって飛び散り、追っ払われた。

それはエコール・ノルマル以来、わたしの人生の第二のチャンスだった、だがすぐにはそれに気づかなかった。『アナール』派チームとの付き合いはもっと後になってからです。一九五〇年、わたしは比較的平凡な大学生活をはじめた。

リセの教師になったのでは？

教授資格試験受験の前に、オックスフォード大学留学のために外務省文化交流課へ一年間の給費を出願していた、というのも中世の大学をテーマにして学位論文を準備しようとしていたから。その給費は夏まで待たねばならなかった、他方、リセの教師に任命されていた。すでに述べたが、教授資格試験委員会にいた視学総監クルゼはわたしに好意をもっていてくれたので、こう言った——「ル・ゴフくん、きみにすばらしいプレゼントはできないと思う、というのもよいリセにはもうポストがないのだ。だが九月にもう一度、チャンスがある、というのも夏休み中にポストがあくからだ。いますぐきみを任用できないが、九月はじめに、可能な口があれば知らせてあげよう」。実はそのとき、アミアンのリセでポストがあいたところだったので、そこで一年過ごすだけでよいと言われたのだった。

伝統と習慣

少年時代からの生き方を示し、またあなたをもっとよく理解できるような兆候や習慣を述べてもらうために、すこし立ち止まることにしましょう。まず最初の確認事項として、あなたは「都会の人間だ」と言われた。パリ交通公団主催のシンポジウムで演じられたあなたの立場については改めて話してもらいますが、あなたは田舎に対立している。たとえば戦争中、すべてをごまかした農民に対して手厳しい批判をしている——干ばつ税を支払うのは不愉快だった——、いまの立場はあいかわらず否定的ですか。その恨みはしつこいように思われる、というのも聖ベルナールのような十二世紀の人間を厳しく扱い、たとえば「これは田舎者だ!」という言葉ではじめている。それでは、都会人の性質をどう思いますか。

わたしは誇張しすぎているかも知れない。少し妥協しましょう、だが感情のほうはどうしようもない、なぜならほんとうにわたしは都会の人間だからです、そして田舎は退屈で、淋しいところです。海は大好きですが、海を除いて大自然は耐えられない。淋しさ、それはまず山です、いくら美しく見えても。山間の住民には大いに敬意を表したいが、山にいると怖くなる。田舎、それは恐ろしいほど退屈です。

農民については、詳しく話し、わたしの反動を和らげる必要があるようです。確かに戦争中は、大部分の農民の行動を憎んだ、というのもかれらが都会の同胞との連携を拒否してやみ取引で富裕になったからです。今日では、農民はフランスのような国では多すぎると思われる。わたしはかれらの暴挙を赦せない、ヨーロッパから大いに儲けさせてもらっていながらそのヨーロッパに敵意を抱いているのがまことに残念です。だがかれらが変化を恐れているのはよく分かる。思うに、農民以外の国民は、農民がもはや戦時の農民でなくなったのだから、それだけかれらに連携を示すべきです。またわれわれの社会や文明がどれほど大地や農民から恩恵を受けたかということも忘れてはいけない、とくに中世とその後の時代において。わたしとしては、農民が主な組合組織によって道を誤らされているように思われる。これらの組合がかれらに順応を勧めないで反抗をかき立てている。

われわれはセカンドハウスを買えるほど金持ではなかった。もし海岸に住んでいたら、それはできたかも知れない、だがパリの近くに別荘を買うなんて、そんなことは問題にならなかった、妻や子供らも興味を示さなかった。

ところで、あなたの好きな都会は港町でなければいけないのですか。

もし可能ならです。だからなんとしてもわたしはトゥーロン、港、そして背後の山にこだわります。でもジェノヴァ、ナポリ、バルセロナ、アムステルダム、ハンブルクでもけっこうです。わたしの好きな大きい港町は多い。それに父が港町ブレストで生まれたことも忘れられない。

大きい港町から帰着する第二の確認事項として、あなたは地中海の人間だと思われる、それなのに太陽を好まない。

太陽と明るさを混同してはなりません。わたしは明るさを大いに尊重する。だが太陽が目に当たったり、太陽を見るのは好まない。多くの地中海人はそうだろうと思われる。かれらのうちには影を求める気持がある。だが地中海の海岸を描いた絵画や、そこを舞台にした映画は大好きです。つまり影の心地よさと明るさのコントラストが表れているから。

ところが、あなたは同時にオランダやフェルメール・ファン・デルフトを称賛していますが……

もっと後になってから美を発見し、深く感動した、特に空の美しさ。一九四六年、われわれノルマリアンがオランダの学生の家族から招待されて、一カ月間、ホームステイをしたとき、オランダを知った。アムステルダムでわたしを迎え、泊めてくれた人は週末にはライデン近くの田舎に住んでいる家族の家へ連れていってくれた。そこでオランダの風景画家の空を発見し、またそこで今日までいつも離さないパイプの習慣ができた。招待してくれた家族がわたしのナイトテーブルの上にそっとタバコ一箱といっしょにパイプをプレゼントしてくれたのだった。お義理で一服すった。それからやめられなくなった。

ブルターニュ地方でもおなじだった。ブルターニュ生まれの父の子として、わたしは一九四九年、二十五歳のとき、はじめてブルターニュへ行き、そこでショックを受けた。今日では、きまってバカンスをブルターニュで過ごすことにしている。わたしは浅薄な「地域的偏見」、わが家にいるとか、ブルターニュの祖先を見つけたというような感じ方に対して警戒した。場所や空間との関係に愛着が感じられるとしても、わたしは深く半プロヴァンス人で、半ブルターニュ人で、またケルト人であるとともに地中海人だと思っている。わたしは二つの大洋の沿岸で生まれた人間です。

料理で言うと、わたしはブルターニュのバターとプロヴァンスのオリーブ油の産物です、この言い方は「ヨーロッパにおける油脂基調」に関するリュシアン・フェーヴルの有名な論文から拝借しました。わたしの幼年時代から、これは配合でなく、結合だった。テーブルの上にオリーブ油の瓶とバターパンがあった。母はもっぱらオリーブ油が好きだったが、父は両方におなじ満足を感じていた。

わたしは温暖な風土の人間です。わたしの最高の苦痛は熱帯や赤道地帯で暮らすことかも知れない、つまり耐えがたい麻痺を感じさせる、というのも森林や生い茂った植物、さらに悩ましい虫につきまとわれる不気味な世界だから。大きい動物よりも虫のほうがはるかにこわい、というのも大きい動物に挑みたいなら生息地へ行けばよい、そこではこの動物たちも自由で、平和に放たれている（猛獣狩りとはなんと恐ろしいことだ、それは人間の恥辱であり、あんなにむごたらしいことをするなんて！）。わたしはむしろ北極や寒さのほうが好きです、その気候のもとなら喜びも尽きないでしょう。ただしアイスランドでそのような心地よさに触れただけですが。

三つ目の確認事項として、あなたは夜の人間だと自任し、特に精神的集中を必要とする仕事には夜間でなければならないということですが。

夜への執着にはいくつかの理由があり、まず第一に偶然があります、ちょうど、習慣となっている多くのことも実は偶然の時から現れているように。すべてはエコール・ノルマルに入学したときからはじまりました、なぜならそのおかげでわたしはパリを発見し、未知またはあまり知らなかったような文化的領域を探究できるようになったから――トゥーロンのような町はまったく文化的でなかった。わたしは美術館や音楽を発見した――、それまでは母がひくピアノの音楽しか知らなかった。コンサートも開かれず、高級な歌劇もなかった。

白状すれば、わたしはトランプのブリッジにも熱中した、だから毎晩、気晴らしができた。午後十一時か午前零時に帰宅したり、ブリッジのあとで午前三、四時まで勉強した。朝はかなり遅くまで寝ていたし、また長いあいだ、朝食もとらなかった。

つけ加えるなら、幸いなことに長く寝ていたいとは思わなかった。眠りはわたしの敵です、なぜなら時間をとられるから。少なくとも人生の三分の一が睡眠にとられると思うと絶望的になります。

しかも夜とわたしのあいだには文化的な媒体がある。夜中にノヴァーリスの詩、ショパンの夜想曲、イル・サンドリーノの絵とともに文学、音楽、絵画がわたしの中にしみこんだ。わたしにはほんとうに夜の文化がある。闇の中では何かが起こるが、太陽の下ではすべてがあまりにも赤裸々です。わたしのようなしがない歴史家で研究者で作家でもある者が、もし創造者と呼ばれるなら、創造者が夜を求めるのも当然でしょう、それほど夜のうす暗がりからイメージやアイディアがわき出てくる。午後十時になるまではインスピレーションが浮かんでこない。過去を思いおこすには夜が必要です。夜中になると現実から逃れられるので、何かを書くのに必要だが、それでも現実がついてくる、なぜなら歴史家の仕事は現在と過去とのあいだを行き来することだから、その逆もありうる。空間を感じるには窓辺によらねばならない。昼間は過去や未来のためにわたしの夜の網をしまいこんでいる。

われわれの世界における夜の効果のひとつは外部の気候的影響をゼロにしてくれることです。あるときは夜間の家の暖かさに包まれ、あるときは夏でも涼感を感じることができる。その点で、夜は季節の影響を受けないときであり、人為的な時間です。それが中世のことや執筆に必要な一種の「永遠」に適している。たとえ歴史家の仕事が歴史の動きを追究することだとしても。

夜中に獲得できるもの、それはゆるやかに流れる時であり、それが歴史においてわたしの興味をひく時でもある。空間について言えば、闇にむかって開かれた窓の彼方に感じられる空間が好きです。つまりそれほど昼間より夜間のほうが空間を感じさせる。夜はわれわれを解放し、ほとんど無限の空間、ほとんど不動の時間に浸らせてくれる(6)。

昼間は仕事をしたり、ノートをとったり、プランを練ったりするのに適しています。だが少しでも情熱を燃やしたい論文や本を書くには夜にまさるものはない。

またわたしが好きなのは——年齢と仕事の関係で少しずつ減ってきたが——夜中に町を散歩することです。わたしはリシャール・ボランジェの『都会の夜は、なんと美しいことか！』という本のタイトルに魅せられる。わたしは昔から別荘や見晴らしのよいアパートで暮らす機会に恵まれたので、窓辺によれば眺めがよく、夜は闇に浮かぶ都会の一部、昼ははるかな展望を楽しめた。

映画とテレビ

あなたは「フランス解放」のとき、パリに来て、まもなく映画ファンになられた。日に一、二度は映画館へ行きましたね。数年間にわたるドイツ軍占領後に、アメリカ映画を発見したのですか。

そのとおりです。だからいまでもハリウッド映画の一部の作品と、今日のアメリカ映画が大好きで、とくにロバート・アルトマン、マーティン・スコルシーズ、ウディ・アレンといった大物の映画がよい。あるいはジム・ジャルムッシュ、ウィム・ウェンダーズのもの、だがこの人はアメリカ人というよりはむしろドイツ人ですが。

アメリカは文化的世界におくれて登場した、つまりアメリカ文学はもちろん重要だが、それも十九世紀以後であり、絵画はポロックのようなすぐれた画家は例外としてヨーロッパの偉大な絵画の高い水準までは到達していない。ところがアメリカ人が映画界においてたんに強力な産業的支配をまもっているだけでなく、ひじょうにすぐれた製作に恵まれているのは喜ばしい。

わたしは終戦直後からアメリカ映画監督に感激した、とくにユダヤ系ドイツ人でアメリカに亡命した人々、たとえばいちばんすぐれたフリッツ・ラング。当時はちょうどオーソン・ウェルズ、ジョン・フォードの全盛時代であり、そのころフランスでは「すぐれた映画」としてはあまり注目すべきものがない。さいわいその後、「ヌーヴェル・ヴァーグ」の時代が出現する。さっそくわたしは『カイエ・ド・シネマ』誌を予約した。ゴダール、レネ、トリュッフらの映画の封切を欠かさず見に行って楽しんだ。映画は中世から遠いようであり、近いようでもある。西部劇でアーサー物語がよく分かった。これも男の価値観と勇猛の世界であり、また悩ましい女性で彩られている。

映画を芸術だと考えるほどですか。

わたしは映画で淘汰され、映画をいまさら二十世紀の大芸術だと言うのも陳腐に思われる。今では仕事の関係で映画をテレビで見ることが多いのが残念です。たとえば友人ベルトラン・タベルニエがどれほど映画の大半がテレビにくわれているかを説明してくれた（たんにスクリーンの大きさだけが問題でなく、技術的条件も映画作品の迫真性を変える）。

しかもわたしにとって映画は暗い映画館を意味します。その映画館ですばらしい雰囲気が生まれる。作品を受けとる状況はきわめて重要であり、映画にはその条件が最適の芸術だと言えよう。映画館は夜であり、夜中に作品を受けとるように思われる。美術館では見物客が大勢いる。バーンズ・コレクションを見に行ったことがあるが、それはひどいものだった。コンサートはどうか。咳をこらえなければならず、動いてもいけない、これはつらいことです。しかし音楽作品とその鑑賞についてはレコードよりコンサートのほうがはるかに適している、ただし技量の上ではレコードのほうがすぐれているが。劇場はどうか。演劇はそれほど好きではない。わたしはたいてい、そこらの平凡な映画で楽しんでいます。劇場では、すぐれた演出家による一流の芝居しか感激しない。さいわい、それは見られます。国立民衆劇場TNPが忘れられない思い出をのこしてくれた。もっと身近なところでは、ヴィテがおり、そして幸いにもあいかわらずシェローやラヴェリ……

とにかく、わたしはほんとうにパリで映画を発見した。またはじめて好きな女優を知った、たとえばミレイユ・バラン、シモーヌ・シモン、アルレッティー、もちろんすばらしいマルレーヌとガルボも。そのとき、わたしは映画が誕生したばかりの芸術だと分かった、つまり絵画や文学と並ぶ芸術であり、わたしがほぼ同時代の人間だということも知った。まったくすばらしいことだった。重大なことは、ある国々では映画が多少とも完全に消滅していることでしょう。イタリアやドイツを見てください！

同時に、わたしは映画製作の条件にたいへん興味をもっています、つまり映画の商業性や資金面にまったく反感を抱いていないが、不幸にしてカットされたり、細工されたりする場合が多いのは我慢できません。しかしそのようなことは文学でも絵画でもよくあることだが、ただあまり問題にならないだけです。画家や詩人の生活苦については、特別に作品から切り離されて語られるが、映画を鑑賞するには、その内容、そのよさだけでなく、製作条件も考慮しなければならない。それがすごく魅力的です。

あなたはずっと後になって、一九八六年に、ウンベルト・エーコ作の『薔薇の名前』がジャン-ジャック・アノー監督で映画化されたとき、この歴史映画の製作に参加された。だがあなたはその映画の結末にかなり批判的でした。それでもこの体験が楽しかったように思われますが。

いや、あまり楽しくなかった。だが仕事は大事だった。まず熱がはいった、というのも社会科学高等研究学院が協力してくれたからです。一方、ウンベルト・エーコは自分の作品の映画化に口をさしはさみたくなかったので、わたしをジャン＝ジャック・アノーに推薦した。われわれは、中世の衣装についてはフランソワーズ・ピポニエ、演技指導ではジャン＝クロード・シュミット、色彩効果ではミシェル・パストゥロー、美術関係ではジャン＝クロード・ボンヌといったフランス一流の専門家たちを動員した。二年近くかかって資料を集め、モデルを示し、デッサンや下絵を修正し、またジャン＝ジャック・アノーの親密な協力を得てシナリオを検討した。しかもアノーとしても全面的な真実さが登場人物たちの真実味を高めてほしかった。それから約束に反して、われわれは撮影現場から遠ざけられた、というのも演出家から「若干の映画的制約」を了解して欲しいと言われたからです。その映画をはじめて映写室で見せられて、結末全体が西部劇か、安っぽいメロドラマにつくりかえられているのを知ったが、それは製作者の要求に応えるためであったのでしょう。かくてこの十四世紀の物語にバロック的な乙女が出現したのでした！　この映画を批判したら、ジャン＝ジャック・アノーは「大学人には製作者の気持は分かってもらえない」という返事でした。

だが映画製作のグループに参加したのは楽しかった、つまりわたしの才能がいくらか役にたったからです。つけ加えるなら、プランや手順がすべてばらばらであり、作品は主としてモンタージュでつくられる。幾度か撮影現場を見せてもらったが、その後、シーンが「再編集」されるのはおもしろかった。映画製作には人を夢中にさせるものがあり、知的、肉体的、そして極端に物的な訓練が要求される。偉大な映画人は、わたしにとっては大詩人、大小説家に匹敵する。しかもまれに見る芸術家です。映画はまさに完璧な芸術です。
このような考え方は素朴だが、実はそれがわたしの歴史研究にも関連性があった。だから歴史家の記述のほうが、たとえば物語よりも映画のモンタージュに近いと思われる。

ほかに映画製作の経験がありますか。

まったくありません。だがベルトラン・タベルニエのおかげで映画という仕事を理解できるチャンスにめぐまれた。一九八七年、ベルトラン・タベルニエの映画《ベアトリーチェの恋》が上映されたとき、かれとわたしはそれほど親密でなかったが、それでもかれは『ル・モンド』紙に批評を書いて欲しいと頼んできた。わたしは喜んで引き受けた、というのも中世のテーマ、人物、背景の映画なら大好きでしたから。タベルニエは、アルジェリア戦争（一九五四—六二年）の再召集兵の映画《名もなき戦争》のモンタージュの現場に立ち会わせてくれた。また、《祭りよ、はじまれ！》も感動的な歴史的時代とその物語でした。というのも《人生しかない》と同様に舞台の裏、または別の視点を示していたから。ベルトラン・タベルニエの作品は歴史の各時代における「人間喜劇」だと言えよう。

では、テレビはどうですか。あなたの経験から、テレビをどのように判断されますか。

社会分野でも芸術分野でも、テレビは映画よりはるかにあいまいな役割を演じているように思われます。天秤を前にした聖ミカエルを思うなら、一方で罪業、他方で美徳をはかるが、そのほかに天秤にかけるべき多くの悪がある。善もある。ドラマでなく、ドキュメンタリー映画でピエール・デュメイエに協力したことが思いだされる。つまりかれといっしょに二本のテレビ映画をつくったが、そのひとつは煉獄についてであり、もうひとつは黒ペストに関係していた。最初のはカタコンベで撮影され、まる一カ月そこで過ごした。もうひとつの映画はフィレンツェで三日間かかった（町を見下ろせるピアッツァ・ミケランジェロ、また現存するフィレンツェ宮殿でもいちばん古いダヴァンザティ宮殿の中庭、最後に市議会の宮殿のギャラリーだった）。それにジャン・カズナーヴというすぐれた演出家。あれはわたしの好きな「人間の歴史」というシリーズものでした、というのも歴史に「共通した」英雄の集団的冒険ものでしたから。

ジャン・ヴォートランという演出家と親しくつきあったこともあります。というのもかれはイギリス征服をテーマにしたテレビ映画をつくっていて、わたしがナレーターになり、大舞台の上で当時の衣装をつけた無声の人物たちの紹介をしたからです。一シーンだけの仕事でしたが、幾度もやり直しをさせられた。そのとき、かれはこう言った——「まずい、あんたは役者より歴史家にむいている！」少し残念でしたが。

わたしは歴史家として、思想や文化に無関心で、たんに扇動的な放送番組で歴史上の悪玉を強調するやり方には賛成できない、つまり事件、わざとらしさ、センセーショナルなもの、逸話的なものです。だが結局、テレビは人類の大部分に空間的、時間的な拡張、外部と昔をもたらし、大きい空間と長い歳月をとらえ、歴史家が千年もかけて追い求める領域、つまり「証言」に、たっぷり華やかさを増してくれる。

3 戦後

一九四八年――「プラハ事件」

どうして突然、外国へ出発し、プラハで研究をする気になったのですか。

それは偶然です。一九四五年夏、エコール・ノルマル・シュペリユールに合格したばかりのとき、ノルマリアンのグループといっしょに南ドイツとオーストリアのフランス機甲部隊の占領地域へ旅行できる招待を受けた。その折り、元ノルマリアンの将校に出会ったとき、フランス外務省の文化部にいるきょうだい宛ての荷物を届けて欲しいと頼まれた。そのきょうだいはわたしを家に招待してくれ、儀礼的にわたしのしていることを尋ねた。わたしはエコール・ノルマルに入学したばかりであり、歴史、とくに中世史を研究するつもりだと答えた。そのときのかれの説明によれば、戦後、フランスがかかえている多くの問題のうちで、ミュンヘンより前にチェコスロバキアにおけるフランスの威信をとりもどし、とくにエルネスト・ドゥニ時代の権威あるプラハ・フランス学院の文化活動を復活させようという計画があった。だから外務省もその部門で仕事をする青年たちを助成しようとしていた。

だから、あなたは十四世紀のボヘミアを研究しようとして、プラハ大学の奨学金をもらおうと決めたのですね。

その話は魅力的で、新しい展望を開いてくれた。そこでわたしは東洋語学校で少しチェック語を学んだ。そのとき、ヴィクトル‐リュシアン・タピエというスラブ史専門のソルボンヌ大学教授を知り、好意を受けた。シャルル‐エドモン・ペラン先生の許可ももらった。かれはわたしの計画を励まし、カレル大学の起源と一三四八年の皇帝カール四世によるプラハ大学の創立を、高等研究資格（これは今日の修士に当たる）のためのテーマにしてはどうかと勧めてくれた。ペランによれば、未発表の資料はあまり多くないはずで、文書はラテン語で書かれているので、古いスラブ語から翻訳するより楽だろうとのことでした。

そこで第一回目のチェコスロバキア留学ができました。それは一九四六年のバカンスの期間で、学生グループとともに六週間の旅行でした。わたしはその国とプラハという町にすぐ魅了された。わたしは外国で生活できるほどの手当てがなかったので、一九四七—四八年の一年間、留学するためにはフランス外務省から給費をもらわなければならなかった。

一九四七年のときのプラハの第一印象はどうでしたか。

一九四七年十一月にプラハに着きました。都心からあまり遠くない学寮に落ちついた。雰囲気はよかった。というのもチェコスロバキア史研究の学生に再会できたから。かれは元給費留学生としてフランスにいたことがあるので、かなり上手にフランス語を話せた。ところがわたしのルームメイトはチェック語しか話せず、たがいに理解しにくかった、というのもわたしは東洋語学校でチェック語を勉強したが、あまり上達していなかったから。チェック語は片言しか話せなかった。今日でも何かを表わそうとすれば、チェック語に近いポーランド語のほうが浮かんでくる。幸いにして当時、あの学寮にはアルバニア人学生が多くいたので、なんとかうまく切り抜けられた、というのもかれらがみなティラノのフランス学校で中等教育を終えていたからです。

仕事をはじめてまもなくペラン先生が言ったことの正しさが分かった、つまり資料には未発表のものがほとんど見つからないということだった。それはチェコの教授たちからも聞かされた。かれらはわたしをたいへん優遇してくれた。わたしはもっぱら自分の研究テーマに関する本や論文を読みあさり、よく勉強した。

いずれ再会することになるが、ある若い歴史・地理担当教授と知り合いになった。かれの名はジャック・グレル。かれはフランス大学教授資格者（アグレジェ）だったので、プラハ・フランス学院でおなじ資格者試験予備研修を受けさせてくれた。

ちょうどそのころ、わたしはこの町を大いに散歩した。そのころは一九四八年だったから、言うもおこがましいが、今日よりははるかに美しかった、なぜならひっそりしていたからです。今日ではカレル橋をのんびり散歩することもできなくなっている、つまりモン-サン-ミシェルよりもひどい！　というのもすさまじいところになっていて、どこにも店があり、またドイツ人、アメリカ人、あるいはフランス人の観光客でいっぱいだから。

一九四七年に話をもどしましょう。学寮仲間のうちで、若いユーゴスラビア人ととくに親しくなった。かれは小遣い稼ぎのために、マラ・ストラナの居酒屋でギターやバンジョーをひいていた。その界隈《かいわい》ではスミショフ・ビール（プラハの郊外では最高においしいビールでした！）が好んで飲まれていた。さらにあの梅酒ときたら、これほどおいしいものはもうどこにも見られない。ふたりの学生、つまり一九四六年にはじめて留学したときに知り合った者をどうして忘れられようか。ふたりとも、夏のバカンスのあいだ、トゥーロンのわたしの家族の家に招待した。ひとりはフランス語を翻訳し、もうひとりは科学研究をしていた（その後、ある工場長になった）。後者の母によく招待されたが、彼女はすごく感じのよいひとで、おいしいフルーツ・ケーキをつくってくれた。それは「クネドリキー」と呼ばれ、小麦粉のころもをまぶしてラードで揚げたものだったが、それがとてもおいしかった。

あなたはチェコの音楽が好きですか。

好きです。よくコンサートへ出かけた。ドヴォルジャークが大好きです。スメタナには美しい作品が多く、《売られた花嫁》だけではない。この作品は社会主義的リアリズム体制以前の最初の現代的演出で鑑賞できた。またそのとき二十世紀のチェコの二大音楽家を発見できた、それはボフスラフ・マルティヌー、それからとくにヤノス・ヤナーチェクです。

では、あなたは「プラハ、二月事件」と呼ばれている変動を目の当たりに見たことになります、つまりゴットヴァルト政府の非共産党の大臣らの大半が、「デモ」（一九四八年二月十七―二十五日）に圧倒されたエドアルト・ベネス議長によって辞任させられた事件でしたが、これが次の五月三十日の統一リストによる選挙に先立つ出来事でしたが。

あのとき、旧市街の市場広場では氷点下十八度という寒さでした。そこまで出かけていって、ゴヴァルトの演説を聞いた。つまり共産党による真の政権奪取だった。あれは二月二十二日だったと覚えている。人民運動によるのでなく、たんに外部から支えられた政治機構の政権奪取によって人民デモクラシーがつくられるしくみがよく分かった。わたしがいた学寮では、社会主義派の学生らが、新しい政権に賛同する日和見派と、民主主義的な抵抗にけなげに生きようとする学生たちに分裂するのが見られた。それでもカルレ大学六百年祭が開催されることになったが、まるで陰気な雰囲気のものでした。

チェコスロバキア共和国の元指導者らとコンタクトがありましたか。

事実上、ありません。元外務大臣で、一九一八年のチェコスロバキア設立者トマス・マサリックの息子ヤン・マサリックのことなら、三月十日にヴェンチェスラス広場で、かれの「自殺」が拡声器で報じらた。多くの婦人が路上でひざまずいているのが見られた。自殺か他殺かを決めることはできなかった、いずれでもありえたからです。窓からつき落とすという厄介払いの仕方はボルシェビキ秘密警察の常套手段ではなかったが、プラハではそれが伝説になっている。自殺、つまり挫折感と混乱の結果とも考えられる(7)。

エドアルト・ベネスについては、その後、数カ月経って、城の中庭で出会った。かれはオープンカーに乗っていた。そしてわたしのすぐそばを通りすぎた。かれはガンにかかっていて、それも重症だったらしい。その青ざめて、悲劇的な顔がこの国のドラマ全体を表わしていた。かれはその後、数週間後に亡くなった。

この人物について判断をくだすのは難しい、というのは一九三九年のチェコスロバキアに対するフランス政府の態度がわれわれにどんな批判をも禁じていたから。かれは確かにソ連に対して弱みがあった、だからみずから墓穴を掘ったのでしょう。しかしボヘミアのように、きわめてロシアびいきの伝統をもちながら、ドイツとロシアのあいだにはさまった小国では、ほかにどうしようもなかったでしょう。西欧世界に頼れなかった、それが不幸にも当然だったかもしれない。かれは、反動的でアメリカ寄りのチェコ右派には頼れなかった。共産党はボヘミアではソ連の援助を受けながらも強力な立場を保持していた。おそらくかれは国内の被害をできるだけ少なくしようとする穏健な民主派に所属していた。

それらの事件のすぐ後であなたは帰国しました。そのわけはチェコスロバキアでの滞在が不可能だったからですか。

いや、継続できたはずです。というのもわたしはフランス政府給費生という資格で保護されていたから。わたしとしてはどんな圧迫も受けなかったと言える。わたしが帰国したのは、もう何もすることがなく、地理学の修了証明の問題があった上に、その後、高等研究資格を取得しなければならなかったからです。

一九八九年の穏健な革命後にすぐまたプラハへ行きましたね。

すぐではありません。一九六二年と一九六八年のあいだには、ポーランドへ行く途中で二度プラハを通過しただけです。一九六八年のワルシャワ条約という武力介入のあとではもうプラハへ行く気もしなかった。だからその後は西ドイツ経由で旅行しました。

ほんとうに再度、プラハへ行ったのは一九九二年十一月です。それは、科学アカデミーから招待され、名誉ある十九世紀の偉大なる歴史家の名をもつパラキー賞の金メダルをもらうためでした。これはわたしの誇りであり、幸福でした。娘がプラハを見たいと言ったので連れていった。娘はその町に魅了された。われわれは運がよかった、いちばんよい季節だったから。秋の日はおだやかで、光がかがやき、さらに幸運にもそのとき、ほとんど観光客も来ていなかった。

チェコスロバキアがはっきり二国に分裂するのをどのように考えますか。

それはまちがっています。それはスロバキアの少数派の政治家たちの宣伝です。なぜならブラティスラヴァで会った大学人、知識人のすべては分離に反対だと言っているし、また、もし国民投票が実施されたら大半が統合形態に賛成するだろうと断言していたからです。分裂した国には名のつけようがない、というのも片方が「チェコ」とも、ボヘミアとも呼べないし、もちろんチョコスロバキアとも言えないから、「チェコ共和国」になるでしょう。だがわたしがブラティスラヴァで過ごした二日間は感激だった、というのも高いレベルの人たちに会えたから。国際学会で、わたしは次のように言うことが多い――「スロバキア人のことを忘れないでください！」

戦後における社会参加

あなたは、申すまでもなく政治に関心を持ちつづけてこられた。一九四五年十月の憲法制定や第四共和制に関わる総選挙や国民投票ではどうしましたか。

わたしは幼いときから親しんだキリスト教的左派に忠実だったから人民共和党に投票したかった。それもごく短いあいだだった、なぜならひどく失望したからで、いまでもその政治的傾向に深い恨みを持ちつづけています。わたしから見れば、フランスにおける戦後最大の政治的破局は「レジスタンス」参加者らの政治的失策、とくに人民共和党の失政だった、つまりこの党は次第に右翼化し、マダガスカルや北アフリカのときと同様にインドシナにおいても赦しがたい植民地主義的政策を犯した責任があります。一九三六年に人民戦線とレオン・ブルムに感激したが、この後者の価値を戦後の老紳士のうちに再発見できず、ましてギー・モレの社会主義労働インターナショナル支部においても往年の姿を見いだせなかった。この第三勢力の中道派は、一九四七年の解消後は共産主義者にとってかわるべき支持を右派に求めなければならなくなったので、わたしには政治への失望と疎外感が生じて、歴史家としての研究と調査に専念できるようになった。

共産党に惹かれたことはありませんか。

多くの友人らのようにそうなるべきだったかも知れません。共産党はレジスタンス運動で輝かしい業績をあげ、一九四五年が明けると、多くの若い知識人にとって将来の担い手のように思われた。わたしは一九四八年二月の共産主義党員の実力行使のときにはチェコスロバキアにいたので、奇妙な偶然で共産党の誘惑からまぬがれた。わたしはいわば予防接種を受けてプラハからもどったのです。それでも一九五〇年三月のストックホルム・アピールに賛成署名をしたが、わたしがまじめに世界平和のためだと思った行動の背後でスターリンが策謀していたことには気づかなかった。

いくつかおもしろい思い出があり、たとえばエコール・ノルマル・シュペリユールにおいて、わたしは共産主義闘士たちから非難や罵声を浴びせかけられたが、かれらは今日では、反共産党運動のリーダーになっているし、いまでは親友になっているル・ロワ・ラデュリ[8]にかぎったことではない。

だが年代に注意していただきたい。一九四五年秋、アラン・トゥレーヌとわたしがエコール・ノルマル・シュペリユールに合格したときは、ふたりの昇進であり、さらに釈放された囚人も含まれます、つまり戦前の世代の人々であり、アルチュセールやムサをはじとする一九三九年、一九四〇年、あるいは一九四一年のグループです。しかもわれわれは「フランス解放」という一種のゆったりした開放的な雰囲気にいました。それは再建であり、復興であり、産業化であり、社会「保障」です。それから二年後には、冷戦のはじまりとともに、だれもかれも「西」か「東」かを選ばなければならなくなる。一九四九年以後、はじめて共産党の優勢がエコール・ノルマルの中までおしよせ、四、五人に一人、つまり全体で二百名の学生のうち、四、五十人が「入党者」になります。

わたしが共産党員にならなかったのは、プラハで受けた警告のほかにもうひとつの理由があります。わたしは一度もカトリック系の闘士にならなかったが、実践的なカトリック信者だった、しかしちょうどそのころにはカトリック教から離れていた。それにはふたつの理由があった、つまりひとつは信仰心がないと分かったからであり、もうひとつはだんだんキリスト教会に耐えられなくなったからであり、それはわたしが歴史学を勉強しはじめていたから、歴史的な展望からであり、また教会の今日的現実からでもあった。わたしは多くの教会人を尊敬していて、中にはとくに深く尊敬もし友情も感じている人たちもいます。だがわたしは制度としてのキリスト教を受け入れることができません。わたしから決定的に寛容さを奪ったのは教会の頂点にローマがあるからです。さいきん、フランソワ・フュレの本に関連して「危険な温床」(9)の論争がもちあがったとき、コミュニズムはいったい信念か信仰かと議論された。確かなことは、わたしがほかの宗教へ移るためにキリスト教を見捨てたのではないということです。

しかし第四共和制の各政権のもとでも、たとえば一九五四年にはピエール・マンデス・フランス政権について短い希望の時期があります。この人物はあなたに関心がありましたか。

もちろんです。いまでも外国人と話していて、よく言うことですが、わたしが心から称賛した唯一の政治家はマンデスでした。ただし直接にはよく知らなかった。

あえて言うなら、その称賛の報酬としてわが親友クロード・ニコレがいます。かれはマンデスが首相だったときの官房のメンバーでした。かれはまだ若かったが、ふたつの領域で活躍していた、つまり一方では、過激派と化した共和国を擁護し――かれは今日、「シュヴェーヌマン派」です――、他方では、古代ローマ史、とくにローマ時代の騎士の研究者だった。だからかれはローマ・フランス学院の院長にされ、最近、定年退官しました。かれはほんとうの親友だったが、あるとき、わたしにこう言った――「わが家で、マンデスとともに内輪の会食をするのだが、いっしょに来てはどうかね」。かくて、マンデスはさっぱりした人物で、わたしにとってはきわめて感じがよかったとはいえ、それでもたいへん恐れ多い会合だった。マンデスとその二番目の奥さん、ニコレ、イギリスの歴史家ロナルド・サイム、そしてわたしだった。

だがマンデスのすべてが気に入ったわけではありません。左派へのかれの協調は、とくに社会政策において少し狭量のように思われた。また共産党に対するかれの抵抗的態度、あるいはむしろかれの完全な無理解、双方のあいだの無理解が分からなかった。かれが共産党を好きではないのはそれでけっこうだが、共産党を議会の多数派から排除した(一九五四年におこなったように)のはまちがいだった。ド・ゴール将軍のアルジェリア政策に対するかれの偏狭さにはついてゆけないし、まして自信過剰な闘士ぶりにはうんざりします。

しかし、それがあなたに社会参加を決意させたのではありませんか。

わたしにはいつも闘魂が秘められていた。歴史家のわたしは市民でなければならず、市民はなんらかの社会参加をしなければならなかった。しかしわたしはリール大学の助手を勤めていたから、スターリン流の共産党やモレ流の社会主義労働者インターナショナル・フランス支部にしたがうわけにはいかなかった。

そこで組合活動へ「転向」しました。奇妙な話です、なぜならわたしは一度もキリスト教青年学生連盟のようなカトリック運動に参加したこともなく、また学生組合運動や全フランス学生連合にも加入しなかったからです。共産党の強烈な干渉にもかかわらず、リールの高等教育者組合は自由な場所だった。さまざまな気質の同僚たちを集めた団体であり、また基本的に世俗的だった。

そのころ、あの一九五六年の恐ろしいショックを受けました。ブダペストへのソ連の干渉とスエズ運河紛争のときの嘆かわしい出兵さわぎのあいだに並行関係をつけたい誘惑と戦いました。それでも、われわれ、つまり高等教育者組合の支部と、その事務局をあずかっているわたしは、活動を弱めることでなんとかうまくきり抜けられたが……

でも一九五八年には、さまざまな事件が起こっています。第四共和制の政府はアルジェリアにおいて戦争をすることも平和をもたらすこともできず、アルジェリアのフランス人と軍隊の一部を敵にまわすことになります。ちょうど五月十三日のことです。反乱者たちはド・ゴール将軍がフランスのアルジェリアを実現するだろうと誤解してド・ゴールに助けを求める。ド・ゴールは内乱の脅威につけこんで、フランス下院から自分を呼ばせ、下院はかれに全権を託す。

ド・ゴールの権力復帰、またその結果からとうぜん生じる政界の再構成。社会主義労働者インターナショナル・フランス支部は分裂する、というのもこの支部がギー・モレのアルジェリア政策とともに、ド・ゴールとの結託にも反対したからです。かくて一九五八年九月にはアルジェリア社会党あるいは自主社会党が生まれ、これが一九六〇年には統一社会党となります。あなたはそれに関わるのでしょう?

そうです。さきに言ったように、わたしは大いに戦闘的活動に乏しかった、だが政治的活動は別です。

三十歳をすぎ、深く闘争の必要を感じました、とくにアルジェリア戦争に対してです。そこでイシ－レ－ムリノー支部に加入しました、しかし根本的には戦闘的態度だけが問題だった。もしやろうと思えば、統一社会党の上層部においてなんらかの役割を演じたかも知れません、しかしそれはわたしの問題ではなかった。

この短い経験でいい思い出が残りました。すばらしい人たちを発見し、セルジュ・マレやフランス民主主義労働同盟や、今日の民主社会主義の条件について有益な反省ができた。統一社会党の失敗一覧表が云々されているが、わたしとしては、この党が若干の仕事をおこない、いろいろな考え方や人物を生みだしたと思われる。(10)

支部では、二十人ほどのグループで、さまざまな動議をめぐって激しい議論が交わされた。それからわれわれはみな深夜までかかってポスターを貼るためにもう一度集合した。秘密軍事組織に対する闘争がいまでも思いだされる——わたしは、爆弾を仕掛けられた自動車の爆発場所から二百メートルほど離れたところにいた。イシ－レ－ムリノーでの被害者は死者三名、負傷者四十名だった。あれは一九六二年三月十日、「平和運動」会議が開催される会場の前で起こった。

一九六二年末に、わたしは闘争活動をやめました、というのも結婚したばかりであり、ポーランドから来た妻のために時間をできるだけ割きたかったから。それにアルジェリア戦争も終結し、アルジェリアが独立し、多くの人が動員解除され、他方、統一社会党は内紛に明け暮れ、再転換ができなかった。

統一社会党の実力は闘争力の面でも発揮された。その実力は、一九八一年に社会党が政権を掌握したときには見られなかった。政府における党派のメンバーは概して闘争力では動かないかわりに、出世主義や権力の維持に汲々とする。わたしは政治に対して矛盾を痛感しています、つまり政治は民主制において必要かつ有益な活動をおこなうが、たとえ個人的な面ではないとしても——フランスではきわめて少ない政治家だけが不誠実だと確信している——、権力は腐敗する。妥協するのはよいが、妥協させられるのはよくない。幸い、わたしは政治家になろうと思ったことは一度もありません。

一九五八年以後、ド・ゴールが政権の座についていた十一年のあいだ、あなたは反対の立場で戦った。それでもこのド・ゴールという人物についての総合的な評価をうかがいたいのですが。

ド・ゴールは、何よりもまずブラック・アフリカ全体において植民地主義を崩壊させるのに功績があり、その国に多大の奉仕をおこなった。アルジェリアの問題では、ド・ゴール将軍は——この将軍を非難する気持はありませんが——「アルジェリア生まれのフランス人」に開発された国ではなく、正しく、自由で、開かれたフランス・アルジェリアを救えるとまじめに考えたと思われる。それから、それが不可能だと考えたとき、思い切ってアルジェリアの独立を承認した、それもマキァベッリ的戦略をしたのではなかった。だが、実際、それはきわめて難しい問題だった。

不幸にも、ド・ゴールはフランス国内の問題では、余儀ないことだが、右派と少数の空想的社会主義者と左派ド・ゴール派をひきつけることに成功しただけであり、反動的政策をおこなったが、これはよい政策だったとは思われない。

一九五八年に、かれが復帰してから、わたしはかれの国内政策と戦った。アルジェリアに関する国民投票を除いて、いつもかれに反対投票をおこない、またそれで後悔もしていない。しかし人間としてのかれには称賛と感謝の念でいっぱいです。かれの生誕百年記念のとき、「ド・ゴールとフランス史」というテーマでテレビに出てほしいと頼まれたことがあります。そのとき、わたしはこの人物のさまざまな面を解説しようとこころみたが、それにはわたしの嫌いな伝統主義的な面も含まれます。だが総合的には肯定的な評価を引きだした。一九五八—六九年のあいだのかれの政府は少し君主制的で反動的でしたが、全体としては民主主義的だった。その点でかれとわたしには共通点があります。

だが、われわれには完全には一致しない点があるように思われます。普通選挙でフランス大統領を選出することに対してあなたは強い反対の立場をとり、ピエール・マンデス・フランスのような伝統的議会主義の擁護派に味方しました、たとえばマンデスは著書のひとつ『現代の共和制』[11]においてその見解を披歴しています。

わたしとしては、それほど肯定的にはなれません、というのも第四共和制の体制は弁護の余地なく、第五共和制の体制はさまざまな状況に対処できる柔軟性に富んでいたことを示しました。とにかく、普通選挙の原則は既成事実であり、永続的だと思われる。フランス人から大統領を自分で選ぶという権利をとりあげることはできないでしょう。

あなたとおなじく一九六二年の改革はとりかえしがつかないように思われる。それは残念なことです。わたしは実は普通選挙によって国家元首を選ぶことには大いに疑問を抱いています。この問題でわたしは見解を公表したことは一度もないが、個人的には大統領制に関心のあるイタリア人の友人たちと幾度も私的な話をしたことがあり、たとえイタリアの今日の政治的発展が不安に思われようと、わたしは大統領制をやめるほうがよいと忠告した。ポーランドでも政治家たちと会ったが、かれらもその共和国の大統領を普通選挙で選んだことがどれほど悔しいことか、を話してくれた。もしフランスで過去三十年間（一九六五—一九九五年）の総合評価がおこなわれるなら、普通選挙による大統領選挙が一九八一年に左派を権力の座につけたことが確認されよう。だがどんな犠牲があったか。国家の政治生活が腐敗したことです。わたしは代議制議会民主制を断固として支持したい。その場合、行政権は普通選挙で選ばれた国民議会に対する責任ある政府に所属します。

その点ではイギリスの体制のほうが確かにすぐれています。しかしそれは明らかにフランス共和制の伝統とは相容れません。多くの国において、共和国の大統領は、国会と大統領選挙人で選出され、執行権の行使を主張できない判定者です。そのことは一九九四年のドイツ連邦共和国において、リヒャルト・フォン・ヴァイツゼカーの更迭のときに実証されました。

たしかにそうです。イタリアの危機を見てください、そのことについては後で触れることにします。一九九五年三月の選挙の不安定な結果のあとで民主制を守る最後の砦は現在、どうなっているか。それはこの共和国の大統領オスカル・ルイジ・スカルファーロであり、この人には判定の権限しかなく、またかれは普通選挙で選ばれたのでなく、国会で選出された。これは反省を促すに違いない、つまり普通選挙だったら、選ばれたのはシルヴィオ・ベルルスコーニであったはずですから。

そこで答えてもらいたい——あなたは普通選挙を信頼しますか。多くの国、とくに西ヨーロッパ諸国に可能で、ふさわしいと思われるような民主制において、普通選挙にもどれる権利のうちで若干の権利と行使があるに違いないが、普通選挙が正当というよりはむしろ危険になるほかの権利と行使もあるはずです。わたしは民主制ならなんでもよいというような狂信者ではなく、したがってとくに、くり返して言えば、直接民主制には反対です、それは民主制の模範でないように思われるから。だからわたしは国民投票の拡大には反対します。

オックスフォード大学での一年、一九五一—五二年

大学教授資格者になって、あなたは一九五〇年の新学期に、リセ・アミアン校の教授に任命された。だがあなたはこの中等教育の経験をできるだけ早く終わらせようと望みますね。

わたしは研究者としての使命感を抱いていたので、リセの環境ではその使命が果たせないのは明らかだった、とはいえリセ・アミアン校での経験は楽しかった。そこで前の年に出願していたオックスフォード大学への給費留学が認められ、主としてボドレアン図書館の文献・資料を使って中世の大学史の研究をしようと思った。英語も勉強したかった、というのも英会話が苦手だったから。だが不幸にしてあまり上達しなかった。

イギリス人にあまりなじめなかったのですか。

イギリス人はわたしの在外研究で出会ったうちでいちばん異国的な人民です。もしわたしが民族学者として言うなら、イギリス人はきわめて興味深い風習をもった民族であり、インド人またはメキシコ人よりもっと異国人種のように思われる——ブラック・アフリカには行ったことがないが。イギリス人からひどくうろたえさせられるのは、わたしがかれらを近しいひとだと思っていても、かれらが未知の、表わしようのないコードにしたがって万事、行動しているように思われるからです。また、そのコードが解読できたと思っても、そのコードを自分に適用したいとは思わない。気楽になれないし、同時にかれらに対して優越感をもっているとも思わない。だが腹の立つこともある、それはイギリスでわたしのほうが劣等感に

悩まされるときです、なぜならどれほど親切にしてもらい、丁重に扱われても、なんとなく疎外されているように感じるからです。

白状すると、わたしの称賛は抽象的です、つまりその感情はかれらの長い議会制度の伝統に対してであり、ナポレオンに対する戦いであり、一九四〇年の勇猛さであり、さらに、言うまでもなくかれらのすぐれた文学のためです。

学寮ではどんなひとと交際しましたか。

わたしがいたオックスフォードの学寮に対して一種の拒否反応を感じたと白状します。十月に着いたとき、寮にはまだ空き部屋がなかったので、一カ月間、個人の家に下宿しました。そこでの話題は天気のことしかなく、またそれを絶対に守らなければならなかった、つまり「天気がいいですね」とか「雨になりそうですね」と言うだけでよかった。だがそれに加えておなじ天気のことで話を引きのばさなければならなかった。

しかも万事が、まったく授業を受けずにすんだソルボンヌ大学で味わった雰囲気とはまるで違っていた。学寮はわたしにとってはホテルであり、下宿だったが、その規則に悩まされた。たとえば朝、八時半を過ぎると「朝食」にありつけなかった、つまり「用務員」[12](scout)が病気になるまで朝食抜きだった、というのも代わりの家政婦はわたしが早起きできないことを理解してくれて、目を覚ましたら一杯の紅茶を運んできてくれたから。それは競馬の大会がはじまる週までつづいた——その競馬のことはくわしく彼女から聞いていた——、競馬がはじまると、彼女はひどく興奮し、フランス種の馬に賭けていたが、その馬が負けると、紅茶どころではなくなった……

このような状況については、わたしにも大いに責任があったと言わねばなりません。わたしは学寮にいる学生たちとあまり付き合っていなかった。わたしの英会話はまずいし、本気で会話を勉強する気にならなかった。だからもっぱら図書館へ行って、孤独な生活をおくった。他方、学寮の催事も、クラシック音楽コンサートもふくめて不愉快だった。コンサートなら、喜んで行ったかも知れないが、かれらはわたしの嫌いなヘンデルに夢中だったし、チャイコフスキーを聴いていたが、わたしには我慢ならなかった。週末はとくにさびしかった、というのもそのときには大半の学生が家族のもとへ帰ったからです。でもときどき土曜の晩に飲み会が開かれた。ウイスキーとコニャックは裕福でない学生には高価すぎた。だからビールで我慢したが、その目的は明らかに「酔っぱらう」ことにあった。わたしとしては、飲むのは好きだが、酔っぱらうのはいやで、また酔っ払い連中と付き合うのは大嫌いだった。

それでもイギリス人と交際したでしょう?

事実、一九五一年七月はじめに学寮を引き揚げようとしたとき、学寮の学生すべて、つまり十八人ほどが別れを言いに来てくれた、そしてわたしがそこの滞在を評価し、あまり不幸でなかっただろうと期待したいとつけたしたが、それがたいへん丁寧な挨拶だった。一年のあいだの自分の態度が恥ずかしかったと白状します。

もうひとつの証拠がある、ずっと後になってからですが。一九九四年、学寮の仲間たちがわたしの七十歳の記念行事を企画し、わたしの業績に関して学会を開いてくれた。三日間のその国際学会はケンブリッジで開催された――すばらしいキングズカレッジに宿泊した――、これには感激しましたし、イギリス人の同学者たちも最高に愛想がよかった。いちばん深い感銘を受けたのはそれを主催してくれたのがイギリス人だったことです。他方、もっと多くのフランス人をはじめ、イタリア人、ドイツ人、アメリカ人、スイス人、さらにポーランド人の中世研究者との付き合いが多かったのですが。

一九五三年、ローマ・フランス学院

あなたがローマ・フランス学院で一年間、研究することができるようになったのは、かなり奇妙な事情があったのですね。どうしてそうなったのか、説明してくれませんか。

それは偶然のチャンスをねらったと言うべきでしょう。わたしのような公職には、あらかじめ敷かれた軌道をたどることもふくめて、偶然が大いに作用するようです。最初のチャンスは一九四七年にプラハへ行けたこと、二番目は一九五〇年に歴史部門の大学教授資格試験委員会の委員長にブローデルが任命されたこと、つまりその年度の試験に受験できたことです。三番目は、思いがけなくポストが空いてローマ・フランス学院へ行けたことです。

当時、この学院はエコール・ノルマル・シュペリユールの学生、つまり古代史の研究者をはじめ、パリ古文書学院の学生、さらに高等研究学院第四部門の学生を受け入れていた。これらの国費留学生は、いまより若い人々であり(二十歳から二十四歳)、普通、二年間ローマにいて、帰国してから兵役についた。その件も、わたしには偶然が作用した。というのもある同輩が兵役期間を短縮できると知って、ローマ・フランス学院で一年間の休暇をとった。そこでこのポストがあいた、ただし二年間でなく、一年間ですが。しかもその学生は提出義務のある論文作成も免除された。

そのとき、ほとんど会ったこともないリュシアン・フェーヴルと、大学教授資格試験のときに会っただけのモーリス・ロンバールが、わたしにローマ・フランス学院へ留学する気がないかと尋ねてくれた。わたしはとびあがって喜んだ、というのも中等教育の仕事に二度と戻りたくなかったからです。わたしの高等教育資格論文が高等研究学院第四部門の論文に変更された（しかもフェルナン・ブローデルとシャル・モラゼとおなじくリュシアン・フェーヴルはその大学の第四、第五部門の主任を兼務していた）。そこでわたしは規則違反ぎりぎりのところで操作してもらえた、つまり第四部門へさかのぼって登録され、高等教育資格のオリジナルな論文が回され、モーリス・ロンバールとリュシアン・フェーヴルから激賞されるほどの評価を獲得した。中世における大学の歴史に関する学位論文の準備として、ローマはヴァティカン資料館とともに、われわれのあこがれの土地であり、わたしには二番目の地上の楽園だった。一番目はエコール・ノルマル・シュペリユールでしたから。

その学院の院長ジャン・バイエの存在は重要でしたか。

そうです、ふたつの理由で。つまりひとつは肯定的な理由であり、もうひとつは否定的なものです。前の院長アルベール・グルニエはあまり規則にとらわれなかったひとでしたが、定年で退官したばかりだった。また当時の評判によれば、もちろん誇張されていたが、この学院は放蕩生活のたまり場だったとか。ところが新しく来た院長、つまりラテン語学者ジャン・バイエは厳しく、圧制的だという評判だった。かれはおそらく学院の再建をはかり、なんらかの規律を回復しなければならないと思ったのでしょう。たとえばわれわれは自分の部屋でなく、特設の研究室で勉強するように要求された。かれは各研究室を巡回して出欠を調査した、それはあまり愉快でなかった。その上、かれと話したり、かれの著作を読んで見ると、かれはひどく鋭敏な知性と、一流の学識があり、圧倒するようなラテン語学者のように見えた。わたしは

「月曜の歴史特集」と題された放送で、かれのことをフランス学院の院長としてその知的権威でもってファルネーゼ宮殿の名を高めた大学者として表敬したが、それはかれが亡くなってからのことだった。その後、考古学者ジョルジュ・ヴァレという院長と親しくなり、よく招待された。

以上の点で、バイエとわたしの対決はあったが、それはたんに学院の立て直しという状況においてしか説明できない。わたしの伯父、つまり母の兄で、トゥーロンのカジノの支配人をしていた伯父がそのとき急死しました、つまり敗血症で倒れて数日後に他界したのです。幼いころからわたしはかれを「ガラおじさん」と呼んでいました。その娘から電報が届いた――「ガラ死亡、……日、葬儀」。まず最初に不愉快だったのは、その電報がバイエにさきに読まれていたことだった。かれはわたしに説明を求めた。かれは電報の文面に驚いて、ふざけていたのではないかとわたしは疑った。だからわたしの説明を聞いても、かれはすっかり納得しなかったようです。

かれが「分かった、きみは行かなくてもよい。規則で、七月十五日までは学院の研究生はイタリアを出国してはならない決まりだ」と言われたときは、腹が立って仕方がなかった。わたしは冷静に答えた――「すみませんが、納得できません。あの伯父はあまりにも大切なひとですので、埋葬に出席しないわけにはいきません。さっそく、これから汽車の切符を買いに行きます」。見ると、かれはまっ赤になっていて、こう言った――「とめることはできないが、きわめて遺憾だ」。そこでわたしは伯父の埋葬に参列した。帰ると、バイエ夫人に呼ばれた。彼女はすばらしいひとで、このうえなく親切で、またわれわれの不自由さによく気を配ってくれた。彼女は、わたしの伯父の死がどんなに辛いことかがよく分かると言ってくれ、わたしのことで夫の気持にまったくこだわりがないとうけあってくれた。事実、この一件は無事解決し、それからわれわれの関係も良好になった。

そうはいっても、かれの性格には個人的な理由で気むずかしいところがあった、つまりかれは小児麻痺に続いて身体障害をおこしていたが、他人から助けてもらうのを嫌がった、そこでいろいろな悲しいトラブルが起こった。

かれには娘が二人いた。ひとりは弁護士になり、アンドレ・ブクレクリエフという音楽学者で作曲家と結婚し、もうひとりは当時、未婚であり、科学哲学史家としてパリ第一大学の教授だった。ふたりともすぐれた才能にめぐまれていたが、かれにはひとり息子のことが忘れられなかった、というのもその子が十九歳のとき、レジスタンス運動で銃殺されていたからです。

あなたのイタリア留学は図書館での研究が主だったのですか。

確かにイタリアで決定的に図書館への情熱にとりつかれた、たとえば広い研究室をあてがわれたファルネーゼ宮殿の図書館、それからヴァティカン宮殿の図書館も。そのころ、わたしは研究分野と、博士論文のテーマを変更しました。大学の歴史を研究することからはじめたが、大学人が、言うなれば十二世紀の「教師」、つまり授業と引き換えに学生から授業料を払わせたという事実に興味をもちはじめた。興味があったのは、知的労働であり、大学人の労働の概念だった。そのことについてはもう一度触れることになるでしょう。

あなたがローマで研究を続けてゆく上で重要な出会いがありましたか。

ローマにいたあいだによく付き合った人々の中にはエコール・ノルマル・シュペリユールの元司祭のブリアン神父がいました。そのひととはかなり親密に付き合った。かれは人間的にも知的にも立派な方だった。かれはカトリック学院の院長をつとめた後、かなり高齢だったが、元気だった。当時、かれは神学の博士論文を仕上げようとしていて、ティヴォリの修道女会館に止宿していたが、その丘の上にはキケロの古い家もあったし、すばらしい眺めが楽しめた。ブリアン師はそこへわたしを三回ほどだったと思うが、招待してくれた、それは修道女らがティスラン枢機卿を招待する日だった。わたしが食卓の喜びを楽しんでいるという評判だったので、修道女たちはその機会にたいへんなご馳走をふるまってくれた。

そのティヴォリで、わたしは研究の上で興味をひかれることになる資料のことを教えられたが、それは告解をしにくる信者への質問の仕方について聖職者を指導する告解師のマニュアルだった。そのマニュアルは十三世紀のものだった、なぜなら一二一五年の第四ラテラノ公会議がすべてのキリスト教徒に少なくとも年に一度、復活祭の日に告解をするように命じたからです。ミシェル・フーコーとおなじく、わたしもこの年代がきわめて重要に思われる、というのもその年は良心の究明、内省、そして西洋の集団心理の発達にきわめて大きい役割を演じた知的活動の基本全体の起源になるからです。告解室（十四世紀にはじめて現れる）は精神分析医の診察用寝椅子の先がけでもあった。そのマニュアルは信者に尋ねる質問を定め、たんに信者の罪の意識のみならず、信者の職業的、社会的状態にも関わっていた。だから資料としてたいへん豊かなものだったので、わたしはイタリア各地の図書館で告解師のマニュアルを調査しはじめた。

かくてシエナ、マントヴァ、フィレンツェ、ラウレンツィアーナ、それから国立図書館で研究した。パドヴァでは、聖アントニウスに捧げられた有名なフランチェスコ会修道院付属図書館で研究が続けられた、というのも毎週、週末を過ごすことにしていたヴェネチアのすぐ近くだったからです。それはたいへん興味深い訪問だった、なぜならローマ以外の町でイタリア経験を豊かにできたからです。

ローマではミシェル・モラにも会えたでしょう。このひとはあなたの将来の大学生活にとって重要でした。

ミシェル・モラは学会のときにローマに来た。そしてリール大学の中世史講座で助手のポストができるはずだが、わたしに興味があるかどうかと尋ねてくれた。かれはそこの教授だった。もちろん、興味があった。なぜならまた中等教育の仕事にもどりたいとは思わなかったから。それにこれはたいへんな好意だった、というのもそのころは助手の口はほとんどなかったからです。最後に、リールで働いても、パリで暮らすことができた。だからその申し入れを喜んで受け入れました。とはいっても、そのポストができるのは遅すぎたのです、つまりローマから戻ると国立科学研究所で一年間、補助研究員に任命されたからです。

中世における知識人の発見に向けて

またもやあなたの学位論文の仕事にとって絶好のチャンスでしたね。だが国立科学研究所での一年間は孤独だったのではないですか。

事実、ひとりで仕事をするさびしい一年はつらかった。オックスフォード大学ですでに味わった気持を再経験できました。それは確かに自分の性格からきています、つまりわたしは孤独に向いていないのです。おまけに研究のできない教育の仕事が絶望的だとすれば、教育の仕事のない研究はさびしいものです。研究とは、多様な共同活動方式をもって共同でおこなうことだと確信しています。個人的に責任のある仕事もあるはずだという考えは変わりません——たとえば二、三人でおこなう研究テーマはあまり好まない、それはむしろ精密科学の分野でおこなわれています。だが自分の研究を議論に付すのは絶対に必要なことです、つまりおなじテーマについての共同研究チームの中にもちこむか、あるいは異なるテーマについて研究しているほかの研究者たちと話し合うとか。このふたつの方式は大いに興味があり、それが豊かな結果を生むと思われます。それは何年か先でもっと明白にできるでしょう、つまり高等研究学院第六部門でおこなわれているチームワークで実験することになります。

いずれこの問題について、わたしの意見を言うべきときがきたら——どのような状況の下でかは分かるでしょう——、その重要問題について私見を述べるつもりです。

一九五四年、あなたはミシェル・モラの助手となってリール大学へ赴任しましたが、リールでのかなり長い勤務生活についてどんな思い出がありますか。

すばらしい思い出です。つまり一九五四年秋にリール大学文学部へ勤務し、五年間過ごす。上司ミシェル・モラは立派な人物であるとともに偉い学者であることが分かりました。まず、かれはとくに自由主義的な大学人で、他人への思いやりも深い。さらに、スケールのきわめて大きい歴史家であり、どれほど変わった研究対象にも喜んで興味をもつ。たとえば航海史、というのもかれは海軍将校だったから。かれはナント出身であり、かれの家系は代々、海軍将校か聖職者です。かれの親戚に聖職者がいて、これはローマ教皇史家だった。かれは経済史、社会史にも興味をもち、たとえば中世における塩に関するゼミナールを運営したが、その後、その運営をわたしに任せた。一九五五年に、ローマで開催された歴史学国際学会において中世末のヨーロッパ経済史について大がかりな研究発表をおこなったのもかれだった。最後に、かれはすぐれた宗教史家でもあり、その分野で、貧しい人々に大々的なアンケートをおこなって注目された。キリスト教徒としての熱意で感受性をやしなったが、それでも科学的厳密性と批判的感覚を減らすことはなかった。いまでも八十四歳で、肉体的にも知的にもしっかりしています。
マルセル・ジレという友人の思い出もなつかしい。かれは近代・現代史講座の助手で、ノール県の炭鉱夫や住民のことに精通し、すぐれた歴史家で、わたしと親交があった。その上、モラとジルの開放的性格のおかげで、リール大学では優秀な学生たちにめぐまれた。かれらはカリキュラムの枠内で、多くの問題に取り組んだ。これはわたし自身がソルボンヌ大学で知った伝統的な単調さとはまるで違っていた。

さきほどうかがいましたが、ローマにいるとき、あなたは研究対象の方向を変更したとか。

最初の研究は、プラハで研究資格をとるためにすでに着手し、次いでアミアンとオックスフォードで続けたが、それは中世における大学の研究だった。わたしは知性史、つまり思想史でなく、社会的集団や文明における思想の発現を研究したかった。
実際、ローマにいるあいだにヴァチカン図書館で研究したり、学者や研究者たち、とりわけブリアン師と話しているあいだに、学位論文のテーマを少し変更して、中世における仕事の概念、労働世界、とくに知的領域を調べようと思った。そのとき研究の仮説として浮かんできたのは、十二世紀と十三世紀に誕生した大学人を「知的労働者」という新しい人種と見なすことです。

そのころ、シュニュ神父とも近づきになったのですね。

事実、この非凡な人物、ドミニコ会司祭から受けた恩恵のすべてを申しあげるべきでしょう。中世の大学の歴史を研究しはじめたとき、オックスフォードでかれの著書のいくつかを読んでいた、とくに『十三世紀における科学としての神学』と『聖トマス・アクィナス研究序説』です。リール大学で、十二世紀と十三世紀における知的活動に関する講義をしていたとき、シュニュ師に手紙を書いて、面会を求めたことがあります。かれはすぐ承諾してくれた、そしてパリのグラシエール通りとタンヌリー通りのあいだにひっそりと立っているソルシュワールのドミニコ会修道院でたびたび会いました。

シュニュ師はソルシュワールでの授業内容ですでにローマ教皇の逆鱗に触れていた、というのもかれの教えはローマで神学の正統性と見なされた新トマス主義的で、硬化した命題に逆らったからです。おまけにかれは、ローマ教皇制の歴史であまり輝かしくなかった教皇在位の災厄時代（わたしはローマにいて、この目でしっかり見たばかりだった）に、ピウス十二世から弾劾された労働聖職者を支持したので追放されたことがあった。

かれの書いたものやかれの思想にすでに魅了されていたわたしは、彼の人柄にも打たれた、というのもかれはわたしが出会ったうちで、最高に生きいきしたひと、情熱的なひと、あけすけなひと、大胆なひと、他人によく気を使うひとの一人だったからです。歴史の問題で、かれは神学を社会や歴史から切り離してはならないこと（その逆もしかり）、十二世紀が社会的、知的にすばらしく白熱した時代であること、大学のスコラ神学と托鉢修道会の出現が都会では結びついていたこと、大学人が職業人であり専門職であり、ほかの職業とおなじく組合（*universitas*）に加入し、待遇の向上にめぐまれていたことを示してくれた（ときにはわたしの選んだ道を励ましてくれた）。リールでのわたしの講義とそこから生まれたささやかな著書『中世における知識人』はシュニュ師の本を読んだり、かれと話したおかげです。わたしはこの本を書き、出版してもらったが、シュニュ師の傑作『十二世紀の神学』という社会的、宗教的、知的な歴史の大作をまだ読んでいません。

シュニュ師は一九九〇年に、九十五歳で亡くなった。ソルシュワールを受けついだサン＝ジャック修道院のドミニコ会修道士たちは修道院の内部で葬儀をしたかった。だがリュスティエ枢機卿はノートル＝ダムでおごそかに葬儀をおこなうように願った。そのような待遇はドミニコ会修道士たちには償いと回復のように思われた。かれらは承知せざるをえなかった、しかし枢機卿は司祭者にならず、ドミニコ会からの要望に枢機卿が承認するという形式をとった。わたしは数分間、シュニュ師にお別れを言った。それはわたしの生涯でもっとも感銘深い瞬間のひとつであり、悲しみと感動がまじりあい、また大勢のドミニコ会修道士たちや幾人かの司教らにまじり、ノートル＝ダムの祭壇を前にして、いっぱいの外陣に向かって、人々の期待に充分こたえられるかどうか心配だった。(13)

リール大学での講義にもどりましょう。大学人と商人は多くの点で共通したふたつの社会的範疇だと思われるのですね。

リール大学に就任すると、わたしは中世における経済と商人に関する講義をし、そのあいだに商人と大学人のあいだに一種の親近性を発見します。つまりこのふたつの社会的範疇は新しい重要性を帯びている、つまり社会の枠内で、またほとんどおなじ条件において、一方は経済的に、他方は知的に、です。まず、都会とのきずな、つまり大学人は都会的知識人であり、大学に影響する活動は十二世紀と十三世紀における都市の飛躍的発展と関係が深い——ご存知のように、「ウニウェルシタス」という語は「組合」という意味です。この組合は、知的活動が完全に無欲であらねばならず、またとくに修道院付属学校から解放されていると見なされている社会では、ある程度受け入れられがたい。ところが新しい教師は生活するために学生に授業料を払わせる。聖ベルナールを先頭とする伝統主義者らはこれらの教師に対して、神にしか属さない学問を切り売りする者として非難する。他方、商人の世界は重要性を帯びつつあり、それもまた新しい社会的範疇であり、純粋に世俗的な範疇です。それに反して、中世前期では、大きな商業はごく限られ、それは一般にオリエントの商人、とくにユダヤ人か、修道院を相手にする商人たちに独占されている。そこで都会の新しい社会的集団としての商人も、おなじく神にしか属さない「時」というものを売るとして非難されます。

あなたは学位論文の計画をだんだん考えなくなるのですね。

今日ではもう幻想にすぎません、またうれしいことがあるとすれば、それは学位論文を書かなかったということであり、それははっきり言えることです。わたしのよき師シャルル-エドモン・ペランは催促しなかった。わたしは膨大な数の本を読み、中世の全体、またとくに興味を抱いた十一―十三世紀の時代に深くなじむことができた。結局、論文の主題を、十二世紀および十三世紀の都会の学校と大学における知的労働とすることにし、それを拡大して『中世における労働に対する観念と態度』にまとめた。それでもわたしとしては、そのような記述の仕方、さらに告白するなら、国家博士論文をつくりたいという気持に疑問が生じています。

そこであなたは「最初の著作」と呼んだものを発表するのですね。

正確に言えば、ふたつの小編です。まだ若いのに、幸運にも、自由にテーマを選ばせてくれるという好意ある依頼を受けた。つまりプレス・ユニヴェルシテール・ド・フランス（PUF）出版社の編集長ポール・アングルヴァンが叢書「ク・セジュ」のために書いてみたいテーマがあるかどうかを尋ねてくれた。わたしはちょうど、リール大学で中世の商業と商人について講義をしていた。そこで『中世における商人と銀行家』（一九五六年）というテーマを扱いたいと提案した。わたしは外国、とくにイタリアの文献と、当時はまだよく知られていなかった『アナール』誌の論文を調べるのに全力を尽くして商人の宗教心と文化と精神性の概略を描こうとした。

もっと個人的な著作は『中世における知識人』（中世の知識人、ではない）であり、これはミシェル・ショドキヴィッツがおなじころ、ル・スイユ出版社の叢書「現代」のために依頼してきたものです（一九五七年）。わたしは快くこの著作に専念し、都市的現象と、学校の世界と、知的労働の意義と実践における変化のあいだの関連性において興味ある問題点を概説した。

以上の二書はかなり好評を博して、多くの版を重ねた。一九九三年には、『商人』のほうは八版目になり、五万八千部になった。『知識人』のほうは一九八五年に、叢書「ポアン－イストワール」で再刊された。ただ注意しておきたい点は、ル・スイユ出版社がわたしの本の初版やその後の版において――叢書の形式上――文献目録でフランス語の題や本の題しか挙げられず、外国語の文献や論文を挙げないように求められた。最新版では、かなり詳細な文献目録を作成できたので、出版に備えているし、また十ページから十五ページの序文を加え、その中で変更したわたしの立脚点の主要なものを説明しています。

モーリス・ロンバールと第六部門

一九五八年に、あなたは生涯の曲がり角に来ています、というのもミシェル・モラがソルボンヌ大学へ抜擢されたから。

実際、わたしは学位論文を出していなかったから、当然かれの後任には選ばれない。その後任ギー・フルカンはわたしを大事にしてくれたので、それまで五年間も正規に助手をつとめてきて、さらに、もう一年、かれの助手になります。リセへ復帰すべきだったでしょうが、その気はまったくなく、国立科学研究所へ逆もどりもしたくなかった。

そこでふたつの解決法しかなかった。最初は別の機会ならとびついたでしょう、つまり外国へ行くことです。フランス語学院やアリアンス・フランセーズがあったし、ダカール大学から呼ばれてもいた、というのもセネガル共和国は独立したばかりで、フランス語教師を求めていたからです。しかし父が亡くなったばかりであり、母はひとりぼっちだったので、あまり遠くへ行きたくなかった、というのも母をさびしがらせることになりますから。

次の方策は高等研究専門学院、とくにその第六部門にポストを求めることでした。その部門は一九五六年にリュシアン・フェーヴルが亡くなってからフェルナン・ブローデルを科長にしていた。ブローデルとは大学教授資格試験以来会っていなかった、ただし二度だけ、ヴァレンヌ通りの歴史研究センターで会っていただけです、つまり一回目はリュシアン・フェーヴルの推薦で、イタリアの経済学者アルマンド・サポリを歓迎するためで、このひととはその後、親しくなったが、いまでは亡くなっている。もう一回目はモーリス・ロンバールからあらかじめ推挙されていたので招待されたのだろうが、都市に関するフランス－ポーランド国際学会のときでした。

モーリス・ロンバールの名が挙げられたので、うかがいますが、かれの教授としての権威はどこからきていると思いますか。

モーリス・ロンバールは、わたしがもっとも尊敬する歴史家であり、またかれからもっとも多くを学んだと思います。まず、じつに奇妙なことがある、というのも中世におけるイスラム世界の専門家が必要であったのに、わたしには一度もイスラム研究が問題にならなかったということです（中世の西洋に関するわたしの研究には、おそらくイスラムの存在を軽視しているという欠点があるとも言えよう）。なぜだろうか。まず、よくあるようにそれもまた偶然のせいです。

モーリス・ロンバールは、アンドレ・エマールというギリシア史教授でソルボンヌ大学の学部長とともに、大学教授資格試験準備教育でもっともすぐれた教師だった。かれの授業の進め方はすばらしかった。必要な時間、区別すべき部分、事実と問題性の関連、それはほんとうにすぐれていて、われわれの多くが疑問をいだいていた大学教授資格試験というものを正当化できるものだった。

ロンバールはあまり長身でなく、ずんぐりし、肩幅がひろく、顔の表情が生きいきしていた。あまり身ぶり手まねをしないで、ゆったりとした動作で話し、かれを眺めているだけで、何を言っているのか分からなくても、かれが世界の大陸を把握しているよう思われた。かれには空間に対する驚異的な感覚があり、かれの話を聞いていると、どんなによい歴史も空間に置かねば意味がないように感じられた。それはおそらく歴史地理学や地理歴史学と呼べるものではなく、またよく知られたドイツの地政学でもなく、それはまさしく物事が起こり、商品や産物や貨幣や貴金属があり、とくに人々、つまり戦士、巡礼、商人……のいる空間だった。それは移動し、それからとどまる世界の歴史であった、なぜなら民族大移動やアラブ人侵入の場合は定住民も問題だった。それは領土で規定され、道路交通をたどった社会の世界だった。

そこでわれわれは歴史を空間に据えつけたが、これが驚異的な啓示になった。それから技術に重要性を認めた。ロンバールは異民族の侵入と、はじめからわれわれにはあまり興味のない主題、つまり軍事技術と武装に関する特異な講義をおこなった。かれは不可欠な材料、合金技術発達の必要性——異民族は鍛冶に長じていた——、さらにそれらの武器、たとえばもろ刃の剣の効果、つまり冶金術にたけた異民族の侵入に際して勝利を決した武器について説明した。言うなれば、金属工芸には軍事的な側面と、おなじく驚くべき芸術的な側面があった。

伝統的な構成とはかけ離れたその歴史観はモーリス・ロンバールを孤立させたのではないですか。

そうです。かれはアルジェリアで生まれ、そこで中等教育の教師になった。フェルナン・ブローデルがリセ、アルジェ校にいたとき、かれはブローデルを知った。ブローデルはかれをリュシアン・フェーヴルに紹介し、たいへん好感をもたれて、九世紀から十一世紀のイスラム文化に関する学位論文の一部分を作成するように勧められた。それがロンバールの『イスラム文化、最初の全盛期』になった。戦後、かれは一年間、レンヌ大学で教鞭をとった。

かれが論文の一部を書いたことで、とうぜん適格リストに登録されるはずだったが、伝統的歴史家らには不充分だと見なされ、登録が拒否された。そこでリュシアン・フェーヴルがまた介入して援助し、かれを創立されたばかりの高等研究学院、第六部門教授に抜擢させた。

歴史学の大学教授資格試験の審査員に任命したのはフェルナン・ブローデルでしたね。

そうです、中世史部門です。またそれがまず、わたしに幸いした。というのも試験の多くの科目で低い点数しかもらえなかったのに、ロンバールは中世史で、きわめてよい点数をくれた。つけ加えておくなら、かれはあまり長く審査員にとどまらなかった。それがかれを悩ませたが、ブローデルのことを思って承知したと、わたしに打ち明けてくれた。

大学教授資格試験合格後、あなたはかれの指導を受けつづけたのですか。

ほんとうにわたしは感銘を受けた、そしてとりわけリール大学にいた五年間はかれのゼミナールを受けつづけた、ただ一日だけわたしがパリへ行ったときに欠席した以外は。事実、われわれはかれをとりまく弟子だった。とりわけピエール・トゥベールのことが思いだされる、かれは最近コレージュ・ド・フランスの教授に選ばれた。それからストラスブール大学教授になったフランシス・ラップのこと。さらに幾人かの外国人研究者のこと、というのもロンバールはフランスよりも外国ではるかに有名な学者だったから。フランスでの名声は三編の論文のおかげでしたが、それもブローデルが強引に『アナール』誌のために書かせたものです。

かれとの仕事はわたしを夢中にさせた。わたしは歴史と空間の関係、緊密な関係にある技術と経済の重要性を学んだ。かれはイスラムの大都会について一連の講義をおこなったが、これはすばらしいものだった。かれはそれらの大都会を、都市の空間、経済的空間、権力的空間との関連において研究した。このようなアプローチは今日では比較的平板に見えるかも知れない、なぜなら多少ともいまの歴史家の法則になっているから。だがそのころは珍しい研究だった。

さらに、かれの見事な地図があった。ヴェルサイユにあるかれの別荘に招待されたことがあります。その家の二階で、かれは特別に半円の一枚張りのガラス窓をつくらせていて、かれはその部屋を地図の円形部屋と呼んでいた。かれは両手をいくら大きく開いても抱えられないほどの広いテーブルの上に、中国からスペインまでのイスラム世界の歴史地図をこしらえていた。

それで、あなたは一九五九年秋、その大学の第六部門にはいれたのですね。

そこで、わたしはモーリス・ロンバールをたずね、こう言った――「先生、第六部門で何か働き口があるでしょうか」。かれは学生に対して、じかに苗字や名で呼んではならないはずの丁重さで答える――「ル・ゴフさん、わたしは、あなたが第六部門に興味がなく、普通の大学の道を進みたいと思っていたと申さねばならないが、とにかくローマ・フランス学院で研究されたのだから、高等研究学院の門戸はあなたに開かれていた……フェルナン・ブローデルに話してみましょう、うまく説得できますよ」。

ことはそのとおりに運ばれるが、フェルナン・ブローデルについては、そうかんたんにいかなかった。試験のときの口頭試問で、わたしの返答ぶりがたいへんかれの気に入っていたことは分かっていたが――かれはそう言ってくれた、それも本心からだった――、後になって分かったのだが、わたしのことでかれは先入観をもっていた。かれが悪評を聞いていたわたしの『中世における知識人』を読んでくれる気になり、一九五九年の新学期に主任研究員のポストを与えてくれたのにはモーリス・ロンバールと、ブローデルの信認あつかったイタリア人の有能な歴史家の友情ある説得のおかげでしょう。おなじ年、新たに主任助手のポストがつくられ、数人が第六部門に就任したとき、わたしはいちばんにその任についた。

主任助手として、わたしは指導教授についた、それがモーリス・ロンバールだった。また中世イスラムの教授にもついたが、かれはすぐわたしを自由にしてくれた、というのも大学管理の仕事が忙しいという話だったから。しかもそれは長くつづかなかった、というのは一九六二年から、わたしが研究指導教授に選ばれたからで、これは高等研究学院での教授に相当する地位だった。

それは、わたしにとっては新しい門出だった、またそれは、すでに言ったようにモーリス・ロンバールのおかげだった。しかしかれは一九六一―六二年以来、衰弱していた。そのことはかれも言わず、奥さんも言いたがらなかった、それでもだんだん痩せてゆき、ガンにかかっているように思われた。一九六四年秋、わたしが帰宅したとき、悲しい知らせが待っていた、つまりモーリス・ロンバールが亡くなっていた。わたしは休暇で出かけていた、だからかれの死に目にあえなかった。それでも未亡人と息子さんとは親交をつづけている、ふたりとも立派な歴史家です。

妻や子供らとともに、友情はわたしの人生でかけがえのないものです。わたしが歩んできた道のほかに、高等研究学院が新しい友情層をもたらしてくれるはずだった。それが最後だろうが、とくに一九七〇年代に生じた。つまり新しい友人たちで、親しさは変わらず、多くは次世代に属するひとたちだった。幸い、ある年齢に達すると、二十歳のへだたりは友情の平等を損なわない。その人々の名を挙げないが、かれらがわたしの本を読んでくれるなら、すぐ分かるでしょう。かれらは、わたしにとって、古い親友とおなじほど深い友情にあることが分かってくれるでしょう。

4　歴史家の仕事、大先輩と指導者たち

先駆者たち

一九二九年に『アナール』誌が創刊されましたが、これは歴史の概念における真の革命を意味しています。それでも、ふたりの創刊者リュシアン・フェーヴルとマルク・ブロックが新しい歴史学を確立しようという試みには先駆者たちがいました。

事実、『アナール』とともに、歴史の概念における真の革命が語られるが、それは全体的な歴史の追究としてであり、たとえ技術の歴史であれ、経済史であれ、感受性や食生活の歴史であれ、外観も社会も人間もいっさいなおざりにしないということだった。わたしは過去の歴史家たちのうちにそのようなタイプの歴史を構想した者がいるかどうかを探ってみて、予想外に多くの者がいたことに気づいた。

正当なことに違いないが、十六世紀の歴史家へさかのぼることは、あまりにも学識的になるかも知れない。たとえばラ・ポプリニエール（最近ミシェル・セールの発想でその興味深い著書が出版された）のうちにそのような歴史の発端が見られるかどうかは明らかではない。だが少なくとも四人の偉大な作家は『アナール』の計画となるもの、あるいはせめてこの雑誌の方向づけを示していた。

その先駆者と思われる偉大な作家とはだれですか。

まず、ヴォルテールがいます、とくにかれの『新歴史考察』（一七四四年）と『風俗試論』（一七五六年）においてであり、後者には見事で、きわめて明敏なページが多く含まれ、たとえばアムステルダムの香辛料の価格変動は国王の情事や国王自身の問題よりも重要な出来事になると説明されている。次に、びっくりすることだが、シャトーブリアンがいる。『墓の彼方からの回想』でもっとも魅力的なのは、自分を登場させる作者のやり方がわれわれを引きずりこむことであり、知り合った人々の喚起であり、模倣をゆるさない調子ですが、この自伝にはこの上なく深い歴史観もある。シャトーブリアンはその『歴史研究』（一八三一年）において、歴史のあるべき姿について書いているが、それは完全に予言的内容です。

さらにギゾーがいます、これは情けない政治家だが、大歴史家ですから、『現代史講義』（一八二八年）を読み返してみるべきでしょう。フランソア・フュレもおそらく、わたし以上にギゾーを祖先として見ているかも知れないが、わたしも封建制の分析ではギゾーを越えられないだろうと認めなければなりません。マルクスがギゾーのうちに階級闘争の概念を発見したとしても偶然ではないでしょう[14]。

ヴィクトル・ユゴーはどうか。心情的には、もちろん、かれは偉大な作家だが、かれには歴史家と見なされるのに必要なプロ意識がまったくない。だからミシュレに到達します。

ミシュレの発見

ウォルター・スコットとミシュレは、若いころに読んでいたでしょう?

十三か十四歳のころ、リセでは、いわゆる古典作家の多くを読むように勧められたが、おもしろくなかった。しかしウォルター・スコットの小説を愛読し、またミシュレは少し難しかったが、感激して読んだ。歴史に魅了されたのはこのふたりのものを読んだからです。

ウォルター・スコットの読書からいくらかの歴史的観念も学んだ。たとえば『アイヴァンホー』で、サクソン人とノルマン人との戦い、あるいは貴族とロビン・フッドの率いる反抗派の階級闘争、あるいは中世イギリス社会におけるユダヤ人の地位などがある。そのすべてがオーギュスタン・ティエリを読んで確認されたが、この歴史家は『ノルマン人によるイギリス征服史』の主要な民族的テーマに偏りすぎていた。しかしウォルター・スコットは決して歴史家とは思われず、むしろ小説家であり、その物語はわたしが研究しようとしていた中世についてきわめて魅力的なイメージを喚起させてくれた。

ミシュレのほうは違います。わたしとしては、たちまち、大作家どころか、魅力的な研究の師になると思われた。

どの点で、ミシュレが真の歴史家だと思われたのですか。

ミシュレの『フランス史』は異論なく文学的大作だが、科学的な根拠もあり、年代記のみならず資料や文献の知識と利用も確かであり、その点でミシュレをウォルター・スコットやヴィクトル・ユゴーから引き離している。

しかし、わたしがミシュレの業績をそのように賛美するとき、中世史研究の多くの同僚たちからかなりきびしい反対を受けます、というのもかれらによれば、ミシュレは文学であり、あまりまじめではないというのです。しかし実際、資料にもとづいたミシュレの名著には、洞察的な面しか残っていないが、現実的な事実を描いています。ミシュレは資料をむさぼり、資料について本当の仕事に没頭した。もちろん、かれが最初のひとではなかった。たとえばすでに、中世と十六世紀に関する幾人かの歴史家、十七世紀のサン-モール修道院の学者らは資料館で古文書の研究をしていた。

一八三〇年、ミシュレの知り合いたちが権力についたとき、若いミシュレは国立資料館の歴史部門の室長に選ばれた。かれはパリ古文書学院の創立とおなじ時代にいます。かれが資料から離れて、出来事をでっちあげたと非難されるべきではなく、疑われるのは資料の解釈法であって、その現実性ではありません。

ミシュレは新しい歴史観を理論化しましたか。

一八六九年の『フランス史』の「序論」でおこないました。これは基本的テキストであり、新しい歴史の真の宣言書です。ミシュレはそれまでに書かれた歴史分野の著述全体を満足すべきものとは考えていない。かれはもっと「物質的」であるとともに、もっと「精神的」な歴史を要求している。

もっと「客観的」な歴史、それは明晰であることで、今日では一般化しはじめている。それは、われわれが文化と物質文明の歴史と呼び、また資料と物質の歴史と呼び、技術と日常性の歴史と呼んでいるものです。もし鉄や木材がなかったら、住居がなかったら、衣服がなかったら、道具がなかったら、武器がなかったら、食料やほかのものがなかったら歴史はどうなるでしょうか。

もっと「精神的」な歴史ですか。この語は今日では時代おくれになり、ミシュレが考えた内容も、今日、それを要求する歴史家らの内容とは異なります。かれは本質的に国民的精神を考えていた。つまり国民はパンだけでは生きられず、精神や情熱も必要だと。そこに精神性、感性、価値観の歴史、想像の歴史が見いだされる。したがってわれわれの研究計画も、多くの点でミシュレの研究計画から来ています、ただし申すまでもなく、かれには思いもよらない資料や方法は別です。
ミシュレの偉さは、資料の知識と創造力を結合させたことです。かれの創造力は過去のきわめて意味深い現象を明らかにすることができた。それらの現象はほかの歴史家たちには分からなかったか、それともミシュレのような洞察力で示されなかった。だからミシュレは『アナール』の祖先のひとりだと思われるし、またリュシアン・フェーヴルがミシュレに立派な本を捧げたことも理解できます。[15]
わたしに関して言えば、おそらくミシュレを読むことによって、『もうひとつの中世』を構想できました——この言い方はピエール・ノラによるものですが、わたしの言いたいことを表わしている、とすぐ分かった。それをわたしの論文集の表題として決める前に、わたしにヒントをくれたのはミシュレです。

過去と完全に融合しようとするミシュレの意志をどう思いますか。

その考えは、とくにリュシアン・フェーヴルを非常に魅了したので、大いに宣伝され、注釈された。わたしとしては、それがごまかしのように思われたので、だんだんその研究方針から離れていった。もちろん、ミシュレの意志は生きいきした歴史に到達する、つまり死んだ人々のみならず、とくに生きた人々について語られ、また、たんに制度や組織における立役者のみならず、身体と心をもった男や女も語られます。
しかしその概念におけるまやかし——すぐ気がついたのですが——、それは歴史家にとって過去をありのままによみがえらせることが不可能であるだけでなく、またそれが歴史家の研究対象でもないということです。歴史は、たとえ記述や語りや人物描写にたよるとしても、やはり説明の努力であることには違いありません。ありのままの再生という考えに含まれるような過去への沈潜は無駄で、まやかしであるのみか、反科学的でもあります。われわれは過去の風味、男や女の生活や感情や精神性を見つけようと努力すべきであり、しかも現在の歴史家の論議と説明の方式に従わねばならない。喚起させることは理解に役立たねばならない。

つけ加えるなら、過去のありのままの再生は無駄であるばかりか、時を否定することにもなる、ところが歴史家は時の専門家です。ミシュレは、歴史家の使命とすべきものを徹底させようとしたために、かえって反歴史観におちいる危険をおかしています。

一九七四年に、あなたは「ミシュレの中世」と題した論文を発表して、中世についてのミシュレの態度を紹介し、それが十九世紀フランスの国内紛争に対するミシュレ自身の判断や反応に由来していることを証明していますね。[16]

それは友人ポール・ヴィアラネクスに頼まれたからです、というのもかれはフラマリヨン出版社でつづけているすばらしいミシュレ全集の編集長ですから。わたしはミシュレの情動性、極端な情熱、存在するものに対する感受性からはじめた。フランス、それはかれにとっては人間だった。『フランス史』から数年後（一八四六年）、かれは『民衆』と題した本を出し、そのために危険な道に引きずりこまれるが、それでもこの本には美しいページが多い。しかしその本で、民衆はまれにしか歴史的現実にならず、全体が幻想ですので、歴史家にとっては立派な概念とは思われません。

ミシュレはフランス政治生活の観客にとどまらず、役者でもあった。七月王政に対する闘争、一八三八年以来（一八四八年はじめのギゾー政府による停止命令まで、さらに一八五一年のルイ・ナポレオン帝政下での免職まで）、コレージュ・ド・フランスでの歴史講座における熱烈な講義のことは知られている。それがなんらなかの形でかれの著書に見いだされないはずがなかった。

出発点、つまり一八二〇年代においては、ミシュレもヴィクトル・ユゴーとおなじように、王政復古、ロマン主義の人間のようであり、また、かれは啓蒙主義時代の遺産を受けついでいるが、かれが精神的と呼ぶ価値観、そしてそのころまで、大部分、宗教的な価値観に感化されている。フランス大革命は実際に、絶対的な出発点となることによって歴史を抹殺し、古代ローマの英雄をまねることによって歴史という継続性を否定した。王政復古は逆説的に歴史の解放ですから、ミシュレは一八四一年までのあいだに『フランス史』のはじめの六巻を書き、ルイ十一世やシャルル勇胆公に達しています。

ミシュレは中世に魅せられているように感じられる、つまりかれは中世に民衆の出現を見いだし、またかれはゴシック的で反古典主義的な芸術に熱中し、その芸術こそ近代性の表現だとかれには思われた。

しかしながら、この歴史家はますます反君主制主義者になり、ますますキリスト教会とカトリック教に敵対する。ちょうどその『フランス史』の執筆が十六世紀に達するとき、突然、かれは自分のまちがいに気づく。アルカイックで不寛容な中世を前にして、突然、かれは光明と自由が、ルネサンスと宗教改革、そして人間の解放を体現したと思われる人物、つまりルターとともに出現すると感じる。その点では、リュシアン・フェーヴルもミシュレの影響を受けたと思われる。だからかれは『運命——マルティン・ルター』[17]を書く決心をしたのです。

わたしとしては、ミシュレのルター観には賛同できないが、それでもミシュレの偉大さと重要性を否定するものではありません。とくに驚かされるのは、もっぱら宗教的な見地から、ドイツの紛争や農民戦争やキリスト教的概念において、ルターがいちはやく、違った形式のもとで、中世的立場に復帰したことです。このキリスト教的概念は、カルヴァンの場合と同様に、若干の改革で示されたが、わたしのような実践的ではないキリスト教徒から見れば、このふたりの改革者が意図し、寄与したと思われるような刷新への回答をもたらしたとは思われません。

それ以来、ミシュレと中世のあいだに決定的な絶縁が生じ、一八五〇年代以降、その断絶は著書の序文や序論において深まるばかりです。ただ、かれの晩年には、発展し、同時代の真の「恐怖政治」と化す産業大革命を前にして、ミシュレは若かりし日の中世へ逆もどりしたい誘惑にとりつかれているように思われる。だからかれはもどりたいと夢見る母胎のように中世を喚起しているのです。

ロラン・バルトがミシュレについて書いた小編[18]はミシュレという人物を理解する助けになりますか。

さよう、わたしにとってはたいへん役にたちます。ロラン・バルトは、すぐれた知性と緻密な繊細さでもって、たとえ歴史家でないとしても、ミシュレという人物を、人間と作品を併せて分析することによってミシュレをその時代において感じとっている。かれはとくにミシュレを、その言い方によれば、妄想綱と見なした。

その考え方は興味深い、というのもまず、ミシュレの作品と人物をよく理解させてくれるし、次に、わたしが最近のいくつかの論文、とくにわたしが監修した『中世の人間』[19]〔邦訳、法政大学出版局刊〕の序章において、この時代の人間たちのこの「妄想」研究を利用しようと試みたからです、だからロラン・バルトの作品はわたしのような歴史家にとっては、きわめて啓蒙的だと思われます。

たとえば、中世の人間をとらえているイデオロギー的で文化的な先入観、中世の人間に宿っている想像力、それらは大部分の人間、つまり聖職者、世俗人、富裕者、貧者、強者、弱者に共通的な精神構造、信仰や幻想や妄想の類似的対象を押しつけます。今日の西洋人もその精神的あるいは行動的な性癖のいくつかを、新しい症候群にとり込まれながら、また多少とも弱められながらも保持してきました。だがそれらの妄想を喚起させることは、とくにわれわれと中世の人間との違いを示してくれます。歴史家は中世の人間像を復元するために変化の意味を追究しなければなりません。

その妄想のテーマは明らかです、つまり罪、あの世、記憶、象徴的なものの妄想です。ほかにもあまり明らかでない妄想がある、たとえば中世の人間は数《かず》、つまり象徴的な数、さらに社会の新しい要請に押された算術的な数、そしてそれに熱中する知的活動があります。その情熱はアレクサンダー・マーリーによって立派に研究されている。(20)最後に、イメージとともに色彩も中世の象徴的なものと感受性を妄想という形で理解させます。(21)

ミシュレに話をもどすなら、現在、ミシュレの『書簡集』と『コレージュ・ド・フランスにおける講義』(22)が刊行されている。そこには人間として、歴史家としての天才が歴然と現れています。ミシュレが『フランス史』を一種の自伝にしようとしたことは知られている。その歴史において、憎悪と愛情をとおして、もっともかれ自身であったのは、中世であり、かれは中世とともに生き、闘争し、また中世に魅了された。この自伝はわれわれ歴史家たちの伝記になっている。その中世、それはかれであったし、またわれわれです。

一般的に、ミシュレの今日性が認められるのはうれしいことです、なぜならミシュレは叙述の大家のみならず、いくら熱をおびても、おそらく文体の魅力があり、しかも新しい歴史の巨匠であることには変わりがありません。また、とにかく、われわれすべてに教えたこと、それは歴史が人間の生《せい》だということです。

マルク・ブロックと初期の『アナール』誌

いつごろマルク・ブロックの著書を知ったのですか。

最初の接触は一九四五年と一九五〇年のあいだの学生時代でした。それ以前は、かれのうわさを聞いたことがありません。エコール・ノルマル・シュペリユール受験予備学級でも、実際、カリキュラムには中世史がなかった。かれに会う機会もなかった、というのもわたしがパリについたのは、かれの死後一カ月経ってからでしたから。そのかわり、リュシアン・フェーヴルには幾度も会えた。かれが亡くなったのは一九五六年だからです。

わたしにとって、マルク・ブロックはもっとも偉大な中世研究家であり、歴史家でした。かれに会ったことがないとはいえ、かれはモーリス・ロンバールとともにわたしに最大の精神的影響を残しました。かれの業績と人柄がもっとも深い印象を残している。わたしが何かを書くとき、「マルク・ブロックなら、どう考えたか」と自問するときがある。かれがとても厳しいひとだったから、この自問自答には難しい返答をさせるという利点がある。それは自己批判、厳密さへの誘導になります。

あなたが最初に興味をもったのは『封建社会』と『フランス農村史の基本的性格』ですか。

かれの著書をかなりすばやく、つぎつぎに読まねばならなかった。だからその順序は覚えていません。しかしもっとも深い感銘を受けたのは『封建社会』(一九三九―四〇年)です。これは力強く独創的な総合であり、経済史と社会史と精神史を含めた社会についての総合的概念によって制度史をくつがえしたものです。わたしが受けた印象は、くり返して言うべきですが、封建制のイメージがアルファンから学んだものであり、それがあまりにも幻滅的だったので、いっそう強烈でした。一挙に、わたしは封建社会について何を語るべきかを知りました。

それから、その後のわたしの生涯をつうじて『フランス農村史の基本的性格』を高く評価するようになった。それはマルク・ブロックが一九三一年、オスロに招聘され、比較文明研究のために研究所でおこなった連続講演です。わたしは年とともに、その本の「専門的」な面、新資料――土地台帳――の利用、景色や土壌や畑地形の研究、経済・社会史における技術的で物質的な面の可能なかぎりの知的活用に惹かれるようになった。

人口の九十パーセントが農民で占められていた中世における土地や農村経済の基本的重要性を理解するようになったのは、まずマルク・ブロック、次いでジョルジュ・デュビーのおかげです。でもそれは、わたしがもっぱら調査と研究をおこなった領域ではなかった。したがってその農村社会に関してはあまり勉強しなかった――中世初期の農民に関する小論は別にして――、またそれが少し残念です。だがそれこそ、まったく主要な世界であり、マルク・ブロックはまず、農村社会の権威でした。

次いで、一九二四年に書かれたマルク・ブロックの最初の真の著書ともいうべき『王の奇跡』へ移りましょう。これはまことに重要な研究ですね。

『王の奇跡』は、告白するなら、後になって、わたしの枕頭の書となりましたが、当時はそれほど深い感銘を受けなかった。まず第一に、この作品に見られるすさまじい学識や、批判性や、多い注、等々に少しうんざりさせられた。さらに言うなら、この作品の新鮮味も先駆者的性格も分からなかった。わたしがこの本の絶対的な革新性や、政治史への新しい道を開いたと感じるのは、一九六〇年代の終わりごろに民族学と人類学に興味をそそられたときです。この作品の影響のもとで、わたしは「政治史はつねに〈歴史学〉の中枢であるか」[23]と題した論文を書き、その中で、わたしは歴史が一新されるならという条件で「そうだ」と答えた。そして新しい歴史のモデルが『王の奇跡』でした。

実際、表象とか、想像的なものとか、象徴的なものとか呼ばれはじめていたものが、どのようにして政治史の本質的構成要素になるのかが分かりはじめていた。つづいて、わたしをはじめ多くの歴史家は、そのような傾向、見地が、たとえば経済史も含めてすべての歴史において基本的だと考えた。なお、それらの考察は政治的領域において、もっとも大きい革新になると、わたしには思われた。

ひとりの歴史家に夢中になっているように見えるかもしれない。しかし封建制における国王の地位に関するアルファンの大論文が思いだされる。じつに平凡なものでしたが……

伝統派の中世史学者たちは、とくにフランスにおける王権の増大を理解させようとして、われわれを間違った方向へみちびいた、つまりかれらは極端に弱い国王、たとえばユーグ・カペーについて、いつもおなじ逸話を引き合いにだした[24]——「だれがあんたを伯爵にしたと思うのか。だれがあんたを王にしたと思うのか」。この王は、はじめから王権という神聖なものとしてのすばらしい切り札をもっていたのです。もちろん、かれを軍事力や組織力や伝統的な意味での真の政権と対決させねばならなかった、しかし依然として国王を比類ない存在とする切り札があったはずです。

マルク・ブロックによって、次のことが理解された、つまり国王は神聖な威光と象徴とイメージの全体を結集させるべき権力者の中の唯一の存在だった、と。

それにしても、一九四六年か一九四七年かの学部講義をはじめるときに、シャルル-エドモン・ペランが、亡くなったこの歴史家へ敬意を表しながら、「ドイツ兵がマルク・ブロックを銃殺したことは絶対に忘れないで欲しい」と言ったことは記憶に残っています。

そうです。ブロックとペランはかたく結ばれていた。かれらはいっしょにエコール・ノルマル・シュペリユールの学生だったし、それからストラスブール大学でもいっしょだった。いつも考えていることですが、シャルル-エドモン・ペランの業績は多少、影が薄くなっていた。それは、ふたつの出来事のために、なかば意識的であり、なかば無意識的にそうなった。つまりひとつは、まだ若く、美人で、最愛の奥さんを早くなくしたこと、そしてもうひとつはマルク・ブロックが早く著名になり、フランス中世研究者のナンバー・ワン的地位に就いたが、ペランのほうはいくらか控えめであったこと。かれはマルク・ブロックの優位を決してくやしく思ったことはないが、ただ、おなじ道でブロックと競合したくなかったので、ブロック以上に伝統的で、制度的で、法的な歴史、しかしきわめて力強く、きわめて洞察力に富み、またきわめて高く知性的な歴史から抜け出ようと努めなかった。それに、シャルル-エドモン・ペランはロレーヌ地方出身であり、不撓不屈の愛国心を期待されていると完全に意識していた。かれはドイツ文化の造詣が深かったので（わたしの同僚の教授たちのだれよりも、ドイツ語のみならずドイツの修史や文献にも精通していた）、とうぜん、仲間入りできたはずのドイツ中世史学界の一員として読まれることを恐れたから、なおさら愛国心を強化しなければならないと感じた。だからこそマルク・ブロックの処刑を激しく悼んだのです。かれらふたりとも、愛国心に満ちあふれていた。

マルク・ブロックに話をもどしましょう。かれは綜合精神の天才でした。

かれの綜合精神はいつも驚くべきものでした。『アナール』派で全体的歴史、総体的歴史と呼ばれるものの意味を発見したとき、その第一義はまさしく綜合の意味だと思われた。さらに言葉遣いの厳密さがあり、専門語や専門的記述や語の尊重に表われる語彙への配慮や、歴史的問題を説明するための語の分析法があった。それは、つねに基本的だと思われ、またわたしもそのおかげをこうむっている一種の教訓的な方法です、ただしその語彙への注目はシャルル＝エドモン・ペランのテキスト解釈で適切に強調されていますが。ペランは、なんとしても文献学的にそうしたのですが、マルク・ブロックとともに意味論が優勢になったが、この学問が言語学者らにあまり歓迎されていないのはたいへん残念に思います、というのもそれはおそらく歴史の主要な補助学だからです。

『王の奇跡』は、ほかの時代の君主をも考えさせるでしょう。マルク・ブロックは「比較論」と呼ばれるものの先覚者と見なされた。

事実、わたしは、マルク・ブロックが歴史学の新しい方向の権威だと発見しました、つまりこれまでになく基本的だと思われ、また、疑う余地なく、もしかれが生きていたら、深化し、発展させ、今日でもきわめて開かれた研究分野になっているでしょう。重要な点は比較歴史学であり、かれはその先駆者のひとりだということです。かれの考えでは、歴史家が、偶然と個別化に左右されながらも歴史の骨格を形成するという普遍性にアプローチすると同時に、各時代、各社会、各文明の特性を認識できたのは歴史的現象と歴史的組織の比較によります。この影響力の歴史は人類学的に構成されます。マルク・ブロックはその時代で利用できるものを活用し、かれは教唆者としても、あまり強固ではなかった。当時、人類学の分野で理論家の第一人者はジェイムズ＝ジョージ・フレーザーであり、その『金枝編』でしたが、それが想像力とともに科学的真実をも含んでいることは今日、われわれにも分かっているが、明らかにこの名著は新しい歴史方法論を活気づけた。

中世の国王たちがどうであったかは、もしかれらが古代、とくにオリエントの王や、今日の「アフリカ小国王」と比較されなければ理解できないように思われる。さいきん、アフリカの王たちのドキュメンタリーをテレビで見たことがあるが、それはまことに驚異的なものだった。おなじく立派な人類学者たちもアフリカの首長を描いているが、そこでは親愛さと神聖さ、超現代性（自動車、コンピューター、等々）と祖先伝来の儀式、つまり幾世紀もまえの「絶対君主」や「ペルシア大王」の前にひれ伏したように平伏する様子が混じり合っている。さまざまな社会を貫通する大いなる空間におけるこの長い持続期間全体、それが『王の奇跡』によって開かれた展望です。

あなたにとって、シャルル七世とジャンヌ・ダルクの出会いという有名な逸話が解明できたのは「王の奇跡」という神聖な次元を強調したマルク・ブロックのおかげなのですね？

事実、マルク・ブロックは、フランス史において、「ブルジュの王」だったシャルル七世がジャンヌ・ダルクに会うというほとんど伝説化されたその逸話に少なくともある種の仮説を立てられるようにしてくれたと思われる。その逸話はありふれた話にすぎない、つまり皇太子は彼女がほんとうに王を見分けることができるかどうかを調べるために、わざとほかの貴族たちのあいだにまぎれこんだ。もちろん、彼女はためらうことなく、まっすぐ王の前に行くが、とくに興味あるのは、シャルルがふたりだけで彼女と会いたがり、またその対面を終えると、王がはじめよりはるかに幸福で、なごやかになっている様子だったふうに見えたという事実です。ジャンヌ・ダルクは、真の王子の身体には、おそらくほくろだろうが、王のしるしがあるとはブルジュの宮廷までは達していなかった伝説を聞いて知っていたのだろう。そしておそらく彼女はそのしるし、証拠になるものを指摘したのだろう。かれとしてはつねに皇太子としての正統性をうたがっていたので、ジャンヌとの会談が見事に功を奏したことになる。ところで、それは、マルク・ブロックが『王の奇跡』において、王のしるしの重要性について述べていることから想像できます。

またマルク・ブロックは儀礼の重要性も強調している、なぜなら中世において信じさせることができた国王たち――たとえばフランス王とかイギリス王――の奇跡力は儀礼から生じるからです、というのも王の戴冠式――フランスの場合はランス大聖堂での戴冠式――が王に奇跡力を授けています。しかし同時に、またマルク・ブロックに指摘されても、瘰癧《るいれき》に王の手が触れるということ自体も儀礼だという事実が充分に強調されなかった。なぜならそれがどうして王の奇跡の効力を信じさせたか、をよく理解させてくれるからです、たとえば王はある機会、ある祭典、ある場所においてしか触れない。それも手で触れるだけでなく、十字を切り、儀式にかなっている、したがってそこに真実感と信仰を生じさせるために必要な要因がそろっている。このようにマルク・ブロックは、とにかくわたしには、人類学者と民族学者の方法論を活用することがどれほどためになるかを教えてくれた。

他方、あなたはマルク・ブロックが書いた書評と、ブロックの興味を惹いた著書の紹介の仕方を称賛していましたね。

書評の仕方はわたしの個人的な重大な欠陥です。あまり書評を書かないが、それは専門書の読者より広い読者層のあいだに自分の読後感を広げたくないからです、たとえば新聞や雑誌の一般読者、さらにテレビの視聴者までも。わたしの希望、それは実現すると思いますが、それは『アナール』誌をはじめ、『歴史評論』や、その他の雑誌にマルク・ブロックが書いた書評がまとめられて出版されることです。一九二九年から一九四〇年にかけて、フェーヴルとブロックの、いわゆる初期の『アナール』誌に載った書評はきわめて重要な役割を演じた。書評の対象として称賛するか批判することになる著書、論文の選択に心が配られたことは知られている。この雑誌のふたりの主宰者は主として書評の執筆者でもあった――これは不幸にして、われわれの場合とは違います――、そのために書評を受けた作品にはたいへんな名誉になった。

ところで、リュシアン・フェーヴルとマルク・ブロックは、ご承知のようにたいへん異なった性格であったので――かれらの補完性が『アナール』誌にあのような効果をもたらした――、介入の仕方も違っていた。マルク・ブロックの気に入りそうな農業的隠喩を使えば、リュシアン・フェーヴルが粗放的な書評をしたとするなら、マルク・ブロックのほうは集約的な書評をおこなった。

リュシアン・フェーヴルはそばに本を山と積み――かれは書評欄を「ペーパーナイフ」と呼んでいた、というのもそのころは本のページをナイフで切らねばならなかったから――、本のこちらの一段を読んだり、あちらの一段を読んだりしていた。そこからその本の批評を考え、非常に興味深いと思われるか、不愉快と思われる個所を取り上げ、書評はおおむね数行で書いた。気分的批評と言われるかも知れないが、それでもその批評は深い学識と高い知性にめぐまれた人物によって書かれ、軽快な筆致だったので、その雑誌に潑剌さをもたらした。

マルク・ブロックについて言えば、方法が違っていた、かれは読もうとする本を選ぶことからはじめ、それに没頭した。かれは興味に応じた長さを割いて著書の分析をおこなった、だから書評の長さでその本に読む値打があるかどうかが一目瞭然だった。しかも、かれはいつも本質的なものへ突き進み、その本が投じる問題が何か、また著者がその問題のよい解決を見つけたかどうかを調べ、そして肯定か否定かの本質的な批評にいくらかの細かい点しか加えなかった。だがそれはいつも意味深いものであって、たまたますばやく読んだためではない。だから本とその書評とのあいだには一致があり、読者にとってはまったくすばらしい読書ガイドになった。その後、多くの雑誌に載っている書評の中でこれほど立派なものに出会ったことはまれだと言わねばならない。

要するに、歴史学のふたりの情熱家ですか。

『アナール』誌の活力がどこから来ていたか、またその正確な影響力の説明を適切に決定するものは何か、は決して言えないでしょう。つまり『アナール』はふたりの歴史家によって動かされ、このふたりは決して歴史の官僚的学者ではなく、歴史学の情熱家であり、きわめて碩学であり、またその学識も両者において異なっている——くり返して言うなら、リュシアン・フェーヴルには粗放的なところがあり、マルク・ブロックには集約的なところがあった。それに反して、どれほど沢山の伝統的な論文や歴史書が視野の狭いまじめさと、一種の退屈さで書かれ、読者に提供されたことか！　しかしブロックとフェーヴルの歴史はまったく楽しいものだったとは言わないが、くり返すなら、情熱的な歴史であり、したがって夢中にさせる歴史です。

それがおそらく決定的にミシュレの最高の遺産だった。

ふたりのうちで、どちらが主役を演じたかを知ることは難しいですか。

ふたりのあいだには個人的な友情があると同時に、その友情を表わす重要な協力があった。つまりいっしょにつくったという事実と、いっしょに大きな知的事業をおこしたという事実の根底にある友情です。だが同時に、ふたりには非常に異なった気質があり、歴史観もある点では大いに異なっていたので、ふたりの関係はかなり奇妙なものだったに違いない。

その大問題から要求される詳しい事情については、まだはっきりしたことが言えません。いずれも、それぞれの気質にしたがって、おなじように『アナール』誌をつくろうと思ったが、どちらが先にその考えを抱いたかは分からない。リュシアン・フェーヴルだろうという見解もあるにはあります。おそらく、ふたりはいち早く、ほとんど同時に、歴史学の大掃除の道具として——ミシュレをまねて言えば、それどころか、歴史を蘇生させる手段として——雑誌が必要だった。想像できることは、リュシアン・フェーヴルは情熱の面でまさり、マルク・ブロックは集中力ですぐれていたでしょう。

当時、リュシアン・フェーヴルはマルク・ブロックより少し年長で、世知に長《た》けていたので、この雑誌の発刊と発展を大いに援助した支援や関係筋を利用できた。

ジャック・ルベルをはじめとする多くの歴史家たちは『アナール』誌やマルク・ブロックを検討しているので、わたしは自分でもその話を調べ直したいと思っているが、それはなによりもまず本質的に、マルク・ブロックの知的な特徴と呼べるものを明確にしようと試みるためです、つまりかれが次々に生きた知的環境から何をえたか、またいかにかれがそれらの影響に反応したかをはっきりさせるためです。

わたし自身に関して言えば、ことは明瞭です、つまりリュシアン・フェーヴルはマルク・ブロックとおなじインパクトを与えなかった、というのもごく簡単に、わたしは中世研究者で、マルク・ブロックもおなじだったし、またブロックの方法論のほうがリュシアン・フェーヴルのもの以上に感銘を受けたからです。しかしふたりを別々に考えるほうがよいと思われる、つまりふたりを同類のひとと見るべきではない。

それぞれ非常に違っていて、独自の特色をもっていた。ちょうどマルク・ブロックが『アナール』誌について言ったように、独創的な性格のいくつかがあるということを説明している。結局、ふたりをひき離すことはできない、まして等級をつけることはできない、戦争までは。

戦争の試練がすべてを変えました。マルク・ブロックに対してリュシアン・フェーヴルの態度をどのように評価しますか。

それについては、一九八九年にモスクワで開かれた学会で述べてみました、つまりマルク・ブロックと比べてリュシアン・フェーヴルの態度には不愉快に思われるものも隠さないで。しかしリュシアン・フェーヴルの卑怯さも、マルク・ブロックの怒りも誇張してはなりません。もしマルク・ブロックが亡くなっていなかったら、戦後もこのふたりがいっしょに仕事をつづけたかどうかという憶測には証言も矛盾しているから、そのような問いをしてはならないような難しい問題に属すでしょう。くり返すなら、リュシアン・フェーヴルはナチス占領下でも、なんとかして『アナール』誌を発行しつづけようとして、ヴィシー政府の人種法にしたがってその雑誌の表紙からマルク・ブロックの名を抹消しなければならなかった。(25)

それは重大ですね。たとえばガストン・ガリマールもそのようにして、占領軍に対する協力的態度、あるいはたんに受動的な態度が正当化されるようになりました。

そうです、重大です。思うに、リュシアン・フェーヴルがその要求を受け入れた理由は、まさしくマルク・ブロックと同様に『アナール』誌を熱愛していたからですが、ブロックとは考え方が違っていた。フェーヴルは発行を中止することが、たとえ数カ月間であっても、創刊後まだ十年にしかならない雑誌をつぶしてしまうことになると考えたに違いない。だから代償を支払うことにした。厄介なことに、――どう言ったらよいのか分かりませんが――そのような態度がマルク・ブロックに対して侮辱的で、不可解であり、またそれ自体、非難されるべき点があるということがかれに分からなかった。

不幸にもそのことから明らかな点は、リュシアン・フェーヴルのような人物、しかも反ユダヤ主義者でなかったと思われるひと――マルク・ブロックとの付き合いや協力から見て、まったくありえないことです――が、ユダヤ系フランス人でも真のフランス人であり、ブロックの場合も含めて偉大な愛国者であっても、ほかのひととおなじく完全にはフランス人でないと信じていたのです。われわれは歴史家として、この問題を慎重に検討すべきでしょう。

マルク・ブロックのほうは、確かにひどい内面的危機を生きていた、そして一九四一年、リュシアン・フェーヴルに手紙を書いて、ヴィシー政府のもとでは『アナール』誌の発行継続に反対の意を伝えた。しかし一九四二年十月、マルク・フージェールという偽名でリュシアン・フェーヴルに新しい手紙を送り、その中で、かれは反省して、フェーヴルの決定を妥当だと認めた[26]。

興味あることは、父どうしの性格の不一致が息子たちのあからさまな敵対関係になったと思われることです。エティエンヌ・ブロックは自分の父を弁護して、リュシアン・フェーヴルを非難し、またアンリ・フェーヴルは直接、マルク・ブロックを攻撃しないで、父の知的卓越性と『アナール』誌における父の役割の優位を強調する。この息子たちを協調させるのは難しい、だからかれらの父の書簡集の発行を同意させるには、いろいろと交渉をかさねなければならなかった。そしてピエール・ノラはくたくたに疲れて、出版契約のかたい約束をしていたようだったが、その本を手放した。アンリ・フェーヴルはガリマール出版社へ行こうとしなかったので、一同はファイヤール出版社へおもむいた[27]。

のでしたね。

マルク・ブロックがドイツ軍占領下で書いたあの立派な本『奇妙な敗北』は、死後になってはじめて発刊された

一九一四―一八年の大戦は二十八歳のこの若い将校の運命を決定していた、つまりかれは負傷し、四回、表彰されていた、そして重病にかかったために休養をとらされ、そのあいだに、かれははじめの五カ月間の戦闘の思い出を書き、そこから歴史家として自分の体験の結論を引きだした[28]。それ以来、マルク・ブロックは「現在の無理解が宿命的に過去に対する無知から生じるとしても、やはり現在から過去を理解すべきだということは真実だ」と信じます。こうして「逆行的方法論[29]」の重要性が浮かびあがり、それが『王の奇跡』（一九二四年）を執筆しているときに適用されている。そのとき、かれは一九一四―一八年の兵隊や人民の心理が、国王の奇跡を前にした中世の人間の態度を明らかにすると悟ります。

一九三九年秋、マルク・ブロックは五十四歳で、六人の子がいたにもかかわらず、フランス軍に志願し、軍隊とともにレンヌまで撃退させられ、その地で、一九四〇年六月から『奇妙な敗北[30]』を書きはじめるが、これはまさに惨敗を理解し、説明しようとする驚異的な努力です。

後に直接史と呼ばれたものの模範がまことに驚くべき形でそこに見いだされる。マルク・ブロックは、深い衝撃を受けたその敗北を説明しようと試みるが、その敗北は歴史家であると同時に愛国者としてのかれを文字通り「びっくり」させた、なぜならその敗北が奇妙であり、青天の霹靂《へきれき》であり、そんな惨敗をするとは夢にも思わなかったので仰天している人民を打ちのめしたからです。かれは、歴史家がいくら継続性や類似性を探求しても無駄だと悟る、つまり新奇さにも敏感でなければならない。

その評論は、起こったばかりのことについて、歴史家の客観視や知識に頼るような分析の単純な考察を一新させるのに格別の意義があります。ジャーナリズム的年代記になれたものこそ、真の歴史的考察です。

われわれにごく近いこの歴史的断片を指すのに、一般にふたつの形容が使われる、つまり同時代、あるいは現在。マルク・ブロックは好んで別の言い方、つまり「今日的」を使います。またわたしはその語がまったくすばらしいものだと思う、なぜならその語がふたつのことを示すからです、つまり一方では、われわれが巻き込まれている歴史であり、他方、違った文脈、別のイデオロギーでベネデット・クローチェもそう言っているからです、つまりそれがここでも適用できます、なぜならどんな歴史もすべて同時代の歴史ですから。「今日的」とは、もちろん経験された現在であり、歴史に変えられた現在ですが、それはまた過去の歴史をつくるということが、過去が存在した時に対してその過去を今日的にすることによって価値があるということも示します、ちょうど、女たちや男たちがその時を生き、だれかがそのことを書いたが、それは今日的でもある、なぜならその反響がいまでもわれわれを感動させ、いつまでも現在的であり、現在の光によって解釈し直されているからです。

マルク・ブロックが、一九四〇年九月という少しあいまいな日付で『奇妙な敗北』という本を書いたのは、かれの隠れ場のひとつのクルーズ県にいたときでした。

マルク・ブロックの最後の数カ月について、義勇遊撃隊員ジョルジュ・アルトマンの証言

リヨンで、われわれ、秘密闘争の若い仲間のひとりが「新入者」を紹介してくれた。それは五十歳の紳士で、レジオン・ドヌール受勲者で、銀灰色の頭髪とともに繊細な顔つきをし、眼鏡の奥で鋭い目をし、片手に鞄をもち、別の手に杖をもっていた。その方は休戦とペタンを承認できなかったと言った。こうしてマルク・ブロック教授はレジスタンスに参加した。やがてこのソルボンヌ大学の先生は、われわれの町の秘密レジスタンスが経験したつらい悲惨な生活を、驚くほどの冷静さでともに耐え忍んだ。想像してください、沈黙と、本で一

杯になった研究室の学究生活になれたこの方が、通りから通りへかけ回り、リヨンの家の屋根裏部屋で、われわれといっしょにレジスタンスの秘密通信の解読をしてくれた。かれは仲間すべてとおなじように本当の身分を隠し、二つ、三つ、四つの変名を使わねばならなかった。たとえば、かれはアルパジョンとか、チュヴルーズとか、ナルボンヌとか、ムッシュ・ブランシャールと名のった。やがてかれは「レジスタンス統一運動」のリヨン本部の義勇遊撃隊代表になった。かれはいちはやく「闘争」と「解放」の代表者らとともにリヨン・レジスタンス運動の指導者のひとりになった。かれはそのような危険と非合法活動の生活にあまんじ、たとえば「レジスタンス研究総委員会」の集会、等々に出席するためにためらうことなくパリへ秘密旅行をした。それから惨事が起こった。つまりゲシュタポ（クラウス・バルビー指揮下の）が一年がかりで調査し、レジスタンス統一運動本部の一部を手入れするのに成功した。マルク・ブロックは逮捕され、拷問を受け、投獄された。一九四四年六月十六日に、かれはトレヴーで銃殺されたと分かる。かれの衣類や書類が見つかった。奴らは、かれの勇気に鼓舞されていたほかの仲間といっしょに、かれを撃ち殺したのだ。

かなり後になって、あなたは『歴史のための弁明』を高く評価するようになりますね。

それは一九四九年に、リュシアン・フェーヴルの世話で刊行される遺作ですが、その未完の試論では、意味深い独創的な見解がときどき原稿から吹きでている、というのも作者が出版のために手を加えていたからでしょう。はじめ、その本にはあまり驚かなかった、なぜなら一九五〇年代以後、わたしの師フェルナン・ブローデルあるいはモーリス・ロンバールの歴史観や教育にはマルク・ブロックの思想の多くが取り入れられていたからです。その後、またその作品を見直すことになった、というのも最近になって、新しい序文を書くように頼まれたからです(31)。その本を読みはじめたときから、革新的な性格だけでなく、つねに今日的な視点にも感銘を受けた、つまり歴史家には方法論的な問題が重要だという考えを固めさせてくれた。その本にはわれわれの仕事や方法に関して根本的な問いかけ、つねに時との本質的な関係、そして歴史家と未来の関係、歴史家の仕事と、学生のみならず一般読者に対する教育者の責務についての問題が提起されているが、これは不幸にして深く論じられていません。

マルク・ブロックがまるで子供から受けるような疑問から出発しているのは、じつにすばらしい――「パパ、歴史はなんの役に立つの?」この作者は最初から、歴史家の仕事を他人の質問、たとえば子供の問いかけ、青年から質問を受ける立場に置いた、つまりそれは歴史が子供の精神や、人間になってゆく人々の精神を育成し、また育成しなければならないという意味です。わたしにとっては、歴史が学校の主要な科目、たとえばフランス語や数学に匹敵する基本的教科だという事実を正当化してくれます。

この作品から、一例だけを挙げてみましょう。それはフェルナン・ブローデルの論文「長い持続期間」の重要性を減じるものではありませんが、もし注意深く『歴史家の仕事』〔『歴史のための弁明』を指す。というのもこの原書のフランス語表題が『歴史あるいは歴史家の仕事のための弁明』となっているから〕を読むなら、マルク・ブロックがフェルナン・ブローデルほど効果的に説明していないが、歴史的リズム、歴史の各時代の相違についての基本的現象を歴史的現実にいっそう近づけて説明していることが分かります。フェルナン・ブローデルは、言うなれば、その概念を様式化し、三つの形のリズムにおいて本質的に説明する、つまり長い持続期間、構造という緩慢で深いリズム、情勢という中間的なリズム、それからすばやく、息もつかさないリズム、つまり事件のリズムです。ブロックによれば、それらのリズムははるかに多様であり、また歴史家の責務のひとつとして、社会の進化において、構造や情勢や事件のあいだの関係にとらわれないで、錯綜と喧騒を形成する歴史における時の複雑性の作用を明らかにしている。それは、当初では完全にわたしに理解できなかったが、実は何か基本的なものであり、客観的歴史と、歴史家にとって歴史のつくり方について、わたしの大きい反省のひとつになっています。

さらに、この作品は子供のために書いたり、教科書を書いたりするときに影響を受けたはずです。それはマルク・ブロックの関心事でもあった(32)、またわれわれも、かれが戦後に、一般的な教育の改革と、とくに歴史教育の改革に専念する意図を抱いていたことを知っている。しかも、リュシアン・フェーヴルととものに、歴史学国際会議、とりわけチューリッヒの学会で歴史教育の問題に深い関心を示していた。というのもかれは市民であったからであり、また歴史が教育のみならず子供のみならず、もっと広く一般大衆の公民教育のためになることを願っていたからです。打ち明けて言えば、その野心はわたしにもあり、その点でもかれはわたしの師だった。

リュシアン・フェーヴルとフェルナン・ブローデルの『アナール』誌

戦後の『アナール』誌は本質的にリュシアン・フェーヴルの雑誌になったと言えるでしょうか。

その時期のことは直接にはまったく知りません。リュシアン・フェーヴルとは遠くから連絡していましたが、フェルナン・ブローデルとはまだ交流がなかったからです。したがってだれも『アナール』誌とわたしのあいだをとりもってくれなかった。ですからあなたの質問に答えられるのは部分的には伝え聞きと自分で再構成したことによるしかありません。

本質的なことは事実的状況だと思います。マルク・ブロックは亡くなっていた。リュシアン・フェーヴルはただひとりになった。かれがひとりで雑誌の主宰者になろうとしたかどうかは分かりません。むしろそばにいてマルク・ブロックの代わりをつとめられるような人が見つからなかったと思われる。どうしてもかれが相棒を見つけようとしなかったのは、かれがひとりで雑誌を運営できるような人々にとり巻かれていたからです。まず一九二九年の『アナール』誌の協力執筆者たちがあいかわらずそこにいた。その先頭にはポール・ルイリヨ（一九八七年死去）がいて、この人の人生は完全に『アナール』誌とむすばれていた。ルイリヨはストラスブールのリセ、クレベール校の元教授だったが、リュシアン・フェーヴルの世話でパリのリセに転勤し、それから一九五四年からは高等研究専門学院第六部門の教授になる。かれは『十九世紀はじめのアルザス地方』という論文で学位をとり、伝統的な学者だが真の歴史家だった。またかれは本質的に、運営と編集の仕事にむいていた。

しかしリュシアン・フェーヴルは古い教え子たち、まずフェルナン・ブローデルをそばにおいていたのではありませんか。

戦後、リュシアン・フェーヴルは、秘蔵っ子と呼ばれるまな弟子となった人々から手を貸してもらうことができた。申すまでもなく、トップにはフェルナン・ブローデルがいた。しかしかれが『アナール』でどんな役割を演じたのか——そのことについて、ブローデルは、少なくともわたしには何も話してくれなかった——、まったく知らされていません。思うに、その役割は比較的、副次的なもので短期間だった、なぜならかれは一九四九年に「地中海」に関する学位論文の審査を受けていたし、またリュシアン・フェーヴルも定年で退官し、ブローデルがほとんど直後にコレージュ・ド・フランスのその講座主任教授に選ばれたからです。フェーヴルの弟子で、二十歳も若いブローデルは、その雑誌運営のパートナーの役をかろうじてつとめた。かれはコレージュ・ド・フランスの教授だから、『アナール』誌における下っ端の役を果たすのは難しいと思われた。

でもロベール・マンドルーがいたではありませんか。

ほんとうに、かれはブローデルに次いでフェーヴルの二番目の秘蔵っ子で、若い弟子だったし、かれ自身、リュシアン・フェーヴルに対して、ブローデルにもまして無条件な尊敬の念を抱いていた。知的な面では、ロベール・マンドルーは何にもまして「精神性」という概念を擁護しました。精神性を語ったのはむしろマルク・ブロックだったが、かれは自分の歴史方法論においてはっきりと精神性のことを主張しなかった。

リュシアン・フェーヴルのほうは、重要な概念、つまり「思考道具」という概念をもちこみ、その顕著な例が『ラブレー』[33]に現れる。その本の中で、かれはフランス語に存在した言い方、ラブレーが使った語や概念がどれほど多く、ルネサンスというよりはむしろ中世の語や概念であったかを示している。その点で、フェーヴルは、十六世紀とルネサンスの近代性を主張するアベル・ルフランから珍しいほど強烈な批判を受けた。マンドルーはその思考道具という概念をゆたかにし、さらに『エンサイクロペディア・ウニヴェルサリス』において、精神性の歴史を、自分の最初の理論的テキストの一編としました。

そこでマンドルーは、リュシアン・フェーヴルとフェルナン・ブローデルの世話で、ジョルジュ・デュビーといっしょに仕事をすることになり、『フランス文明史』[34]の第一巻を共同で執筆したが、不幸にして続編がでなかった。かれらはふたりとも歴史における精神性の主唱者であり、たとえばデュビーは「プレイヤード」叢書の一冊として、一九六一年、シャルル・サマラン監修による『歴史とその方法』において精神性の歴史に関する論文を書き、またロベール・マンドルーもほとんどおなじころ『エンサイクオペディア・ウニヴェルサリス』の一編を引き受けた。

『アナール』の秘書として、ロベール・マンドルーはどんな役割を演じましたか。

リュシアン・フェーヴルに対してロベール・マンドルーは無条件の尊敬をしていたが、このふたりのあいだには完全な一致が見られなかった、というのもイデオロギー的にも政治的にもマンドルーのほうが左翼的でしたから。かれは何カ月か統一社会党に参加し、マルクス主義に共鳴し、一般的活動家になろうとしました。奇妙なことに、かれが目の敵にしたのはマックス・ウェーバーだった。そしてかれはその批評を書いたが、これはわたしの考えではあまりよくなかった、というのも若いウェーバーがマルクスから離れるまえに事実、マルクスの影響を受けていたことを無視したからです。

マンドルーが心服していた『アナール』誌にとって、かれは夢想家で、知性的で、まだ若いが最適の人でした、それでも大学では重要な地位につけなかった――リュシアン・フェーヴルの世話で、たんなる指導教授になっていたが、学位論文を書いていなかった。ロベール・マンドルーは比較的下級のポストと仕事内容に向いていたので、『アナール』誌編集の秘書になった。その仕事とその任期は、少なくとも運営と学問的な活動を満たし、そのまま、リュシアン・フェーヴルが亡くなる一九五六年夏までつづいた。

そこでフェルナン・ブローデルがリュシアン・フェーヴルの遺産のすべてを受けついだのですか。

かれはフェーヴルの定年退官でコレージュ・ド・フランスの後任教授になり、フェーヴルが亡くなると、高等研究学院の第六部門科長になった。『アナール』誌が残っていた。その問題では、シャルル・モラゼという人物に障害があった、というのもモラゼは雑誌の運営に立派な資格があったが、意欲的でなかったからです。このふたりのあいだには、いつも、親密だが、あいまいな関係があった。結局、モラゼは脇へ置かれ、ジョルジュ・フリードマンとともに運営委員会へ格下げされた、というのもこの委員会は形式的な役割しか果たさなかったから。

ロベール・マンドルーをどうするかの問題がのこりました。すでに話したように、かれはリュシアン・フェーヴルの晩年の幾年間はごく親しかった。かれはフェーヴルの死後、その共同執筆者としての『近代フランス史序説』を刊行して公然とフェーヴルの後継者を自任していた。それはフェルナン・ブローデルには認めがたいことだった、というのもリュシアン・フェーヴルの遺産のすべてが自分のものでないとは認容できなかったからです。いち早く、両者は対立し、激しく反目しあった。それは年齢と地位の違いから見て段違いの決闘だった。ロベール・マンドルーは君主制における当然の経過をたどった、つまり保護者の消滅にともなう寵臣の失脚です。(35)

マンドルーの失脚はどのように現れたのですか。

その件についてては、よく知りません。またわたしは苦い確執においてどちらの味方についたらよいのか分からない。それでもブローデルは過ちを犯していたように思われる、つまりマンドルーはすぐれた歴史家であり、かれのゼミナールは今日でも、フランスや外国で注目を浴び、有能な歴史家たちもどれほどかれの恩恵に浴したかを話している。しかしブローデルはかれを『アナール』の編集局でこき使った、そこでマンドルーはこの雑誌の運営管理、つまりブローデルによれば知的な管理において失敗した。ブローデルのような主宰者は遠くから監視し、指図をするだけで満足した。マルク・ブロックとリュシアン・フェーヴルの時代のようなふたりの主宰者で雑誌の日常業務を引きうける状況とはまるで違った。ところで、マンドルーは執筆者グループの問題や雑誌の編集と出版の仕事においてはあまり能力を発揮できなかった。

以上のような難関がかれとブローデルの関係を悪化させるばかりだったので、ブローデルはかれが怠けていると非難するほどだった。だから一九六二年に突然マンドルーは『アナール』でまったく仕事がなくなり、秘書の仕事がマルク・フェローに任されているのを知った。かれの親友のひとりの証言では「その日はまさに青天の霹靂だった(36)」。それにつづいて深刻な告訴が起こった、というのもリュシアン・フェーヴルの原稿が紛失していて、マンドルーはブローデルから窃盗のかどで告訴された(37)。マンドルーは孤立し、「迫害意識と病気のうちにさびしく生涯をとじることになる(38)」。かれは一九八四年三月に亡くなった。

わたしは、マンドルーに対するブローデルの係争に加担することなく、ブローデルとよい関係にとどまろうと努力し、成功したと思います。かれはそのことを知っても、決してわたしを非難しなかった、なぜならかれは自由主義的で理解者になれたからです。たとえば、わたしはフランス修史において重要な地位を占めるマンドルーの『記念論文集』に原稿を書きたかった。


そのころ、あなたは『アナール』誌に接近しましたか。

一九五九年に高等研究学院第六部門に就任して以来、わたしはフェルナン・ブローデルの友情と好意と支持にめぐまれて幾年も過ごすことができた。かれの『地中海』を読んでからは、この歴史家を非常に尊敬し、わたしにとって、かれは現存する最高の歴史家と思われたので、かれの協力者になり、かれに近づき、かれの話を聞くことは絶好の機会だという気がした。

今日のようにブローデルのイメージが批判され、もちろんわたしの証言も載せられた『歴史』のような雑誌で「ブローデルの著書を焼くべきか」というようなタイトルでかれの死後十周年記念号を出す時期において、わたしはひどい侮辱だと力説したい。まず、かれのような二十世紀後半のフランス歴史家の最たる人、また歴史と歴史家の育成と輩出をうながしたすばらしい天才的作家を焼き払えるだろうか。さらにこの人物は——かれの弱点に悩まされ、そのことを隠さない人々のうちにわたしもはいるが——事実、寛大で、すばらしい魅力に富んだ面もあった。わたしにとっては、ブローデルに認められ、長いあいだ、かれの寛大な友情をいただいたことが誇りであり、名誉だと思っています、たとえそれがあとで起こったことによって少しは曇らされたかも知れないが。巨人を攻撃する小人の群れになりたくないから、わたしはそのような立場を選ぶのです！　一九六〇年代にもどるなら、ブローデルはわたしをそばに置きたかったでしょうが、わたしは『アナール』において責任ある仕事につきたくなかった、というのもまず、ロベール・マンドルーのように扱われるのは好まなかったからです。それでもブローデルの信頼に応える活動をしなければならなかった。一九六〇年、ストックホルムで開かれた第九回国際歴史学会のあとで、ブローデルは国際経済史家協会の会長に選ばれた。かれは、わたしが書いた『中世の商人と銀行家』[39]という小編を評価して、わたしにその協会の秘書の役目を引き受けさせたので、わたしはかれの名において、またかれの指導のもとでその協会の運営に当たった。

そこでわたしは『アナール』にいっそう接近し、その雑誌に幾編かの論文を発表した、とくに「キリスト教会の時と商人の時[40]」に関する研究を発表した。その雑誌は健在だったが、フェルナン・ブローデルからは少し離れて指導され、実際にはマルク・フェロー によって活性化された。一九六九年になって、ブローデルが引退したいと望み、『アナール』の運営を、エマニュエル・ル・ロワ・ラデュリとマルク・フェロー、さらにわたし自身というトリオにゆだねたが、それはこの雑誌の歴史にとっては新しい段階となり、いずれ分かるでしょうが、その雑誌の方針分野を拡大するはずです。

5　高等研究学院——一九六〇—七二年

高等研究学院の役割

確かに、わたしの人生にとってチャンスになったのは一九五九年秋に副手に任命され、一九六〇年にフェルナン・ブローデルの主任助手になり、それからやはりほとんどブローデルのおかげで一九六二年には高等研究専門学院第六部門にすぎなかったころの指導教授に選ばれたが、この大学は一九七五年には社会科学高等研究学院になる。なぜチャンスというのか。なぜならその大学での研究条件が格別によいからです。もともと、この高等研究専門学院は、一八六八年に、第二帝政時代の自由主義的な大臣ヴィクトル・デュリュイによって創立された。しかし経済・社会研究の第六部門は、リュシアン・フェーヴルの努力のおかげで、戦後、一九四七年になってようやく増設された。

本質的に研究教育を目標とする大学の有利な点とはなんですか。

その大学は教養課程や専門課程の教育をおこなわず、もっぱら博士課程を担当します、そこからふたつの本質的な結果が生じる。まず、高等研究専門学院の教授は教育の責務から解放される、つまり教育の負担は、いつもひどい重荷であり、西洋の大部分の国では大学のマス・プロ教育体制の発達とともに耐えがたいものになっている。何万人の学生の要求に応じるだけでなく、大学での教育に関わる管理上の責務も負わされる。

第二に、高等研究専門学院は、まず研究活動によって規定される。われわれの使命はわれわれの研究成果を教え、それを教育の教材にする。一般の大学のみならず、ほかの大学院大学の各種の部局とわれわれの大学が違うのは、「研究センター」がいくつもあることです——その研究センターの設置はリュシアン・フェーヴルに負うところが大きいが、フェルナン・ブローデルによって増設され、発展させられた——、またそのセンターで指導教授が教育を受けもっている。

それは、わたしの考えでは、中世の大学の目的がどうであったかを想起させる、つまり大学が十二世紀末に発達しはじめたときです。聖ボナヴェントゥラや聖トマス・アクィナスやロジャー・ベーコンのような人々は哲学や神学の分野、あるいはそのうちの幾人かの人々は、今日、われわれが科学と呼ぶ学問に相当する自由学芸における研究成果を教えていたではありませんか。

理論的には、定員制によるゼミナールのことですか。

それがヴィクトル・デュリュイが望んだことであり、かれは研究ゼミナールを実施していたプロシアの教育をモデルにしました。実際には、それは少数の学生と研究者を集めた専門的なゼミナールでしか実現しなかった。ほかのゼミナール、たとえばわたしのゼミナールではあまりにも聴講生が多すぎて、ほんとうのゼミナールとしては機能しなかった、つまりだれでも受講できたからです、というのもその大学での入学条件がなく、ただ聴講生としての学歴証明書さえあれば、討論に参加できなくても受講できます。だから大部分の同僚は、わたしが人生の大部分をついやして実行してきたとおりのことをやってきたし、いまでもやっています、つまり講義とゼミナールを区別していません。たとえば原則的に、あるゼミナールは指導教授が担当し、それは講義に相当するものですが、希望者はもっと少人数のゼミナールへ参加し、そこでは指導教授とおなじほど能力のある研究者が業績を発表し、その成果について議論される。第二次世界大戦後、とくに一九六八年以後、多くの大学教授はおなじようなタイプのゼミナールを実施しています。

もうひとつの利点、それは授業時間数が一般の大学の時間数より少ないことですね。

わたしが着任したとき、状況はとてもめぐまれていた、たとえば週二時間の講義とゼミナールを担当すればよかった、というのもわれわれの責務として、ほとんどの時間を研究に当て、その成果を発表しなければならなかったからです。四時間の講義をさせられている大学教授と比べると、そのような待遇は驚くべきことであり、またわたしが科長になるときは、週二時間ないし三時間のノルマにすることを教授会であっさり承認させることになるでしょう。実際には、多くの教授たちはわたしとおなじように、四時間の授業をいま述べたように配分した、つまり二時間のゼミナールは多くの聴講生に開放し、そこでは指導教授が一般の大学の普通講義のような授業をおこなう、ただし討議のほうが多くなりますが。他方、もっと専門的なゼミナールもおなじく二時間あって、そのときは指導教授は教育者や講義者というよりはむしろ司会者だった。

結局、あなたはその大学で、ひじょうに多くの自由にめぐまれたわけですか。

テキストや身分規定に縛られない習慣から見れば、われわれは実際に、たいへん多くの自由にめぐまれました。われわれは文部省や「大学」全体によって定められたカリキュラムに縛られず、各自が自分の研究志向に応じたテーマや対象を選んだ。たとえば、わたし自身の研究志向は「中世西洋における史的人類学」だったので、「長い中世」全体でなくても、十世紀間を中心とする時期に限定して広い研究対象の領域がありました。

ブローデルの時代でも、科長は指導教授全員によって選挙されたので、形式はかんたんだった。だから科長は知的権威とともに管理能力があればよかった。科長制のもとで運営されるこの学院の制度は大部分の大学の制度よりはるかに強固だった、というのもほかの大学では学部長に狭い権限しかなく、また科長の権威に服することが多かったからです。われわれはただ直接に文部省に依存していたし、いまでもそのとおりです。わたしが科長をつとめたとき、学制改革がおこったときでも、科長が教授会の議長であるとともに学術評議会の議長であり、またもっとも多くの問題を引き起こしたことですが、管理・運営評議会の議長になることを承認してもらった。

それでは一般の大学とは比べものにならないほどの優遇ですね。

いわゆる大学と比べてみましょう。リール大学では、わたしはミシェル・モラのおかげで特別に優遇された状況にいた、というのもモラは真の研究ゼミナールを創設して、そこではわずかの学生が緊密な関係をもつことができた。それに対して、わたしの幸運は、苦労しているほかの同僚と違って、教養課程を担当しなくてもよかったことです。そのかわり、大学教授資格試験準備講義――これは負担が大きかった――があり、文部省で定められたカリキュラムに従わねばならなかったし、ときには必要な問題について、すべてを学ばねばならないこともあった、なぜなら古代史とビザンティン史を教えなければならなかったが、その準備が一苦労でした。もし学位論文に取りかかるつもりなら、大学にのこってそれを仕上げるにはたいへんな時間を要したでしょうが、それはすぐあきらめました。歴史の学位論文を仕上げるには十年以上かかることが多かったし、またそれをやりとげた助手は非常な功労になる。それは選択の問題だった。

われわれのなかには、われわれ、大学の同僚に対して複雑な感情を抱いているものがいます、つまり一方で、われわれは同僚たちの仕事が本質的だと思い、それを尊重しているが、立派な仕事と過労になるかれらの労働条件はほとんど耐えられないと思う。だから研究だけに没頭している多くの教師を見ると少し良心がとがめる。だが他方、われわれは大学での教育を組織する伝統的な内容をよく批判した。今日では進化がおこっている、つまり内容も質もよい方向へ進化しました、ところが仕事の条件は悪い方へ進化しました。改革された大学においては、研究が当然の地位を獲得するにはまだまだ多くのなすべきことがあります。

ポーランドの発見

わたしの個人的な立場が変わるのは、まさしく、わたしの職業的地位が高等研究専門学院へ転任することによって変化するときです。わたしはポーランドを発見します、つまり結婚するためにポーランドへ行き、家庭をきずき、ふたりの子供をもちます。あまり私的な詳細に触れることは避け――それはこの対談の目的ではありません――、わたしにとって、またわたしの仕事にとって重要な事実だけを話したいと思います。

一九五六年以来、共産主義国ポーランドでは、ゴムルカの政治を経験したのですね。

一九五九年には、わたしはまだ高等研究学院第六部門の副手でしたが、やがて主任助手になり、フェルナン・ブローデルと近しい関係になります。当時、かれの大計画のひとつはポーランドと交流できるようになったことであり、それもたんにかれとポーランドの教授や研究者たちとのあいだだけにとどまらず、研究機関の交流でもあった。その計画において、かれは学術的「マネージャー」とも言うべきクレマン・エレールに手伝ってもらった。かれはその人物をアメリカ合衆国からつれてきて、重要な責務をゆだねていたが、そのことについては後で述べることになるでしょう。

一九五六年以来、それはワルシャワの秋であり、ゴムルカの権力復帰によってある程度の自由主義的な風が吹いていた。ソ連と結びつき、ポーランド人のあいだに一種の幻想をつくりだしていたこの「共産党政治局員」にとってはきびしいものでしかない。事実、ビエルトの時期（一九四八―五三年）に、かれはスターリン的迫害の象徴的な見本になっていた、つまりその時期は「人民民主制」全体において恐ろしいものだった。その後、かれは共産党員というよりはむしろポーランド人として現れ、まるでポーランド愛国主義の権化のように見えた。それでも、いち早く現実がそのようなイメージに即していないことが分かったはずです。

こうして、きわめて反共産主義的でありながらも門戸を開放し、東ヨーロッパ世界を見捨てないで、対話をつづけようとする西欧世界と、非共産主義国であろうと、ある程度共産主義的であっても、それから解放されようとしている社会とのあいだに出会いの機会が現れた、そしてそのためには西ヨーロッパとの交流と接触がきわめて重要になってきた。

ブローデルがポーランドとのあいだで文化交流の協定にサインしたのですか。

かれは一九五八年に、フランス文部省と外務省の認可をもらってポーランドへ出発します。ワルシャワにおいて、ポーランド科学アカデミー歴史研究所（わが国の国立科学研究所とおなじような機関）と高等研究専門学院第六部門とのあいだで教授と学生の交流の協定書にサインする。その協定のもっとも重要な部分は毎年、かなりの数（数十名）の給費留学生としてポーランドの若い歴史家や研究者らをフランスに留学させ、われわれが面倒をみるということだった。ソ連の検閲と外貨不足で、かれらのほとんどが西欧で発表された雑誌や書籍に触れたことがなかったので、フランスではこの上なく情報と教育にめぐまれた。

そのおかげで、あなたはポーランドを発見し、ブロニスラフ・ゲレメクを知ることができるのですね。

ブローデルは一九五八年にその協定をつくり、翌年には、かれがポーランドへ派遣したいと思う第六部門のメンバーのうちからわたしを選んだ、そしていまでも忘れられないような言い方でこう言った――「わたしはポーランドが好きだ（これはわたしにとっては青天の霹靂だったし、かれはポーランドの真の歴史学派の存在を認めていたのでした）、きみが大好きだ、だからきみをポーランドへ派遣しよう！」こんなにすばらしい好意を友情あつく言われては、感謝してお受けするしかないでしょう。ワルシャワはわたしにとって、プラハ以来、あこがれてきたスラブ世界への復帰という意味で魅力的でした。

というわけで三週間の予定でワルシャワにつきました。東ヨーロッパ諸国ではいつもおなじですが、西ヨーロッパの大学人が滞在すると、同じ分野の若い研究者を世話してくれる――だからわたしの場合は若い歴史家だった――、言葉も生活様式も分からない世界を案内してくれる「ガイド」としてです。そのガイドには別の任務もあり、なんとかうまく遂行しています――ポーランドの「インテリ」のうちには、とくに共産主義体制に対する消極的な抵抗者がいる——、それは外国の客の行動について調べ、報告書を提出することだった。このガイドは異分子を見つけようとしたのだろうか。体制の気に入るような報告をしたのだろうか。

たまたま、わたしのガイドはブロニスラフ・ゲレメクという若い歴史家でした——われわれのあいだには八歳の開きがあった、つまりかれは二十七歳で、わたしは三十五歳。かれは共産党学生連盟の委員長だった。かれはずば抜けて聡明であり、感じがよく、また完全にフランス語を話せた。われわれはよく理解し合えた。またかれはわたしの前ですぐ、自由に話しはじめた。この「ほとんど」役人のような人物が自国の体制をきびしく批判し、わたしの蒙をひらき、一九五九年以来、ゴムルカがみずからの期待を裏切っていると聞いてまったく驚きました。

ゲレメクは共産主義的理想と呼ばれるものには愛着を感じるとも言った。珍しい話です、というのもハンガリーでもポーランドでも、人民民主制の国でわたしが経験したことは、まったく驚いたことに、ほとんどすべての理想は消滅し、とくに支配階級ではそうだということでしたから。いたるところで出世主義、権勢欲、マルクス-レーニン主義的教条の暗唱的くり返しがはびこり、理想はどこかへ消えた。しかしゲレメクはまだ理想を捨てていない。かれの考えでは、ゴムルカのイメージのような愛国的で開放的な真の共産主義的指導者が現れることになります。とにかく、われわれの交友はきわめて緊密になり、年を追って深まるばかりでした。

ポーランドの大学環境において、ほかに知り合いができましたか。

フェルナン・ブローデルは、わたしより少し年長の経済史家ヴィトルド・クーラに宛てた紹介状を書いてくれていた。かれに会いに行くと、かれは体制に対してゲレメクよりはるかに控えめな立場にいて、いわゆる反対派ではなく、ただ非常に距離を置いていた。かれは一度も共産党にはいったことがなく、学問的にはむしろマルクス主義的なアプローチの仕方を見せているが、教条的でなく、マルクスそのものから学んでいた。その出張以来、かれはわたしのごく近しい友人になった。

一九六〇年にはまたポーランドへ行きましたね。

わたしもポーランドにすっかり惚れこみました。この国も人も好きです、ですからポーランドびいきになり、すべての招待を受ける気になり、またすぐ行くようになります。

一九六〇年秋、フランスとソ連の歴史家たちのきわめて公式な学会がモスクワで開催されるということを知りました。実際には、参加者は「大物」ばかりであり、代表者会議のようなものです。フランス代表団の団長は中世史家イヴ・ルヌアールで、同行者としてはエルネスト・ラブルス、ロラン・ムスニエ、ジャン‐バティスト・デュロゼル、それにフェルナン・ブローデルの出席も望まれていた。

しかし、八月末になって、われわれすべてが第九回国際歴史学会でストックホルムに集まっているとき、ブローデルがわたしを脇へ呼んで、こう言った――「ジャックくん、わたしはモスクワへ行かないが、学院の代表がいないのはよくない、だからわたしの代わりに出席してくれないか」。わたしは喜んで引き受けた、だがその機会を利用してポーランドに寄ろうと思い、ポーランドの知人に知らせたところ、帰途にワルシャワへ来てほしいという招待を受けた。

モスクワで、エルネスト・ラブルスが引き起こした滑稽な出来事のことが忘れられない、というのはかれ、つまり大歴史家であるが、ソ連体制を知らないで、青春時代のゲード的社会主義といまでも混同している左派の一人です。週末を楽しむために、ソ連の学者らはレニングラードまで観光旅行をするという魅力的なプランを示してくれた。ラブルスはまじめ臭い顔つきで、フランスやソ連の同学者たちがびっくりして見守る中で、そんな観光旅行よりもコルホーズを案内つきで見学したいと答え、そのほうが今日のソ連を具体的に知ることができると言った。

わたしのほうは、さっそく土曜の朝に、「見せかけの」コルホーズ見学をことわり、ゲレメクに電話して、ワルシャワに予定よりはやく到着すると言った。翌年にも、またポーランドへ行くことになります。

そのとき、あなたは未来の奥さんを見つけられたのですね。

一九六一年、若い女性に出会うが、会話がうまくいかない。というのもわたしは片言しかポーランド語を話せず、彼女はまったくフランス語が話せないから。しかし彼女の家族、つまり母も三人姉妹たちもフランス語が話せたのですが。彼女の姉妹のふたりは中世史家で、もうひとりは考古学者です。専門的な理由で彼女の姉たちと会い、彼女らがハンカにわたしを紹介する、彼女は医学を修めたばかりだった。われわれふたりは少し英語ができるので、英語で何カ月間も文通した。

わたしにとっては二度目の惚れ込みです。三十六か三十七歳だったわたしは頑固な独身主義者で、女性はわたしの生活にそれほど大きい位置を占めていなかった、というのもわたしは研究と文化活動と旅行と交友に明け暮れていたからです。

友人クーラとゲレメクにすぐ気持を打ち明け、もっぱらかれらのおかげで、われわれ、ハンカとわたしは早く結婚することに決めた。わたしから結婚申し込みをし、少し経って受諾された。一九六二年七月、未来の妻がパリに来た、そこでトゥーロンへ彼女を伴い、母に紹介し、マルセイユやアルルを訪ね、またアヴィニョンに行って、『トロワの戦争は起こらないだろう』のジャン・ヴィラールを観劇し、エクス－アン－プロヴァンスでは『結婚』でシュリュバンの役を歌うテレサ・ベルガンツァを聴いた。

結婚はどんな条件でおこなわれたのですか。

思いがけない困難がおこった、というのも未来の妻がポーランドを離れられないかもしれない、つまりわたしと結婚できないという状況になったのです、なぜなら医学のようなものは一種の国家財と見なされていたので、そのような職業の者は外国へ出られないというのだった。しかしふたたび幸運が窮地を救ってくれた。というのも外務省へ会いに行った役人がもと第六部門の給費留学生だったからです。かれは高等研究専門学院へ感謝を示そうとして、妻にパスポートをわたしてくれました。

われわれは一九六二年九月にワルシャワで、もちろん、キリスト教会で結婚しました。父のことが思いだされた。もしわたしがカトリック教とその慣習から離れていたとしても、かれは恨んだりしなかったはずです。だがハンカやその家族や、とくにわたしの母は、たんなる民法上の結婚にひどく苦しんだでしょう。しかもわれわれは自由主義的で、宗教に関してきわめて無頓着だった。たとえばわたしの結婚立会人ゲレメクとクーラはどちらも実践的信者ではなかった、つまり前者はユダヤ人であり、後者はプロテスタントの伝統に属していた。

結婚式は旧市街の聖マルティヌス教会でおこなわれた。そこは「連帯」の時期には反抗派の拠点のひとつになります。われわれはその婚礼を派手なものにしたくなかったが、われわれの同僚たちはわれわれのために大学において魅力的で心のこもった披露宴を開催してくれた、それからわれわれは新婚旅行へ出発し、タトラ山脈の山小屋で一週間、それからヴェネチアへ向かった――ハンカはさいきんのフランス旅行以来、ポーランドから離れていなかった。かくてわたしは半ばポーランド人になり、子供たちもポーランド語を話せないが、ポーランド人だと感じ、祖先にたいへん愛着を抱いています。

奥さんは医者の仕事をつづけましたか。

肝心な点では、父の真似をしたくなかった、というのも父は母にむりやりピアノ教師の仕事をやめさせたからです。妻はわたしより十歳若く、わたしは彼女が専門の小児精神科医をつづけるように願った。ところが制度上の困難にぶつかり、社会的にフランス医師会に対して沈黙するしかなかった。つまりそれは(その後、大きく変わったかどうか？) 閉鎖的階級であって、どんな外国人の侵入をも認めようとしなかった。そこでどうしても難しかったので、妻は決定的に仕事をすることができなくなった。まずはじめに、パリ大学医学部では、外国人は医学の後期三年をやり直す必要があると言われた。彼女はあっさり承知した。次の段階で、われわれが結婚すると、妻は、フランス人になったのだからバカロレアをとらねばならないと言われた。ブローデルが医学部長に会っておなじ資格があると言ってもだめだった。つまりバカロレアか、ゼロか、になる。ハンカはけなげにも通信教育でバカロレアの受験準備をしようとした。しかし言葉の難しさで落胆し、とうとうあきらめた。それに加えて子供たちを育てなければならなくなっていた。

われわれは希望通りにふたりの子供をもった。娘は一九六七年生まれで、息子は一九七〇年生まれだった。父親になれたという幸福感にびっくりするほどだった。固い独身者になって、家族的な構成や感情から完全に離脱していたのに、実際には、深く家庭生活にあこがれていたに違いなかった。なぜなら家庭にきわめて大きい幸福を見いだしたし、いまでもそう思っているからです。

運がよかった、というのも子供たちはわれわれにそっくりではないから。かれらにはそれぞれの個性があり、社交的で、好ましい。またわれわれは仲よくやっている——わたしがもう若くないから、当然、深刻になるかもしれない世代間の多少の衝突はあっても、ごく軽いものです——、そしてあらゆる点で、わたしにとっては夫婦生活とともに、きわめて大きい繁栄です。今日では、バルバラは二十八歳になったばかりであり、トマは二十五歳です。一九八七年に、ハンカとわたしはワルシャワで銀婚式を挙げたが、いっしょにいたゲレメクは共産党の政治警察の警官にぴったり監視され、キリスト教会まで尾行されたが……

あなたは家庭での立場と職業的立場のあいだでどのような関係をつくりましたか。

わたしには結婚に関する意識的な予定はなにもなかった。あとになって気がついてみると、大学人でも歴史家でもない妻がいるということは楽しかった。妻が仕事をできなかったということはほんとうに残念だったが、結婚して三十年以上も経って、彼女が残念に思っているときがあるとは分かっています。しかし幸いなことに彼女の仕事はわたしとおなじか、近すぎるものではなかった。家庭環境がいわば職業関係の延長であってはならないように思われ、わたしはそのような状況を高く評価したが、はじめからそう考えたのでなく、意識したのでもなかった。他方、わたしの仕事や職業に対する彼女の処し方を大変うれしく思っています、たとえば彼女がそばにいると、きわめて存在感があり、また彼女はわたしのすることに気を使ってついてきてくれる、しかしわたしの職業生活に対しては距離を置き、ル・ゴフ教授夫人と見られるのを非常に嫌っている。彼女はわたしが参加する学会の出張にはあまりついてこないが、いっしょに出張旅行をしても、ある程度の距離を置き、それがほとんど習慣になっているので、わたしにとっては幸福で、充実です。

多くの点でわれわれふたりは非常に違っているが、共通していくつかの趣味、とくに旅行の趣味があります。もちろん、ポーランド旅行を別にしても、イタリア旅行があり、イタリアはわれわれの三番目の祖国です、さらに大好きなのはインドであり、アイスランドであり、チュニジアであり、きわめて多岐にわたります……われわれはいっしょに中国へ行ったし、エジプトへも行き、ごく最近には日本へ行った。彼女はアメリカ合衆国へは行きたがらなかった。スラブ系の人間は他国語に通じていると言われるが、彼女にはあまりその才能がない。だから孤独感を味わうのを嫌っていた。それに彼女はアメリカの風習、金力支配、広告・宣伝、人種差別、暴力に対してよいイメージをもっていません。

われわれはイスラエルも大好きですが、この場合は少し特殊なケースです、なぜならユダヤ人やイスラエル人とわれわれとの友好関係、そしてたがいに違った経験にもとづいて、われわれがおこなっている特別な投資は、イスラエルに対するわれわれの感情に特殊な熱意を与えています。しかしわれわれはイスラエルの過激派を憎む――イスラエル人とパレスチナ人のあいだの和平交渉の発展を祈るばかりです――、また諸国民と諸文明の協調にとって、かくも複雑で、また重要なイスラム世界に注目しています。

最後に、宗教問題に対するご家族の態度をうかがいたいのですが。

少しだけ話しましょう。妻は信者で、実践的でした。しかし結婚後、パリに来て、すばらしい場所、つまりジャコブ通りにある、ささやかな部屋に落ちつくと、そこは国際色がゆたかで、サン゠ジェルマン゠デ゠プレに通じていたので、彼女も順応しやすく、楽に出かけることができたので、いち早く教会へ通わなくなった、といってももちろんわたしが彼女にそうさせたわけではありません。だからわれわれ夫婦はその点ではわたしの両親の場合とは非常に違っていた。父とは反対に、わたしは家族や友人や、付き合いの関係で教会へ彼女といっしょに——もしくは彼女をつれないで——行きます。

子供たちについては、われわれの考えは一致していて、父がわたしにしたとおりにしました、つまり子供たちに洗礼と、最初の聖体拝受を受けさせ、その後はかれらの選択にゆだねたのです。ところで、かれらは絶対に教会堂へ通おうとせず、はっきり言葉に表わさないが、教会のみならず宗教にも反感をもっているようです。かれらの男友だちや女友だちも実践的信者ではありません。トマのユダヤ人の友だちは「ユダヤ人共同体」に属しているが、やはりユダヤ教会へかよっていません。

中世に関する教科書

一九六〇年代はじめ、高等研究学院第六部門の副手に任命されたばかりのころ、三種の非常に異なった本をほとんど同時に出したとき、わたしはこれでほんとうの歴史家になれたと感じました。

どうして中学校三年生用の歴史教科書を書く気になられたのですか。

リール大学で五年間助手を勤めてから、わたしは中等教育の仕事に慣れていないと痛感しました。大学教授資格をとってから、一年間、つまり一九五〇年から翌年までアミアンのリセの教授になっただけでした。だからわたしは早くも永久に中等教育を見捨てたことになります。それでも大事な使命をあきらめたという感じがしました。リセの教授をやめたということは後悔していません、なぜならとにかくわたしの主要な目標は研究にあると自覚していたので、残念ながらリセに長くとどまるわけにいかなかったのです。

しかし、そんなことがあったので、一九六二年、わたしが結婚したころ、教科書の依頼を受けて快諾しました。その仲介をしてくれたのはエコール・ノルマル・シュペリユールの古い仲間で友人のムローですが、かれは古代史の専門家であり、ボルダス出版社の名を挙げて、当時、中学校、つまり三年生用の中世史（紀元一〇〇〇年からルネサンスはじめまで）の教科書[41]を書いてはどうかと言ってきました。

それは大変な仕事だったのですか。

わたしはその教科書に専念しました。というのも出版社が生徒や教師や親たちをびっくりさせるような本の質、つまり歴史教科書として画期的なもの、とくにすばらしい挿絵の本を出したいという意欲を示してくれたからです。

でも実際には目的を果たせなかった、なぜならその本が、思ったほど成長していない十三歳から十四歳の子供には難しすぎたからです。それでも教師用として、それから大学一般課程と専門課程の学生用として好評でした、というのもそのような教科書がなかったからです。

それでも慎重な教授法が問題だったのですね。

その経験はわたしには重要だった、というのもその作品に歴史の新しい方向づけをしようとしたからです、といっても若い人たちに理解され、吸収されるのでなければならず、また内容や方法をかなり手広く改正するが革命的であってはならず、狼狽させるつもりもなかった。わたしはその年齢の子供たちの成熟を信じすぎたが、その本の精神がかれらを当惑させたとは思いません。

そこで、わたしは学校における歴史教育の方向づけや内容を刷新するとともに、若い生徒たちに研究の成果をわかりやすくすることがどれほど難しいかを痛感しました、たとえそれを『アナール』派の教科書にするなどということは問題外だとしても。
その経験は、二十年後、一九八三年に、基本的にはふたつの動きから生じる歴史教育改正委員会の責任者にされたとき——そのことには後で触れることになる——、わたしにとって大変役立ちました。最初の動きは伝統的な歴史学との決別であり、第二のものは歴史家、とくに『アナール』派歴史家たちの研究と成果を中等教育に取り入れるに当たって、必要な適応——深部に達するほどでなければなりませんが——をせず、不器用で不適切にならないように心がけねばならなかった。それは危険なユートピアとして現れ、したがってその委員会も険しい道を進まねばならなかった。
一九六二年以来、その教科書はわたしの重要な経験になり、わたしが限られた範囲内で好評を受けただけでなく、中等教育界の外部までかなり大きな影響を与えることができたように思われてうれしかった。

中世を、伝統的年表にしたがうという条件で調べなければならなかったでしょう?

もちろんです。「長い中世時代」を問題にすることは、リセの生徒たちに免除しなければならないと感じていた問題に属していました。それは若い生徒たちに教える必要がないとか、かれらの手が届かない高いレベルだというのではなく、歴史的精神の進歩はさまざまな違った道を進み、そのあいだに対話や交流をつくる必要があると悟らねばならないが、それぞれの特性も尊重しなければならないでしょう。それは歴史研究と歴史教育を発展させるよい方法であり、すべてを混ぜ返してはなりません。

あなたは一九五〇年代に歴史教育の責任者らが試みた改革を糾弾していますね?

教授法の誤りは結局、あまりにも意図的な改革になり、しかもきわめて有害なものとなり、言うなればあまり賢明でないつくりごとになります。非常に反歴史的な教育形式になってしまうのです。たとえば有名なテーマ的歴史がそうでした。テーマが選ばれ、それが垂直に扱われて、まさしく挿話的、カード的な歴史が避けられると信じられた。それは、ほかのすべての領域と比較的独立して発展する領域があるなどという考えを子供たちに押しつけることになった、たとえば農業や輸送があります。そのような孤立した勉強から、歴史の進化が根本的に技術の発展に依存するという考え方が生まれ、そのために社会の歴史や文化の歴史がなおざりにされました。それは『アナール』のようなグローバルな歴史観とは完全に対立しますが、ところが文部省の理論家たちはその『アナール』から逆のヒントをえたと思ったのです。そのような動きは一九六八年に促進されたが、実は、すでに以前からその傾向はあったのです。教育視学総監や高級官僚のうちには、教養もあり、頭も良く、歴史教育を歴史研究の進歩や時期・時代の要望に歩調を合わせようとまじめに考えている者もいましたが、それがきわめて不器用だったので、きわめてまずい結果になったのだと思います。

たとえば小学校で、善意で固められた「覚醒」と言われる教育法は、知識の取得と、生徒の経験から発する好奇心や批判力を並行させねばならないことを知らなかった。

それではあなたは条件によっては年表を尊重しますか。

中世史の教科書で、わたしは個人的には、絶対に——それは出版社の要求ではなかった——自分で年表を書き、それを教科書全体に結びつけ、また教科書で引用された主要な年代に結びつけようとしました。だから読者は教科書を参照するだけで年代を状況の中に置き換えられる、というのも年代は平凡な形式における氷山の一角にすぎないからです。しかし同時に、その年表に出来事を導入しました、つまり出来事は必ずしもわたしが考えるような歴史的視野、そして生徒に提供してほしい視野を拡大してくれる確かな要素になるとはかぎらなかった。たとえば、中国では宋朝時代、ビザンティンではバシレイオス二世の治世、ハンガリーではヴァイクが洗礼を受けてイシュトヴァーンになったときから説きおこし、その後はじめて伝統的に引用されているとおりの最初の事件、つまりユーグ・カペーが選出されてカペー王朝の初代の王になり、つづいてすぐキエフ侯ヴラジーミルの改宗、アル・マンスラ王によるサンティアゴ-デ-コンポステラの破壊、アヴィセンナの死があります。

またクレティアン・ド・トロワが宮廷文学を書いた時期にも触れます。記念建造物の歴史も取り入れたかった、たとえばサン-ドニ大聖堂の内陣の建造、ノートル-ダム-ド-パリやシャルトル大聖堂の建築など。もし可能なら、経済史も述べたかった、たとえば一二八五年のフィリップ美男王治世下における通貨危機のはじまり、飢饉の再来による一三一五—一七年の西洋における経済危機。したがって問題は、年表を軸にして残すが、それを政治、軍事、とくに経済的、文化的以外の現象にまで拡大し、また西洋文明、とくにフランス史という教科書の主要目的を、世界の意義ある政治的で文化的な代表的現象に置き直すことです。

『中世の西洋文明』

それは、一方では『中世の西洋文明』と題された重要な本の出版の時期でもあった。その本を出されたのはどんな事情でしたか。

この作品は一九六四年に発行され、わたしにとってはもっと重要で、もっと野心的なものだったのですが、それは中世西洋の外観と問題性の全体を総合しようとした試論です。教科書をつくるときは、生徒に分かるように心がけたのですが、今度は、一般読者に理解してもらいながらも、きっぱり核心に触れようとしました。枠組みが与えられたが、それは了承できました、つまり一部分は年代的であり、ついでテーマ的ですが、その部分は最高に発展させ、最後の部分として、情動性と精神性があった。
改めて注文されたことがありますが、それはわたし自身の研究成果と反省を利用できる部類のものでした。

その論文集のテーマ部分の枠組みはどのようなものですか。

それはわたしの長年の準備と、思いだされる最初の願望に応えていた。それは一九五一—五二年のあいだ、オックスフォード大学で過ごしたときのことでした。そのころ、わたしは学位論文にしようと思っていたことについて研究していた、つまり大学の誕生とその発展というテーマだった。歴史の研究対象を扱うにはその周辺のことを熟知していなければ不可能だと思われた。もっと一般的に言えば、どのような社会、どのような文化において大学が誕生するかを調べるだけでなく、わたしが選んだ道としての中世史家は、その時代、あるいはとにかくその時期について、できるかぎり巨視的で正確なアプローチをしなければならないと思われた。それは大がかりな計画だった。限定しなければならないと思って、わたしはさっそく、西洋キリスト教団の大飛躍だと一般的に見なされている時期を選んだ、つまり真の中世実現のときであり、いわば中世の核心であり、中心的中世であり、また西洋の歴史における構造や長い経過時代の要素が現れる時期でもあり、それが発展して十八世紀末と十九世紀はじめまでつづき、さらに現代の世界でも知覚できたような時期です。つまりそれが十一世紀末から十四世紀はじめまでに当たります。タイミングがよかった、というのもそれがこの論文集のテーマ的部分でしたから。

ここで、その要望を満たしてくれた方々に感謝をしておきたい。まず、その論文集の監修者レイモン・ブロック、かれは旧友で、エトルリア研究者です。そしてアルトー出版社の顧問クロード・メトラ、この人物は文化世界から少々はずれているが、きわめて独創的で、魅力があり、まもなく友人になり、出版界でも報道界でも大変活発な役割を演じ、著作もしています。さらにアルトー出版社。

あなたはその第一部、年代のところを執筆しましたが、それはその本で扱われる枠全体とともに中世時代の限界を定義しようという狙いだったのでしょう?

わたしは年代や事件を説明するだけでは満足しなかった。中世の西洋を揺さぶり、変化させる大きい動きをも説明しようとしました。たとえば、異民族の定住、ローマ帝国の領土的再編、カロリング王朝の統一計画。それから、西洋の大飛躍と、それにともなう新政体の樹立がくる、つまり最初は封建的君主制が近代的な君主制へ進化する君主政体です。

それでも封建性と近代性が、これまで強調されてきたほど対立していないことも指摘するのが適当です。封建的実践は近代国家の形成手段だった、そして近代君主制も長いあいだ、経済的、社会的構造において、また価値体系において、封建的と見なされる基本的要素を保存した。高いところから見れば、啓蒙主義時代の人々とともに、封建制がフランス大革命までつづいたと確認されます。その考え方には多くの真実があるように思われる。中世を伝統的な仕切り方、つまり十五世紀末までだと説明するほうが適当だと認めても、中世の深い現実がフランス大革命と産業革命までつづいたと考える立派な理由もあります。それが

「長い中世」を語らせることになるのです。

第二に、その書の第一部で取り上げ、君主政体と並行して中世の西洋において発展する別のタイプの制度があります、それが都市-国家です。その分野ではイタリアがもっとも発達していた、しかしその現象はドイツにも存在したので、ある意味では、事実上、君主制度に見いだされます、つまり都市と君主国の関係が本質的な問題を形成していた。フランスでは国王に直結した「おとなしい都市」組織網が形成された。

その作品では、つづいて第二部、テーマの部がきますね。

構造に関するその第二部——テーマというより構造と言うほうが望ましい、その理由は明らかです——には、一種の序文と詳しい章が含まれる。序文はふたつの目的を追求する、つまりまず、社会の研究と説明は、何よりもまず空間と時間という歴史的基礎をなすふたつの所与に基づかねばならないということを示すことが大切です。両者は体験のレベルで構造的であるとともに明白な現実によってたがいに結ばれています。それが「時空的構造」です。人間はある空間の中である期間を移動します。たとえその場で生きるとしても、一定の場所で、ある期間とどまっています。それが歴史の枠であり、多様な期間と空間の錯綜を考慮しません。

あなたは、その序文で、そのころマルクス主義者によって、とくに下部構造と上部構造という考え方でかなり効果的に伝えられた概念をも批判しようとしていますが。

その概念は通俗的マルクス主義によって普及させられたが、マルクス自身にも認められる、つまりそれは人間の歴史の現象が基本的構造としての下部構造によって形成され、それによって社会の歴史の本質的なものが動かされるという考え方です。それ以外の現象は、哲学者から付帯現象と呼ばれたものを厳密に表わすものではないが、密接にその下部構造に依存する。それが上部構造と呼ばれるものです。

わたしとしては、その下部構造と上部構造の対比にはいつも、完全に否定的でした、というのもそれが歴史理解にとって致命的だと思われたからです。すべての社会では、そういうわけにはいかなかった。経済的性質その他に属するような基盤は存在しなかったし、また他の性質に属する上部構造もなかった。ブローデルによって示されたように、「長い持続期間」にはさまざまな構造があって、そのあるものはきわめて緩慢に進化し、他のものは情勢に応じてもっと早く変化し、さらに他のものは事実上、活発に変形する。しかしこれらすべてのレベルに、基本的な様相の混合、比較的構造化された混成が存在するので、歴史家はそれを分析できなければならない。マルク・ブロックが言ったように、社会的、歴史的な時のほうがはるかに多様化していて、そのために歴史は、ずれ、中断、暴走、等々をもって進化すると思われる。

マルクス主義者の概念をさらに忌まわしいものにしているのは、実際的に、下部構造を物質的構造、もっと正確には経済的構造と同一視したことです、したがってそれ以外のものは上部構造となり、それは下部構造に依存しているから、それ自体では歴史を動かすものになれない。宗教的、政治的、イデオロギー的なものについても同様であり、文化的なものもいっしょにされ、公認的、正統的なマルクス主義者の概念では自律性が失われる。

根本的に、マルクスにはその弟子たちから充分に引きだされていない要素があり、その要素はその時代ではほんとうに自律性をもてなかったが、実際には歴史上に浮かび上がった各分野のあいだの絆になるものであり、それが社会史だった。その社会史、というのもその手段は当時、重要視されなかったからですが――マルクスはその貢献者であり、またかれがもたらしたもっとも重要なものです――、その社会史は後のマルクス主義者らから正当に扱われなかった。

そのかわり、わたしは本のその部分で、マルクス的概念を保存しました、というのもその概念は十九世紀社会を説明するために考え出されたとはいえ、すでに中世社会に適用できたからです、たとえば階級闘争です。その点では、わたしはマルクス主義者だと言えます。しかしその社会史は階級闘争に還元できない、というのもそれはすべての社会に存在するのではなく、ただ階級が存在する社会ではきわめて重要ですが、中世の社会はもっと複雑であり、そのような社会の萌芽だからです。

別の点では、わたしのほうがはるかに慎重です、たとえば生産様式がある。それは重要な考え方であり、そのおかげで歴史研究が発展した、ただしあまりにも型にはまりすぎましたが。構造の考えは、生産様式の概念による理解よりもいっそう流動的であり、透過性があります。同様にもうひとつのマルクス的概念、つまり時代区分はあまりにも硬直した述べ方でした。具体的には、歴史の大部分は過渡期、あるいはむしろ動きとして規定されねばならないと思われるので、歴史的進化についてももっと柔軟な概念化が採用されねばならないでしょう。

本のその章で、わたしはその時代において歴史の本質的領域と見なされるものの構造を明確にしようと努めました、それは経済史であり、それがわたしには非常に重要なものだと思われた、たとえば技術――全般的に無力で、無気力で、非創造的だという中世観を打倒しなければならなかった――、社会的進化、政治構造、宗教構造、ただしくり返して言えば、後の二者は物質的世界の上部構造ではなかったのです。

それからあなたの第三部、もっとも新しい部分が現れました。

実は、伸張、拡張、深化があったのです。一九六四年、われわれは多少とも歴史、文化史の教育と概念において著しい発展のはじまりに直面していた。マルク・ブロックやフェルナン・ブローデルから受けた教育、さらに精神性と感受性に触れたジョルジュ・デュビーとロベール・マンドルーの初期の研究業績の読書からえたものが問題になった。

それはもっとも新しい面でしたので、それ以前からもっとも思索の対象にしていた事柄だった。わたしはそれを大きく発展させるつもりでしたが、そのときわたしに割り当てられていた紙数の超過分を切らねばならなくなりました。百ページほど割愛しなければならなかったが、今日、その部分を保存しているか、切り捨てたかどうか、分かりません。幸い、よくあることなので、本質的な部分を救うことはできたと思います。他方、精神性や感受性について言いたかったことは、ほとんど、挿絵の選択や説明でとり戻すことができました。

絵や図像の役割はとくに重要でしたね。

その論文集で、すばらしかったものもまた、きわめて多い図像の部分であり、そのおかげでまことに美しい本になりました。もし社会から生みだされた絵や芸術作品が考慮されないなら、その社会は充分に研究されず、理解されず、説明されないということを発見しました。古くから文書や資料が歴史学の補助になると分かっていました。しかし絵は長いあいだ、挿絵にとどまっていたのです。そのような絵の概念は錯誤であり、その絵の本質や意味を隠しています。絵は挿絵ではなく、歴史の特殊な資料全体です。

あなたが森林の研究をなさったとき、それはあなたが考えるような歴史的見解の適用例でしたか。

まったくそのとおりです。また同時にそれは下部構造と上部構造を区別するような錯誤を正す好例にもなりました。わたしは、中世の世界における森林の重要性が今日よりもはるかに大きいことを証明しようとしました。まず、その広さです、つまりその世界では森林がきわめて大きい空間を占めていた。次いで、その役割がある、なぜなら森林は、中世の部分的な採集経済において人間に部分的な生活の糧の一部分を提供していたからです。そこから森林の経済的な重要性が生じるのですが、それとともに、同時にその社会的役割もあります、つまり森林は特殊な人間の住むところですが、その人々を通じて中世社会の本質的な性格も部分的に把握できます。

森林に住む女、とくに男たちには三種の社会的種族がいました、つまりまず、マルク・ブロックから「森林族」と呼ばれた世界です、たとえば森林開拓を職業とする人々であり、樵《きこり》、木炭をつくる炭焼き人、養蜂者たちです。次いで森林は社会の上層部の一部の遊技場であり、そこにおいて活動力や威光や遊技欲が発揮される、つまり狩猟地として。その見地から見れば、森林は領主の一種の保有地であり、さらに中世前期から国王の保有地であり、森林という語が――とくに英語ではそうですが――国王領、王領地を指すほどです。それはフランスではメロヴィング王朝とともにはじまり、また別の極端な行動面では、森林は孤独の宗教的価値を確認する人々を住まわせ、隠者社会になる。最後に、森林の世界には第三社会層、無法者らがいて、そのある者は有名人であり――ロビン・フッドのように正義の反抗者であり、それなりに中世世界における一種の一九六八年的精神を表わし――、あるいはたんなる山賊、盗賊であり、森を通過する旅人たちを襲う。したがって、森林は、経済的、心理的には遊技の空間であり、同時に危険と忌避の空間です。

わたしは、森林が地理的理由、さらに文化的理由でも――モリス・ロンバールのゼミナールのつづきとして――オリエント世界における砂漠、つまりおなじ魅力と忌避とあこがれの孤独地（修道院生活はオリエントの砂漠で誕生した）とともに同等だということを証明しようと試みた。その現象は西洋のほうが複雑ですが、西洋における修道院制度のある部分が誕生したのも森林開発によると言えましょう。

だから森林はきわめて多様な資料、またとくに文学的証言を通して立派な研究対象になった。中世文学における森林の研究にもすぐれたものがあります、たとえば森林は騎士道的冒険にとって最高の舞台です。森林がそれほど想像的なものに現れているとしても偶然ではなく、想像的なものは歴史的思索のもっとも豊かな手段になるとわたしは考えはじめていました――ますますそう思うようになりました。また、そう思いはじめていたので、森林は、ほかの社会、ほかの地にとって、今日でも、民俗学者の重要な研究の対象になっています。わたしは森林とともに史的人類学の勉強をはじめました。

その本の再版が要望されたでしょうね？

この本が品切れになったとき、また新しい購買者層、とくに若い層の到来につれてその本の値段が、挿絵の経費の高騰で法外なものに見えてきたので、出版社は、一九八四年、つまり初版から二十年後に再版を決めました。おなじアルトー出版社（一時はフラマリヨン社に買収されたが）でした。しかし今度はもっと小さい型の仮綴じ本になり、とくに絵の部分が削除されることになり、わたしにとっては痛恨の至りでした。

要するに、それ以来、その本ほど広範な綜合的研究を発表する機会がなかった。ただし一九九六年はじめに発表した『聖ルイ王』は、ある意味ではおなじほどきわめてグローバルな本です、というのもおそらく極端なわたしの野心が、ある人物の全体像的な伝記をつくろうとすることだったからです。

『フィッシャー世界史』

その時期の三番目の作品が全体を完成します、つまりもうひとつの新しい依頼が、今度はドイツからきましたね？

事実、そのころドイツの大きい出版社、フランクフルトのフィッシャーがポケット版の二、三十巻からなる世界史を出版することを決めました。その『フィッシャー世界史』が当たって、版を重ねた。同出版社はわたしの友人で古代ギリシア研究家ジャン・ボラックを通じてちょうどその時期、つまりドイツ人から「中世初期」と呼ばれ、フランスでは中世中期に当たり、わたしがもっとも専門とする十一世紀末から十四世紀はじめにかけての一巻の執筆を依頼してきた。わたしはその書で、いままでとは違った性質の綜合的研究を発表した、つまり年代と事件が『中世の西洋文明』の場合よりも大きい場所を占めるが、構造的なものは依然として重要だった、つまり中世のラテン・キリスト教団を、その全体像においてとらえたのです。その本は、最初、ドイツ語で発行されたが、少したってボルダス出版社からフランス語版『中世』という題で出版された。このフランス語版はあまり反響がなかったと言うべきでしょう、というのもドイツ語版と違って、それが叢書にいれられ、宣伝もまずかったからです、だから『中世の西洋文明』の二番煎じか、要約と受けとめられた、しかしまったく別のものだったのですが。

あなたはボルダス出版社から十三世紀に関する本も出されていますね？

それはいま挙げた本の一部です。わたしは——後悔していますが——出版社の要求に屈したのです、なぜなら出版社は商業的理由から『キリスト教団の絶頂期』というタイトルを提示し、ほとんど強制してきたからです——あまり抵抗ができなかった。そこでわたしは引き受けた、なぜなら「絶頂期」という言い方は好きではないが——それは歴史の周期、つまり成長、絶頂、衰微というイデオロギー的であり、科学的ではない概念に属するから——、それでも中世世界のもっとも創造的で、もっとも意味深い部分だったからです。

ドイツ語版の本はほかの外国語版として翻訳され、ドイツでは、学生や大学人や一般読者のあいだでかなり好評を博していると報告されています。版を重ねているのです。

以上、三種の出版は、わたしにとって一種の三部作です。ほかの二版の本の補助としてのドイツ語のポケット・ブックは国際的読者とともに学生読者向きに構想しました。その本の中で、すでに『中世の西洋文明』において関心事のひとつだったものとしての中世キリスト教団という空間全体を扱うこと、つまりその問題を北欧、ケルト、あるいはスカンジナビアの世界、スラブ世界、さらに地中海沿岸諸国まで扱うことだった。伝統的には、キリスト教団は本質的に中央ヨーロッパ、つまりイギリス、フランス、イタリア、そしてドイツ帝国において検討され、その周辺地域すべてが無視されてきたが、それこそ、まず中世キリスト教団がどうであったかの説明のため、次いでヨーロッパを理解するためにきわめて重要なのです。

一九六〇年代の総括

まず、はじめの総括をしましょう、その十年間、つまり一九七二年までに、あなたは三種の教科書と言われる本を書き上げ、同時に講義もしておられた、ですからその期間に、たとえばロベール・フィリップの場合のような重要なゼミナールも担当された。

あなたの在任期間、あるいはその後、一九七四年以来、次々に名著を発表された、たとえば一九七七年の『もうひとつの中世のために』、一九八一年の『煉獄の誕生』〔邦訳、法政大学出版局刊〕、一九八五年の『中世の想像的世界』。それは一九六二—七二年という時期に、あなたは歴史的省察においてそれぞれの段階を示すかなりの大論文を書いたということになります。

上で挙げた三つの総合研究は以前にたくわえていた資料から来ています。事実、一九五一—五二年のあいだ、オックスフォード大学で浮かんだ反省が思いだされる、つまりわたしはこう考えた——時代をその全体像において認識し、それから特殊な面について語るべきだ、と。そこで読書に没頭しました、そして中世に関する古典的な書物を綿密に調査し、それにもましてあらゆる分野のテキスト資料を調べた。たとえば特許状を読んだ、そしてわたしがその中に探求したのは、しかじかの問題に関する参考資料ではなく、一般的な問いだった、つまりそれらの特許状が中世社会について、表現法、法律、社会関係、権力関係の問題について何をわれわれに語っているのか？

そのころ、文学作品、とくにアーサー王物語文学を多く読んで、象徴主義と想像的世界を探求しました。最後に、絵はがきの蒐集もはじめ、それはいまでも続けている、というのも絵はがきを集めることで、それらの絵（中世の記念物、絵画、あるいは彫刻）を、歴史家が中世文明を把握し、説明するための資料に加えることが興味ある材料になると思われたからです。

一九六〇年代と七〇年代はじめ——わたしの科長時代もその学術活動をほとんど維持することができた——は、したがって調査研究の時代であり、その期間に、もっぱら論文で意見を述べた。その業績は統一する序文をつけて論集にまとめられた。それにはふたつの理由があります、つまり一方で、論文は本より強力な研究発表手段であり、わたしが探求する新しい歴史への道を開発する良策であり、また他方では、職業的責務のために大きく、総合的な著作をすることが難しくなったからです。

6　高等研究学院の科長・学長時代——一九七二—七七年

一九六〇年に、わたしは第六部門の主任助手になり、次いで一九六二年から指導教授に選ばれた。その期間を通じて、またとくに一九六五年にフェルナン・ブローデルが国際経済歴史家協会の会長になり、わたしがその協会の秘書になったとき、ブローデルと緊密に協力し、かれの側近にとどまった。かれがどれほどわれわれを信用してくれたかは、三人、つまりエマニュエル・ル・ロワ・ラデュリとマルク・フェローとわたしに『アナール』誌の運営を一任したことで明らかです、つまりその年、一九六九年にかれはその運営から引退しようと決心した。しかしその間、この学院は一九六八年の動乱とそのヨーロッパ的影響にまきこまれた。そのような事態におけるブローデルの態度はその事件の経過をよく理解させてくれる。

一九六八年の動乱における学院

あなたがリール大学の助手だったころ、教員組合の面で「全国高等教員組合」の大学代表書記になり、しばらくのあいだでも本部のメンバーでした。一九五六年の国際的危機と、ソ連のハンガリー侵攻は、多少とも組合へのあなたの責任を軽減したでしょう。

そのとおりです。しかしパリへ帰ってから、自分が大学人として、組合員になることが義務であり、また一九六八年まで高等教員組合のメンバーだったことがよかったと思います。

一九六八年五月の決定的な幾週間、組合員としてあなたは高等研究学院で、どのような生き方をしましたか。

学生の爆発的騒動がおこったために、高等研究学院の高等教員組合が真っ二つに分裂した、つまりバリケードへ走った人々と、ほとんど対等に、その運動を非難する共産党にしたがった共産党系の人々に分かれた。わたし自身が個人的にためらっていたので、いっそう両方の傾向の分離を避けさせようと努力した、というのもわたしはその運動に共鳴していたからです、つまりその運動のうちにたんに大学人ばかりでなく一般の青年層が置かれている状況に対し、また政治当局の混乱に対して、まじめで正当な反抗を見たからです。しかし同時に極左派が間違った状況分析へ走り、常軌を逸して、まったく非常識な暴力に出たことも非難しました。教授たちに対する行動、とくにレイモン・アロンに対する仕打ちには我慢ならなかった。

わたしは高等研究学院で、暴力を中止し、さらにいまや無意味になったストライキ運動をやめさせるべきだという点で、まったく良識あるフランス民主主義労働同盟の代表的女性と完全に意見が一致した。ところが組合の面で、共産党に実権がにぎられると、高等教員組合から手を引きました。ほかの組合へ移りたいとも思わなかった、ただ、フランス民主主義労働同盟の立場に近いと思ってはいますが。そこでわたしはそれ以来組合員にはならなかった。

五月革命に対してブローデルの態度はどうでしたか。かれはその事件がはじまったときには外国にいたと思いますが。

かれはアメリカ合衆国へ行くのを長いあいだ拒否していたが、当時、シカゴにいて、その市の大学から名誉博士の称号を受けた。高等研究学院は、管理が弱体で、よく組織されていなかった。実際上、全権がブローデルの手ににぎられていたが、それを言うのを好まなかったので、かれは学院をわれわれ、つまりフランソワ・フュレとわたしに一任した。フランソワは歴史研究所の所長になり、わたしは個人的にはなんの肩書きもなかった。

われわれは長いあいだ迷った、というのもわれわれがかれに帰国をうながし、何事もなかったら、かれが憤慨するに違いないと心配した。結局、帰国してもらうことに決めた。かれは戻ってきた、そしてすぐ、運動騒ぎに反感をもった。

その反感はどのように現れますか。

ブローデルは現状主義、保守主義から脱することなら、なんでも共鳴し、一般的に因習を打破する人々に共感を抱いた。ところが、いちはやく、かれはふたつの致命的な理由で身動きできなくなった。かれが同調した教師たちは、ほかにも例があるが、人民自由主義者を自任しているので、通俗的な大学教授として扱われ、憤慨していた。

思いだすなら、ある集会がかれの癇《かん》にさわった。それはコレージュ・ド・フランスの大階段教室ですべての身分を混ぜた職員全体の総会だった。かれは粋な姿でやってきた。あるとき、かれはわたしに言ったことがある――「ジャックくん、集会へ行けば、議長はわたしがやる」と。ところが、その日は、かれを議長にするどころではなかった。議長はまったく責任感の強い主任助手だった、またその人が後にコレージュ・ド・フランスの教授に選ばれるアンドレ・ミケルだった。ブローデルは最前列で、レイモン・アロンと並んですわっているところが見られるが、それは何の役にも立たず、ふたりともますます対立的な態度に固まった。

かれの反感はつのっていった、というのもこの運動が第六部門を危機にさらし、分裂し、内部から揺さぶられるのが怖かったから、それが第二の理由です。おまけに、われわれの講義やゼミナールは当時、ソルボンヌ大学の二階の廊下でおこなわれていた、そこが「カタンガ人」〔反乱者〕の巣窟になった。図書館や事務所はどうなってゆくのか。まだ弱体の第六部門は、嵐とともに、そしてこの学院の教師や学生とはなんの関係もないような大部分の者からなる無責任者たちの過激主義によって吹き飛ばされてしまいそうだった。

一九六八年と東ヨーロッパ

一九六八年は東ヨーロッパにおいても重大事件がいくつか起こっています。あなたはポーランドの情勢を詳しく調べましたか。

十年前にブローデルが調印した協定はすばらしい結果を残していた。つまりフランスとポーランドのあいだで交わされた協定に登録された学生はフランス外務省から給費を受けた。ゲレメクがソルボンヌ大学に設置されたポーランド文明研究センターの所長に任命されたことで促進され、ポーランドとフランスの歴史家たちのあいだには実りゆたかな対話がさかんになった。ブローデルはそのような人々の太陽のような存在だった。またわたしの友情や結婚のことで、わたしもなんらかの役割を演じた。

一九六八年の共産党旋風はすべてを白紙にもどしたのではありませんか。

ポーランドでは、その旋風は格別にひどいものだった、そしてそれはふたつのドラマが結びついて顕著になった。まず第一に、ゴムルカ体制の悪化を示すとともに、フランス式の一九六八年型の運動への弾圧と合わさって大学を揺さぶった反ユダヤ人的圧力が出現した。そのために、多少とも悲劇的な条件のもとでポーランドのユダヤ人「インテリゲンチア」として残っていた多くの人々、とくに多くの著名な教授や研究者たちが亡命した。

第二のドラマ、それは八月二十日と二十一日に、「プラハの春」に対する報復として、チェコスロバキアへのソ連軍とワルシャワ条約の同盟軍、その中にはポーランド兵をも含む軍隊の侵攻があった。そのとき、わたしはワルシャワにいて、自分でその侵攻の個人的な結果を見守った、つまりゲレメクが決定的に共産党と絶縁したことだった。いまでもありありと思いだされるが、かれが早朝から、わたしがいた義母のところに電話してきて、中央委員会へ脱党を申し入れに行くと言い、さらにその日はそばについていて欲しいと言った。かれはそれほど興奮していたので、自分で車を運転するのも困難だと思ったのです。だからわたしが代わってハンドルをにぎり、町はずれの道をあちこち走りまわり、そのあいだにかれは共産党に対する感情の起伏を語った。

ポーランドとの協定は維持されましたか。

まず、一九六〇年代にブローデルがチェコとのあいだでもおなじような協定を結んでいたが、そのほうはすべての点であまりうまくいかなかった。というのも、まず、給費留学生の数が明らかに少なかったからであり、さらにチェコ側に知的であると同時に人間味のある交渉相手がいなかったからです、たとえばクーラ、ゲレメク、さらに科学アカデミーの歴史研究所の所長マントゥフェル、その他に比べられるような人材がいなかった。

しかしながら、われわれはワルシャワやプラハの情勢がよく分からなかった、だからブローデルはそれらの協定を続けてよいかどうかを検討していた、それにはふたつの問題があった、つまりソ連の政治の配下にすぎなくなった体制と交流をつづけることが、はたして有意義だろうか。それらの協定は政治的でなく、学術的な根拠で研究者を選ばせるだろうか。現地において調査するほうがよかった。

それで一九七〇年に、あなたはワルシャワへ出張したのですか。

ブローデルは自分で行くことにした、ただし、つき添いが欲しかった。その出張をあまり家族的にしたくなかった。だから妻をつれて行くことは除外された。よく情報をえるために、かれはポーランドと関係の深いわたしを選んだ、さらにフランソワ・フュレを招いた、なぜならフュレはわれわれの歴史研究所の所長であり、交流は主として歴史家どうしのあいだでおこなわれるからです。

ワルシャワでは、広範囲の人々と接触ができた、つまり明らかな反対者から慎重派、そして役人にいたるまで。そしてブローデルは、全面的なわれわれの賛同とともに、今後もつづけて協定を機能させることが可能であるばかりか、きわめて有益だと結論した。ゲレメクのような友人たちから依頼されていたので、われわれはますます勇気づけられた。

それから、あなたはプラハへ行ったのでしょう?

状況はまったく反対だった。われわれが会った役人らは明らかに官僚的であり、学術や科学的問題を馬鹿にしていた。かれらは協定を継続するとしても、それは、ただ、かれらのイメージや政治に役立たせる機会にすぎず、かれらのイデオロギーや個人的な理由で指名される者に限られた。苦労の末に、ある夜間に、抵抗派の歴史家たちとひそかに会談できたが、かれらも監視されていることを知っていた。ポーランド人と違って、かれらは熱心に協定を続けないように懇願した、なぜならその協定は本当の研究者のためにならず、ソ連に洗脳された党派に利用されている、と言うのだった。

そこでブローデルは協定を無効にしようと決定した。かれは、深入りしすぎた東ヨーロッパに対する政策で、成功もしたが失敗も味わった。この件で、かれはとくに明晰で、勇気があり、尊敬に値するところを示した。

しかし私的な面で、その出張が、あなたとフュレの関係、そしてあなたとフェルナン・ブローデルの関係をまずくした、と分かるような気がしますが。

それは説明しにくいことですが、すでにわたしの『自己史のこころみ』[42]の中で話しましたが、その出張旅行がわれわれのその後の関係に悪影響を及ぼすことになったことは確かだと思います。その夜、プラハのホテルで、フランソワとわたしは相部屋で泊まったが、寝る前にブローデルをまじえて三人でしばらくのあいだ議論しました。そのとき、ブローデルは昼間に会った相手たちに対して軽蔑した批評をくだした、クーラとゲレメクを除いて、だれも容赦しなかった。

それから帰途についた。大雪のためにプラハ飛行場が使用できなくなっていたので、ドイツ経由の列車に乗らなければならず、長時間かかった。その車室で、ブローデルは学院内外の人々について聞きづらい話をぶり返した。われわれは、歴史家として、また管理者として尊敬してきた人物が個人的なことで尊敬できない態度を見せられたので、がっかりした。われわれは実権の行使、とくにその実権の衰えを見せつけられて、フェルナン・ブローデルのような人が歴史家としての気品を失っていると思った。そのときの経験はわれわれの思い出から消し去ることができず、第六部門の科長とわれわれの未来の関係を深く損なうことになるでしょう。

ブローデルの引退とわたしの科長就任

ブローデルは七十歳をすぎても第六部門の科長にとどまるつもりでしたね。

確かにそうですが、一九七〇年以後、かれの後継問題が学院内で、とり沙汰されはじめた。もちろん、表だっては話されなかったが、さまざまな噂が立った。かれ自身はあまり話さなかったが、ただかれが七十歳になる一九七二年以後も科長をつづけたいと漏らしていた。かれは高等研究学院の第四部門ではるか以前に前例があることに望みを託していた。

一九七二年のはじめに、事態が深刻になりはじめた。文部省で、規定が今後、守られることになり、その適用にあたって例外を認めることはできないと知らせてきた。だから猶予期間を越えて延長する法的可能性がなくなった。

高等研究学院の第六部門は当時、自治体だったのですか。

第六部門は学術的には独立していました、つまり学院で指導教授や主任助手を選び、カリキュラムを定め、高等研究学院の修了証書を授与した。しかし他の部局と変わらなかったし、しかも困ったことに財政的な自治がなかった。お役所言葉で、高等研究学院の学長は「二番目の支払い命令者」にすぎず、おもな支払い命令者は文部大臣です、つまりわれわれの予算と、とくに予算の振り分けはわれわれで勝手にできなかった。たとえば科長はその点について大臣に希望を述べることはできても、決裁ができなかった。

一九六八年以後、ブローデルは学内や文部省を相手にして、学院の規定の改正をするために交渉しはじめた。確かに、かれは急がなかったし、また文部省も同様だった。つまり学内では、その点についてあまり強い要望がなかった、ただし自治の希望ははっきり表明されていた。とにかく、そのような規定の改正はほんとうに大きな課題になっていなかった。そしてブローデルの引退につづいておこった科長選挙でも喚起されなかった。

ブローデルがあなたを後任に推薦したのですか。

直接的ではありません。一九七二年はじめ、同僚の幾人かが——われわれはまだ少数でした、たとえば五十名ばかりの指導教授だったから、小さい学部だった——わたしのところに来て、ブローデルの後任としてわたしがいちばんふさわしいと言ってくれた。わたしは自分の立場をよく検討して、態勢がわたしに有利だと考えられた。一方では、ブローデルとわたしの関係を考慮すれば、わたしが選ばれてもまったく不本意な革命にはならなかったでしょう。他方、わたしは歴史家たちと仲良くやっていたし、また他の学科の同僚の大部分ともおなじような関係でした。

そこで、わたしはそのことをブローデルに話した、というのもかれのほうからその話を持ちだし、いつのことだったかは忘れたが、こう言ってくれたからです——「いいかい、わたしの任期は延長されないかも知れない、そこでこの六月に選挙がおこなわれるはずだ、というのも科長就任は十月一日づけになるから。きみが出るべきだ」。わたしはごくあっさり答えた――「あなたの任期が延長され、ここにとどまるように心から祈っています。でもそれが不可能で、またあなたが希望されるなら、候補者になりましょう」。

そこで指導教授会が一九七二年六月十一日に招集された。わたしはブローデルに規定の締め切りまぎわの日に立候補届けを提出した、というのもどんな異変が起こってかれの任期延長が認められることになるかも知れないと考慮しての上だった。

選挙はかんたんでしたか。

そうです。ブローデルは形式的には口を出さなかったが、わたしが候補者だということをはっきり知らせたからです。明確な圧力が、かれからも、だれからもなかったが、わたしが唯一の候補者であり、「元帥選挙」と呼ばれるような格好になった。そこでわたしは科長になった。

わたしは正直に話した――それはわたしが立候補の短いスピーチで、そのように言明した――、わたしは計画を表明したくないと言ったのです。計画ではなく、人物についてとやかく言うのはわたしの習慣にはないが、まさしくこの場合は、ブローデルの立場を考えると、つつましく計画を準備するわけにはいかなかったので、いまは本質的にひとりの人を選ぶことが重要な問題だった。しかも、その時期には少なくとも学院の科長の仕事には、さまざまな計画が山積していたことをわれわれはあまり認識していなかった。

公式には十月一日から職務につくことになっていたが、九月一日からブローデルの希望によって仕事をはじめ、ブローデルはサインをするだけだった。わたしは学院の事情をよく知っていたが、その重任に慣れるまでには、たっぷり二カ月もかかった。ブローデルから同意をもらって、外部、とくに文部省と必要な交渉を持った。

新しい本部の設置

高等研究学院の運営をどのようにおこないましたか。

伝統的に科長を含めて五名からなる「本部」が当たりました。わたしが選出されたとき、本部のスタッフについて投票を求めた。保留という意見もでた、とくにジャン・シェノーから計画の欠如（その点についてはすでに説明したとおりです）と候補者の多様性の欠如が指摘された。結局、本部構成員の可決票はわたし自身のときと同様に多かった。

もうひとつの改革。つまりわたしは本部構成員のひとりとして、規定にも合致していたので、主任助手にすぎない教師を選ばせた。その人に本部の秘書になってもらいたかったからです、というのもかなりの業務をこなし、常時そばにいてくれるひとが必要だったし、またわたしとしては学院の行政において、若い人たち、とくにまだ指導教授になっていない人々にも参加して欲しかったからです。そこでジョゼフ・ゴワ（現在、大学区監査役）を選んだ、というのもわたしはかれをよく知っていて、親友のひとりであり、またわたしの科長任期が終わる前に指導教授に選ばれた、なぜならひじょうにすぐれた歴史家だったからです。ジョゼフ・ゴワは新しい規定ができるまでのあいだ、二、三年の期間しかその任にいなかった。一九七五年、かれはその任務を離れ、後任にアンドレ・ビュルギエールという、おなじくわたしの親友で、すばらしい歴史家が選ばれた。

わたしは同僚がすべて歴史家でなくてもよいと願い、とくに社会数学の専門家マルク・ベルビュのことを考えた、なぜならかれは一九六二年にわたしと同時に指導教授に選ばれ、大いに親近感を抱いていたからです。かれは勇気があり、知性にすぐれ、精力的で、正確で、形式と伝統を尊重し、だれが見ても厳格さの保証つきであり、しかも高等研究学院の感覚をそなえていた。

そのころ、規定によれば、事務局長がいなかったので、ただ一種の局長としてルイ・ヴレーがいた。かれは学院のことならなんでも知っていて、学院に深い愛校心をつちかっていたので、フェルナン・ブローデルのときから習慣的に本部の会議に列席していた。かれに全面的に参加してほしかったので、わたしはかれの名をメンバーのリストに記入して、教授会で選出してもらった。

残るのは本部の五人目の役員の問題だった。


本部にロラン・バルトを入れたかったのでしょう?


それは厚かましい考えだった。なにしろこの怒りっぽい知識人はブローデルを魅了したことがあり、孤立して、われわれより上のほうにいたからです。本部のスタッフ全員は大学の学術的政策に平等に参加するはずでしたが、わたしとしては、その政策の準備に専従し、本部が企画部であることをはっきりさせるような思索的頭脳の存在を望んでいた。だからロラン・バルトに話してみようと思った。というのもかれを高く評価していたし、かなり親密だったから。しかしそれほど名声があり、たくさんの本を書き、いずれはコレージュ・ド・フランスの教授になると思われ、外国にもよく招待されている人物だから、「ノー」と言うだろうと思っていた。ところがそうではなかった。

わたしはかれをサン-ジェルマン-デ-プレのあるレストランへ昼食に誘った。そのとき、かれはこう言った――「三、四日後に、返事をしましょう」。さっそく次の日に、かれは二年間だけなら承知しようと言った、しかし実際には三年間とどまった。その期間のあいだに、バルトに対する尊敬と友情はいっそう深まった。かれはあてがわれた役割を完全に果たした。本部のスタッフは毎週、金曜日の午前に集まり、行政的な問題をたくさん議論しなければならなかった。バルトはその議論に加わり、それから話し合いを知的な問題へつないだ。かれの知性はきわめて広い簡明さと、きわめて鋭い明晰さで働いていた、ところがかれが書いた本は、白状すると、少し気取りすぎているように思われることがあったが、かれの話す言葉は本部で話したとおり、まったく気取りがなかった。われわれはみな、かれの言葉に耳を傾けた、とはいえ、かれは決してわれわれを驚かせたりしようとせず、われわれとほんとうの対話をしてくれた。

当然、バルトはいくつかの職務を免除されてもよかった、とくにわたし以外の本部のスタッフの仕事です、たとえば新しい志願者の調書を検討し、たいていは好意的な意見をつけてからかれらすべてを受け入れることになります。事実、学院に登録するには資格の条件はなかった、しかし講義を聴いたり、ゼミナールに出席するにはある程度の知的レベルが望ましく、同時にほんとうに学問をする意欲のある人々が望ましかった。われわれのところはコレージュ・ド・フランスではなかった、その大学なら花形教授の講義を聴きに来たり、たんに暖をとるために来る者もいた。ロラン・バルトはその仕事をほかのスタッフと平等に引き受けてくれた、しかもそれは幾日もかかったが、熱心に協力した。

ロラン・バルトが本部を去ったとき、代わりにモーリス・ゴドリエという人類学者に来てもらった。さらに本部のスタッフではない幾人かの同僚に、金曜日午前の会議に出席してもらった。かれらは力を貸してくれ、アイディアを出してくれた、そして本質的な学院についてわれわれに情報を提供し、本部の活動のあり方や管理運営の仕方について援助してくれた。

いちばん必要だったのはクレマン・エレールだった。かれはブローデルの側近の協力者だった。わたしは感謝とともに、ある程度の残留を願った。エレールは魅力的な人物であり、一種の神話を生みだし、すばらしく教養が深く、開放的で、アメリカに帰化したユダヤ系オーストリア人であり、一種の学術マネージャーであり、そのような人物はフランスにいなかったが、ブローデルがアメリカへ出張したとき、最初に目をつけて呼んだのだった。かれは思想の呼び込みと、関係の付け方にすぐれ、社会科学において、世界中でだれがいちばん興味ある人々かを見事に見抜いていた。かれは、われわれが諸文化圏、人事と研究の政策、非ヨーロッパ諸国、たとえばインド、中国、東南アジア、ブラック・アフリカ、ことにラテン・アメリカの文明との交流と呼んできたことを一手に引き受けた。やがてクレマン・エレールの忠告で日本も加え、フランスではじめて現代日本研究・文献センターを創設し、それをクリスティアン・ソテーという日本経済の専門家に任せた。クレマン・エレールはまた高等研究学院の非公式の外務大臣のような存在だった。かれとともに金曜日の本部会議に加わったのはマルク・オージェという天才的な若い人類学者であり、一九八五年には高等研究学院の学長になるひとだった、さらにヴィヴィアーヌ・アルトンという独創的な言語学者で、熱心な中国専門家であり、この知的な女性は勇気もあり、まことに献身的だった。最後に、ルネ・マルゾッキがいた。かれは感じのよい人物で、謙譲で、誠実で、どんな試練にも効果的に対処でき、またフランス行政機構については知り尽くし、良識とともに想像力に富み、難しい交渉には打ってつけの人物だった。

高等研究学院の新しい規定

あなたはどうして第六部門の規定を改正しようとしたのですか。

目的はふたつあった。まず、われわれは独立したかった、とくに文部省に対する財政面において自律的になりたかった。この学院の科長は二番目の支払い命令者から一番目の支払い命令者になる必要があった、つまり学院が保護者的文部省から受けとる予算の枠内で、科長が学院の政策に応じて予算を分ける権限を有することです。第二の目的は、わたしにとってはとくに重要なことだったが、それは学院がもっと民主的性格を帯びるとともに、その機能に各種の構成要素、学院の各部局、本部を結びつけるような規定をそなえさせることだった。

それまで、科長は実際的にワンマンだった。存在する正式な唯一の機関は指導教授からなる教授会だった。その教授会の本質的な機能は指導教授を選ぶことだった。予算は任されなかった。フェルナン・ブローデル科長は学院の学術計画にもとづいて指示をだしたが、そうする必要もなかった。だからわたしは学院の各部局の協力が望ましかった。

すでに指摘したように、われわれはゼロから出発したのではなかった、事実、すでに学院内においても会議を開き、また新規定の採択についても文部省と話し合った。だがそれ以上進展しなかった。またそのあいだに政府も変わり（文部大臣エドガール・フォールは引退していた）、文部省の担当官もおなじ人たちでなくなった。

さらに、当時は唯一の管理組織であった学院本部にはかって、いくつかの方針を採択してもらった。ブローデルがすでに設けていた非公式の協議会を改めて活性化させ、少し拡大し、その意見に耳を傾けた。文部省に出すいくつかの意見と提案をまとめたが、文部省のほうでもわれわれの将来に関していくつかの案をもっていた。そこで交渉の時期がはじまり、一年近く継続した。

文部省のほうから強力な援助があったのでしょう?

文部大臣側の主な担当官だったジョゼフ・フォンタネにはわたしの個人的な感謝とともに学院からの感謝を表明すべきでしょう、その人とは一度も面識がなかったのですが。幸い、われわれの学院の件の責任者で、政治学院教授のジャン＝クロード・カザノヴァが一九七二年から一九七四年まで文部省の高等教育問題を担当していた。かれには、ポンピドゥー大統領とその顧問団から批判されていたエドガール・フォール法の適用と修正を担当していたが、その役職から離れて、今度は、無力化しそうな組合を相手にして戦い、たとえば教官の任用における主要な役割を指導教授に任せることで安定をはかろうとしていた。改革案は文部省の役人と高等研究学院第六部門の教授たちからも反対された。しかし一九七三年末からは、妥協案に到達したので、それを学院の自治となる文案にまとめ上げた。

その後、『コマンテール』紙の中心的人物ジャン＝クロード・カザノヴァは、チュニスの恩師であったレイモン・バールの内閣の一員になり、ふたたび、われわれの問題について好意ある理解を示すことになります。

第六部門は高等研究専門学院第六部門の性格を保存したのですか、どうですか。

それはもう高等研究専門学院にはなれなかった。「専門」という語を保存するか抹消するかで議論が起こった、というのもその語は実質的に創立の歴史的状況で意義深いものだったからです。すでに言ったように、第六部門は一九四七年に、リュシアン・フェーヴルの政治力のおかげで、ヴィクトル・デュリュイが一八六八年以来望んでいた構想で創立された。そのころ、われわれは「専門」という学院に所属していた、なぜなら一般の大学、とくに教育の基本が普通講義であったソルボンヌ大学とは違って、作品や文献の分析研究がおこなわれ、教育は本質的に専門的であった、つまり今日、われわれが研究教育と呼ぶものであり、そのモデルはドイツのゼミナールだった。

わたしはむしろその「専門」という言い方を廃止したかった、なぜならその語が大多数の交渉相手に理解されず、技術学校と間違えられるからだった。だが多くの同僚たちはその語に愛着を感じていた。その件について教授会にはかろうと思い、議決の投票をしてもらった。わずかの差で、「専門」という語は否決された。そこでわれわれの学院は社会科学高等研究学院になった。

改革の本質はどのような点でしたか。

われわれはあれほど望んだ財政的な自治を獲得したが、とりわけ重要な民主的改革が学院の管理・運営に導入された。科長と本部は協議と決定について評議会に助けられた。まず、「教授会」があるが、その中に主任助手の何パーセントかが加わった。わたしとしては、主任助手全員に出席して欲しかったが、文部省とジャン-クロード・カザノヴァに反対された、というのも主任助手の人員は指導教授の人員よりも急速に増加するはずだし、そうなれば認容できないほど指導教授の存在理由が軽くなってしまうということだった。

そのころ、われわれの学院には助教授がいなかった、というのもわれわれがそのような階級を拒否したからです。その後、学院の措置で、文部省の好意的で賢明な承認をもらって主任助手を助教授にすることができた、ただし一般の大学の場合とは違って、学位の取得や選考委員会の審査も必要としなかった。つまり書類審査と指導教授としての指導方針だけで直接に選ばれた。今日では、すべての助教授は教授会の構成員です。それが科長にいっそう大きい権威をもたらしている、というのも事実、科長はすべての研究・教育者から選出されるからです。

それから「評議会」があった、それはたいへん大きな機能を有した、なぜならその会議で、科長や本部で決定された予算を票決したからです。その評議会には、人員の割合は異なるが、学院で働いているすべてのカテゴリーの職員をはじめ、技官、従業員、作業員、学生の代表まで参加した。投票方式も評議会へ学生の代表を選出させるように定められた。こうして外部の人物たちも評議会に参加した、つまりある人々はパリ大学から指名され、他の人々は学院の科長の提案で文部省から参加した。

最後に、「学術会議」が設置された。これは諮問機関にすぎないが、科長も本部も学院の学術政策についてはその会議にはからねばならなかった。その構成員は少数の指導教授だった、というのもスムーズに機能する組織が望ましく、ある大学では大勢のためにどれほど学術会議が支障をきたしているかを知っていたからです。それに主任助手の代表と、少数の外部の者で学術的能力に応じて選ばれる者も加わった。このような教授会と評議会の全体が学院の民主化を表わしていた。

またとくに、本質的な決定として、学院の科長は学術会議の議長もつとめた、それは難しいことだった、というのも慣習に背いて、それは評議会の専権事項だったからです。かくて、科長は学院を代表し、その統一をはかった、それは民主主義に背くとは思われず、効果を上げる保証になった。

科長職の任期は何年にしたのですか。

その問題では文部省とのあいだで、紛糾がおこったが、大したことではなかった、科長はあいかわらず五年の任期だったが、本人が希望するなら何回再選されてもよかった。たとえばリュシアン・フェーヴルやフェルナン・ブローデルは活動力がつづくかぎり、いつまでも科長でいたかった。フェーヴルは七十五歳で亡くなるまで科長だった。ブローデルの場合は、一九七二年の規約改正にともなって辞任することになるが、それでもかれは一九五六年に選ばれ、一九六一年に再選され、一九六六年と、さらに一九七一年にも選ばれていた。

わたしとしては、その任期を再選までにするのが望ましかった。わたしは、自分に関しては五年間しか科長にとどまらない、と同僚たちに告げていた。新しい規定ができたとき、新しい選挙がおこなわれた。そのとき、わたしはすでに三年来、科長だった。だから科長選に立候補したときも、残る二年間だけという任期を予告し、その期間が終わるときに辞任した。後任になったフランソワ・フュレは再選の任期中に辞任した、というのもはじめに科長選で示した目的が達成されたからという理由で。しかし一八七五年の規定が一般の大学（わたしは学院の科長として、全国大学学長会議に出席していた）と同列に置き、学院がサヴァリ新法の犠牲になって一九八三年に学院の独自性が失われるのを防いでくれたが、当時、科長だったフュレは学院を一般大学の枠からはずし、法律学院とおなじように「大機関」の規定をあたえることによってわれわれ学院の特殊性を保存する。その機会に、かれは規定の中に定年規定を設け、科長の任期を再選までとした。民族学者マルク・オージェは一九八五年にかれの後任に選ばれ、一九九〇年に再選された。歴史家ジャック・ルヴェルが一九九五年六月二十四日、科長に選ばれた。

新規定は、いつ施行されたのですか。

およそ一年後、一九七三年末にはすっかり準備がととのっていたのですが、まだ若干の障碍が残っていた。文部省法制局の承認や高等教育国家委員会の承諾が必要だったし、最後に文部大臣の公表が必要だった。それは長引いたが、一九七四年、ジスカールが共和国大統領になり、大学局がつくられ、それが省になったとき、チャンスがきました。最初の大臣はジャン-ピエール・ソワソンでした。かれがジャン-クロード・カザノヴァにつづいて学院の創設者だと言わねばならない、なぜならかれはわれわれ学院のためにさっそく、熱心な興味と情熱に燃え、驚くほどの迅速さで巧みに最後の障碍を乗り越えさせてくれたので、一九七五年一月の『官報』にわれわれ学院の新規定が発表された。

以下でジャン-ピエール・ソワソンの証言にあるように、共通の友人ユベール・ダミッシュという歴史家、芸術理論家、学院の指導教授でもある人物のおかげで、大臣とわたしの関係は急速に好転した。人間どおしのあいだの信頼関係は問題をいっそううまく解決した。それでもジャン-ピエール・ソワソンが決して個人的感情と大臣としての責任を混同しなかった点をわたしは高く評価した。

元大学局長ジャン-ピエール・ソワソンの証言

一九七四年春、ヴァレリー・ジスカール・デスタンから官邸に呼ばれ、大学局の設置を託された。つまり高等教育を研究に結合させるための大学と高等研究学院を担当する省をつくることである。任命されるとすぐ、わたしはふたつの目的を定めた、つまり大学の自治を確保すること、そして高等教育の統一をはかること。わたしは一九六八年に、エドガール・フォールが文部大臣に任命されたときに学術顧問だったとき、フォールの構想だった高等教育の概念を実現することが仕事になる。つねに高等教育に関心を示していたジスカールの考えは、一九六八年五月事件に対する応答を現すような改革を定めることである。かれは「最優秀拠点」の創設も考える。

かれはその実現をわたしに任せている。その点はいまでも感謝している。ちょうど大統領七年任期のはじめにあたり、改革の歓喜にあふれている。「最優秀拠点」は少し基準をはなれて、ドイツとアメリカの研究センターやゼミナールに類似する、そこでわたしはコンピエーニュ工科大学と社会科学高等研究学院を特権化することにする。

後者の改革は進めにくい、というのもパリの大きい大学がそれを望まないし、当該省の各部局ものぞまないから。やむをえず引退したフェルナン・ブローデルは、自分が前の政府に要求して獲得していたことを後任者が実行すべきはずなのに「奪いとること」——これはかれの表現である——ができないので、いらいらしていた。かれは後任の科長ジャック・ル・ゴフを支援したが、ル・ゴフはクレマン・エレールを頼りにしていた。わたしはデュトー通りに置いた高等教育省で、ブローデルと交わした会話が忘れられない。そのとき、かれはアメリカと地中海周辺諸国を例に挙げ、かれが手をつけた事業、しかし後継者らが完成できないでいる事業を挙げた——「わたしは基礎をつくったが、かれらが建物を建てられるだろうか」。かれらはブローデルの援助なしにはますます困難だろう。かれは言った——「要するに学院の改革は急を要さない」。

事務局では、旋風が起こったようだった。ブローデルは聖なる怪物のような人物だ。かれもそのことを自覚していて、話し相手をからかっている。魅力と誇大構想。

わたしはル・ゴフを呼んだ、というのもわたしの気持はブローデルと違っていたから。つまり、もし改革が速急におこなわれないなら、実現しないだろう。わたしは書類を検討し、部局とは別に直接、ル・ゴフ、フュレ、ダミッシュに会って処理しようと決めた。

ユベール・ダミッシュはこの問題で重要な役割を演じた。かれはセルヴァンドリー通りのサン゠シュルピス聖堂近くのアパートに住んでいる。かれは友人であり、奥さんのテリーはアメリカ人で、カメラマンとしてわたしのために働いてくれたことがある。彼女は日曜日の晩にわれわれを招待してくれ、マスタード・ソースつきの牛肉あるいはウサギ肉をご馳走してくれる。わたしはオクセールのクーランジュまたはイランシーのワインを持参する。ダミッシュ家では、ジャック・ル・ゴフ、フランソワ・フュレ、ロラン・バルトに再会する。また別のときには、フュレがパ－ド－ラ－ミュル通りの自宅にわれわれを招待する。こうして会合するのが習慣になり、学院の改革だけでなく、高等教育の将来についても話しあった。この会合については、まことに楽しい思い出が残った。

ローマのフランス学院の百年記念祭には、われわれはいっしょにローマへ行った。ユベール・ダミッシュはわれわれをオルヴィエト市へつれていった、というのもその地とゆかりのある画家シニョレッリについて書いていたからだ。その地方はおいしい白ワインの産地であるので、シャブリーをつくって欲しかった。市長は共産党員で、オルヴィエトのリセで国語教授だったが、われわれを昼食に招待してくれた。会話は中世のことにおよび、イタリアの影響力におよんだ。歴史的な問題では、市長は言った――「そのことなら、ジャック・ル・ゴフしか答えられないでしょう」。かれはジャック・ル・ゴフが側にいることを知らなかった、だからル・ゴフはパイプを吹かしながら、ほほえんでいた。

学院の改革の難しさは博士課程の学生を受け入れ、教授はまず研究指導教授だという独特の教育機関を保持することだった。学院はありふれた型にはめ込まれなかった。その学院に適合する規定と大きい予算が必要だったし、所轄省も抑制できないと考えた。だれもブローデルを抑えることができなかった。その後任者はどうか。当局は財政的暴走を心配した。

それに加えて、かれらはラスパイユ大通りの元シェルシュ・ミディ刑務所跡地に校舎を建てたがっていた。わたしは、ル・ゴフが学院のために、優先的に最適と思われる場所を希望している、と報告していた。かれらはル・ゴフがラスパイユ大通りを選ぶだろうと分かっていたが、かれらとしてはデュトー通りのあまり冴えない建物にとりのこされるだろうと思っていた、しかも今日でも、なおそこに高等教育本部が置かれている。

決定しなければならなかった。ある晩、ジャック・ル・ゴフの家で、おたがいの妻も同伴で、話しあった。夕食後、テーブルクロスの上の残り物が片づけられると、わたしは新規定案をとりだした、そしてそれをふたりでよく読み、何カ所か修正を加えた。それでわたしは同意した。そこで規定は施行された。

その新規定によれば、学院の決定機関を更新しなければならなかった。わたしはふたたび立候補して、二年の任期という条件を確認した上で再選された。

校舎の問題

社会科学高等研究学院の校舎の問題が、あなたの学長時代の悪夢だったと言われましたが。

事実、その重大問題はフォンタネの時期にはまったく解決しなかった。ジャン゠ピエール・ソワソンがどれほど好意を示してくれても、かれの力では部分的な解決しか見られなかったが、それでもかなり前進した。われわれには校舎がなかった。リュシアン・フェーヴルも、フェルナン・ブローデルも、学院固有の校舎を当局から獲得できなかった。われわれは教育をおこなわねばならず、学院行政を機能させるために、大学省はパリで校舎を借り上げる費用を出してくれた。

ブローデルは高等研究専門学院の第六部門のために、講義やゼミナールがソルボンヌ大学の校舎でおこなえるようにしたが、当時は、三十名ばかりの指導教授しかおらず、ゼミナールに参加する学生も二十名を数える程度だった。そのすべてが変わっていた。さらに、一九六八年以後、高等研究学院第四部門との関係がきわめて悪化していた、というのも五月事件のあいだ、第六部門の研究者や学生たちが荒れ狂ったとして非難していたからです。そのとき、われわれは場所を変えようと試みた、たとえばエコール・ノルマル・シュペリユールの校舎を借りることも考えた。われわれは管理・運営の本部をヴァレンヌ通りの建物に置いていて、そこは恵まれた場所だったが、本部が機能するにはあまりにも手狭すぎた。

そこでジャン-ピエール・ソワソンがあなたの苦境を救おうとしてくれたのですね?

その大臣は学院のために尽力しようとして、多くの解決策から選択するようにしてくれた。まだ使用されていない国有で、高等教育省が自由にできる新しい建物がイヴリーにあった。パリ一五区のデュトーにも新しい建物があり、そこはラスパイユ大通りの人間科学会館の半分より少し大きかった、またこの科学会館も、もとは法務省だったが、ヴァンドーム広場の建物が大々的に改修されたので、そこへもどる準備をしていた。ジャン-ピエール・ソワソンは選択をわたしに任せた。

わたしは学院の非公式の代表たちといっしょにそれらの場所を見て回った。すぐイヴリーを除外した、なぜならそこはパリで知的にも、学術的にも、重要なものすべてから離れていたし、交通も不便だったから。デュトー通りと人間科学会館のどちらがよいかで迷った。

ジャン-ピエール・ソワソンは言った――「どちらでも選んでください。残ったほうを、わたしの高等教育省にいただきましょう。いまのところは狭すぎるから」。さらにかれは続けて言った――「もし人間科学会館を放棄するつもりでしたら、言っておきますが、使用はワン・フロアーだけになりますよ」。かれは若くして会計検査院の監査官だったころ、人間科学会館の建設の報告書をつくらねばならなかったが、ブローデルと接触したときの不愉快な思い出を忘れていなかった。

社会科学高等研究学院の校舎のことにもどりましょう。あなたは人間科学会館を選んだのでしたね？

本部のスタッフや、学院のお偉方、たとえばレイモン・アロン、ジャック・ベルク、それから人間科学会館の受け入れ側として法律学科長クロード・レヴィ-ストロースに相談した。わたし自身も迷っていた、というのも人間科学会館を選びたかったが、使用面積が狭く、講義室やゼミナール室のスペースがなく、本部と研究センターしか置けなかった。それでも以前に比べると大違いだった。そこでその解決を選択し、かくて正面玄関口に「人間科学会館」と並んで「社会科学高等研究学院」の看板を見て満足した。

フェルナン・ブローデルと疎遠な関係になる

その時期、あなたはフェルナン・ブローデルと疎遠になりましたね。それは主としてクレマン・エレールとの関係が原因だったのですか。

そのとおりです。当初、エレールは高等研究学院とともに人間科学会館にも関係していた。わたしが学長に選ばれたとき、ブローデルはわたしに、こう言っていた――「あなたはクレマンを好んでないように見える、だからうまくゆかないかも知れない。だがかれをおいておくほうがためになるだろう、なぜならかれはきわめて頭もよく、知り合いも多く、学院をひじょうに尊重しているから。しかし、いやなら、かれを厄介払いしてもいいよ。とにかく、わたしがかれを人間科学会館でひきとるから」。

しかしながらブローデルに敬意を表するとともに、かれはわれわれにとってきわめて重要な文化圏の部門を担当していたのでエレールを学院本部のスタッフにしていた。かれに対するわたしの気持は複雑だった。わたしは、かれがアメリカの「中央情報局」の局員だという非難の言葉に少しも耳を貸さなかった。

わたしはかれの知性、想像力、交際関係を尊重していた。それとは反対に、かれの日常の振る舞い方が理解できなかった。だがそれは日常、協力者とともに組織を動かす者にとっては大切なことです。かれは極端に気まぐれで、すでに決定されたことでも蒸し返した、だからわたしもいらいらするし、仕事がやりにくかった。金曜日の会議の後で、午後か夕方になって電話をかけてくるのは普通だった――「やあ、ル・ゴフ、今朝、決めたことを変える必要があると思う。そう、ル・ゴフ、あれはいい決定ではないと思う」。五十回に一回は、いったん決めたことを修正するほうがよいと認めて修正したこともあります。しかし全体としてはたまらなかった。

しかもかれはブローデルと関わりが深く、わたしに会うよりかれに会うほうが多く、なんでもブローデルに打ち明けてしまうのだった。元科長が現在の学院内部のことに通じるのは少し不愉快だったし、まして現学長と本部だけに関わり、内密のことまでしゃべられたのです。それでもわたしはエレールと仲よく仕事をした、大して厄介なことでもなかった、というのもわたしはブローデルとうまく付き合っていきたかったからです。

しかし明らかな支障をきたしたのでしょう?

そうです。一年ほど経って、本部で予算を審議した会議のあとのことです。わたしはエレールが文化圏の分野で責任があると言った。前週に、かれがその分野の予算を提出した原稿をとうてい読めない文だといって受けとらなかった。改めて持ってきた文書もまずかったので、もはや続けられないと判断した。

わたしはブローデルに会いに行った。そして誠意をもって実状を説明した――「ただし、これはいわば、クレマンや、ましてあなたに反対しているのではありません。クレマンを尊敬する気持に変わりはありませんが、いっしょに仕事ができないのです。かれにいまの仕事をやめてもらいたいのですが、同意してくれませんか。昨年、あなたがおっしゃったことはよく覚えています。ただエレールとうまくやれないなら、かれを学院にとどめておく理由がないだけです。しかしかれが学院と人間科学会館のあいだで効果的に働いてくれるなら、おたがいにけっこうなことだと思います」。

それで話し合いはうまくいったのですか。

そうだと思います。ブローデルは文句なしにわたしの措置を了承し、理解もしてくれたように思われる。しかし、翌朝、事態は別の様相になった。確かに、前夜のうちにブローデルに干渉が入ったのでしょう。わたしの態度のあとでエレールがおこなった精神分析的な解釈をブローデルが考えたのに違いない。エレールの父はウィーンでフロイト関係の書店を開いていたことがあるらしいので、エレールは父殺しを喚起させた。わたしは高等研究学院のエディプスとなり、父を殺して、学長に出世したことになる……

わたしは決してそのようにして危機を乗りこえたわけではありません。また無意識がそんな作用をさせたとは信じられない。わたしはブローデルの長い間の好意に感謝をし尊敬もしていた。しかしかれを父のように思ったことは一度もない。わたしには本当の父がいて、かれを愛し、深く尊敬していたことはすでに述べたとおりです(43)。

ブローデルが秘書たちによく電話をかけたと言われていますが。

それは古くからのかれの習慣です、たとえば夜昼いつでも、かれは側近の協力者らに電話をしてきました。以前にかれの配下だったら、いまは公的にはわたしの配下になる人々にもかれは電話してきた。たとえば午後十一時、またはもっと遅く、かれは本部の秘書ジョゼフ・ゴワを呼びだし、本部役員のルイ・ヴレーを呼びだして、クレマン・エレールを辞めさせるようにしたと言って非難し、それこそ学院にとって大きい損失になると言った。

翌朝、出勤してみると、仲間たちがたいへん興奮し、憤慨していた。そこで、わたしは少々軽率なことをしたが、後悔していません。つまりすぐブローデルを電話で呼びだし、わたしの同僚たちのあいだにそんな騒ぎを起こさせるのは我慢できないと言った。われわれのあいだの信頼はそれで終わった。

ジャン-ピエール・ソワソンがあなたを守ってくれたのでしょう?

そうです。その後少し経って、ブローデルがソワソンに会い、学院はその使命を果たせなくなったので、学院の研究センターすべてを人間科学会館へ移してはどうかと言った。それはわれわれに教育的機能だけを残してわれわれを抹殺することになるでしょう、というのも学院の意義そのものが教育-研究の共存だったからです。ソワソンは拒絶した、そしてそのことをわたしに知らせてくれた。

フェルナン・ブローデルの管理・運営的遺産

ブローデルは管理・運営能力に乏しかったのですか。

かれは難しい遺産を残した、つまり校舎に関する問題をわたしも解決できなかった。結局、フランソワ・フュレがうまく現状に回復させることができたが、まだ完全ではない。だから教室もなかったし、高等教育省も教室を借り上げるのにきわめて不充分な予算しか割り当てなかった。ブローデルはいくつかの場所に教室を見つけたが、もっとも困難だったのはトゥルノン通りの建物だった。賃貸料は時価並みとはいえ、所有者のひどい要求で、極端に値上がりしていた。われわれは高等教育省の補助金と比べて、あまりにもたくさんの家賃不足分を見つけなければならなかった。われわれはわれわれの出版物の収益の一部でそれを支払っていた。だが出版も文部省から助成金を受けていたから、再投入するか、国へ返済しなければならなかった。かれの誠実さは絶対に問題にならなかったが、その資金はマルク・ブロック協会（一九〇一年型の協会）を経由していたから、学院の科長——わたしもその後をついで科長になったが——はその協会長でもあったので、科長として個人的に責任があった。公金使用を国に依存しない出費に当てることは長いあいだ黙認されてきたが、そうでなくなった。一九七〇年代はちょうど行政上の曲がり角に来ていて、ブローデルはその変化の現実が信じられなかったようです。

つけ加えるなら、ブローデルは、不法な手段による支出に頼るのを不満とし、学院にとって根本的な支出に依らねばならないと思っていた。それで完全にかれを許せると思われる。かれは立派な校舎、つまり主として、トゥルノン通りのすばらしい建物の部屋を、目玉が飛び出るほどの値段で借りた。

その大変な費用があなたを個人的な窮地に追い込んだのでしょう?

そうです。トゥルノン通りについて言えば、その校舎を廃止しようと思ったが、それができなかった。高等教育省もパリ大学区長もぐずぐずしていた。そしてわたしが五年経って学長職をしりぞいたときも、まだその件が懸案事項になっていて、解決されなかったが、おかげでわたしと後任者フランソワ・フュレは会計検査院へ出頭させられることになった。検査院の監査があったのです、それは当然のことですが、われわれの問題については容赦なく厳しかった。

フュレとわたしは告訴された。われわれは「事実上の会計官」にされた、それは重大なことです、なぜなら判決で基本刑として五千フランの罰金を申し渡されたから。しかしそれでわれわれは大いに満足した、なぜなら学院への激賞が含まれていたからです。会計検査院の判決は大いに情状酌量を認めた、とくにそのような状況を招いた最初の責任者がブローデルであることが明らかであり、またブローデルは、そのようなタイプの行政上の違反にはしばらく間をおいてから措置される特赦によって告訴されなかった。

そのような条件で、高等教育省がわれわれに対して強く要望したこと――強制する権利がなかったから――は、マルク・ブロック協会の解散であり、わたしも全面的に賛成したので、フランソワ・フュレがおこなった。そこで、一九〇一年の法令で設立された最初の協会とはまったく違った新しい協会が誕生した。それは社会科学高等研究学院の研究の普及に貢献している。

地方の社会科学学院

地方ではどのような状況ですか、またどのようにしてマルセイユに学院が創立されたのですか。

そのことは一九七五年の新しい規定で、はっきり述べられています、つまりこの学院は国立であり、したがってパリだけでなく、地方にも分校を創立できます。問題はやはり校舎のことです。ラスパイユ大通りにあるわれわれの校舎面積の拡張にともない、国土整備地方開発局から条件として、新しい校舎と、同様の活動ができるようなものを地方にも設立するように勧められた。

方々を当たってみたが、どこもうまくいかなかった。たとえばストラスブールでは計画が実らず、ブレストでは短期の進出が続かなかった。リヨンでは、限られた範囲で、ジャック・ステル（ローヌ県選出の代議士で、指導教授として一九八〇年の引退までゼミナールを開いていた）の支援をえて、ルイ・リュミエール大学と共同で中世考古学センターを発展させることができ、立派に機能している。トゥールーズでは、ミディ・ピレネー地方議会の議長アラン・サヴァリーの支援をえて、もっと重要な進出ができた。たとえば経済学、人類学、そしていまでは認識科学の各部門において研究が進められている。しかしマルセイユでは大成功だった、それはとくにマルク・バルビュのおかげであり、かれには本学の本部で地方進出の担当をお願いしたことがあり、さらにマルセイユ市長‐代議士ガストン・デフェールの支援のおかげでもある。

元学院本部スタッフ、指導教授マルク・バルビュの証言

わたしの提案で、マルセイユに大規模な進出をおこなうことが決定された、というのもわたしにはエクス‐アン‐プロヴァンス大学やマルセイユ大学に多くの友人がいたので、事が運びやすかった。とくに社会科学はエクス大学の文学部と法学部ですぐれていて、コレージュ・ド・フランスの将来の教授になる人材を養成している。マルセイユのほうはそれまで理学部と医学部があって、少し特殊だったが、エクス大学の大学人たちと協力できるが、かれらの争いに巻き込まれてはならない（ジョルジュ・デュビーはわたしにこう言ったことがある――「とにかく、エクス‐アン‐プロヴァンス大学へは行かないように」。

マルセイユ市長ガストン・デフェールは、マルセイユの中心街にある十七世紀のいかめしい救済院ヴィエイユ・シャリテという立派な建物を、内装の費用はわれわれの負担になるが、五十年間、無償で使ってもよいと快諾してくれた。そこで最初は仮の建物に落ち着き、一九八一年にヴィエイユ・シャリテへ移ることにした。ジャック・ル・ゴフの学長時代に大祝賀パーティーが開催されたことが思い出される、そのとき、ガストン・

デフェール、ジャン-ピエール・ソワソン、国立科学研究所所長、その他、多くの著名人らが再会した。

大学の各学部との共存共栄がはかられた。今日、マルセイユには法学部があり、文学部もやがて創設される。学院がそう言っています。教授陣は、その地域で新しいポストに選ばれてもよいし、またパリから来て、マルセイユで暮らしてくれる研究者から選んでもよい。わたしも、十年間ほど、パリとマルセイユのあいだを行き来していた。今日では、仕事がはじまり、順調にいっている。とくにジャン-クロード・パスロンの大きい社会学研究センターがあり、また学院とエクス大学とマルセイユ大学に共通した経済学センターがある。

わが学院の擁護者たち

しかし、あなたは行政当局のうちにおなじ擁護者を確保していたのでしょう?

そのとおりです。その時期を通じてわれわれはチャンスに恵まれた。すでに言ったようにジャン-ピエール・ソワソンときわめて親しい関係にあった。だがかれは一九七六年一月に大学関係の仕事をやめねばならなくなった(44)。

レイモン・バールが首相になったとき、かれの側近で重要な役目にいたジャン-クロード・カザノヴァがわれわれの面倒をみてくれた。

たとえば、アルジェリア戦争につづいて起こった出来事が思い出される。大学の同僚のひとりが首相に宛てた手紙で、われわれを弾劾していた、つまり学院が反愛国主義と軍役拒否の拠点だと言い、その理由としてとくにある同僚——ピエール・ヴィダル-ナケを名指しで非難していた——がイデオロギー的で政治的なゼミナールを担当しているので、ヴィダル-ナケとともに学院全体を重罪に処すべきだというのだった。その告発者はピエール・ヴィダル－ナケの授業、つまり専門分野として古代社会史と、かれが学院の外でおこなっている市民活動を混同していたのです。その点でも、告発者は見当違いをしていた。かつてソワソンがわたしに対するブローデルの動きを知らせるためにすぐ電話をくれたように、今度はカザノヴァがわたしを呼びだして、こう言った――「その手紙を読んだのはわたしです。それを首相にはわたしません、というのもかれの反応が目に見えるようですから。手紙は屑かごに捨てました。これをお伝えするのも、ただあなたがその話を聞かれる場合の用意のためです。何も心配は要りません。学院の外部の問題です」。

しかし一九七六年に、アリース・ソニエ－セイテが閣外大臣となり、ついで大学担当の大臣になったが、そのことで不安になったでしょう？

事実、彼女はわれわれ学院に対して好意的でなかったようです。今度も、すぐれた歴史家だが、学院や学究から遠ざかっていて、要職についていた友人が、アリース・ソニエ－セイテから任命された後に開かれた会議に出席したので、そのときの様子を知らせてくれた。この友人によれば、その会議の席上で、彼女はわれわれの学院に対して脅威的なことを述べたそうです。

この場合もまた、効果的な擁護を受けることができた――だれにでも、友情の組織網があるのですよ！ジスカール・デスタンのエリゼ宮の官房長補佐官イヴ・カナックはエコール・ノルマル・シュペリユール卒の若い歴史家で、わたしの教え子のひとりであり、きわめて頭がよかった。われわれは友人として親しい口をきいていた。わたしはすぐかれに電話し、でどころは言わないが、確かな情報として聞いた話を伝えた。かれは答えた――「心配しないで。すぐ、なんとかしますから」。二週間後、わたしはアリース・

ソニエ-セイテから招待をうけたので、会いに行くと、ひじょうに愛想が良かった。彼女は魅力的な大熱演を演じてくれた。そしてわたしを官房のスタッフに引き合わせながら、こう言った——「ル・ゴフ学長を紹介します。かれが学院のために希望していることをできるかぎりよろしく頼みますよ！」

そしてわたしが退出しようとしたら、彼女はこう言った——「分かっているでしょう。カナックさんはあなたが大好きですよ！」かくて、フランスにおける研究と教育の領域でわれわれの学院の魅力と重要性を理解し、また学院が左翼的な位置にいながらも、その機能を果たし、政治的役割を演じていないことが了解されたのです。わたしはイヴ・カナックに感謝したい、というのもかれがジスカール・デスタンに与えた助言が聡明で誠実だったからです、それに反してポンピドゥー大統領時代にはひどくうるさい助言者らがいたのですが……つけ加えるなら、わたしが国立科学研究所から金メダルをもらったとき、アリース・ソニエ-セイテから好意に満ちた祝辞の手紙をもらい、大いに感激した。彼女は学院の邪魔をするようなことはまったくしなかった。だから彼女も学院の存在意義を理解してくれたと思われる。

人間科学会館

あの会館はフェルナン・ブローデルの発意で創設されたのでしょう?

思い起こせば、人間科学会館は一九六五年にフェルナン・ブローデルと、当時、すばらしいアイディアの持ち主だったクレマン・エレールの発意で創設された。つまり人間・社会科学の研究者を招待したり、シンポジウムを開催する目的に当てられた。というのもその種のイベントをおこなうには、たんに大学の枠内、あるいは高等研究学院でも難しく、不可能でもあった。そのわけは行政的柔軟性がなく、また予算も不足していたからです。

ブローデルにとって、会館は補助的機能、学会活動、重要な機関を確保し、研究者を招き、研究と交流を促進し、また関係と影響力の組織網を維持することができた。しかもその施設では引退も問題ではなく、定年制もありません。

その施設は政府内からひどい攻撃を受けたのでしょう?

そうです、とくにドゴール派からです。人間科学会館の活動予算の一割弱がロックフェラー財団から来ていたので、それだけでアメリカ中央情報局の拠点と見なされました。

わたしが職務に就いたとき、ジョルジュ・ポンピドゥーへのある協力者は、はっきりそう言ってはばからなかったが、証拠のない非難だと言った(「そのようなことは証明できないじゃないか!」と言ったのです)、だからそのような非難はポスト・ドゴール派の反アメリカ的幻想だと思われ、ますますクレマン・エレールを手元に置いておこうという決心を固めました。

学院と人間科学会館はどんな関係だったのですか。

人間科学会館はきわめて柔軟な設立規定を定め、本質的には人間科学と社会科学の領域において外国との学術交流のために存在します。

会館は招待状を送り、旅費を支弁し、シンポジウムを開催したが、講義も、ゼミナールも、研究センターも含んでいなかった。たとえばフランスの社会科学研究全体、とくにわれわれの学院には大いに役立った。だから学院とこの施設は共存共栄するように心がけねばならなかった。

その点では、事態は心配されたほど悪くは進展しなかった、なぜならエレールが賢明だったから、学院と施設がうまく歩調を合わせ、したがってわたしの後任者フランソワ・フュレの時期にも、ふたつの施設を入れた会館内でうまくいった、そしてブローデルは一九八五年に亡くなるまで施設の財団の理事にとどまった。

ブローデルは学院と財団施設の合併を願ったのではないですか。

そうではありません。かれがソワソンに提案したのは学院の研究センターを財団施設に移すことでした。その合併は不可能だった。実際、ふたつの組織は制度的観点から見て、まったく異なっています。一方は半ば私的な施設であり、財団だったし、われわれのほうは一九八三年の改正規定によって大きな施設になっていました。われわれから活力を奪い、実体を喪失させ、講義とゼミナールだけを担当させ、研究に結びつけないようにすることだったからですが、研究こそわれわれにとっては本質的なものでした。しかもその計画は、一方では、高等教育省から拒否され、他方、エレールが賢明にも、最後的にブローデルを説得したから、実現しなかったのです。

最後に、学院と財団施設は共存しました。一九七五年の校舎使用協定はどのように運営されましたか。

われわれが会館に落ちついたとき、かなりきびしい緊張の時期があった。ソワソンはきわめて反ブローデル的だったので、財団施設には九階建てのうち、せいぜいふたつのフロアーしか残したくなかった（だが二階は会館の立派な図書館になっていて、われわれもよく利用させてもらった）、そして残りのフロアーをすべてわれわれに与えようとした。それがわれわれに有利でないはずがなかった、しかしわれわれが会館側とよい関係にあることだけでなく、われわれも会館と共存するほうが得策であり、重要だと思われた。その話し合いのあとで、財団施設には四階（図書館も含めて）、残りの五階が学院に当てられることに決まった。会館にはあまり広いスペースは無用ですが、フェルナン・ブローデルには自尊心の問題があった。だからうまく協調しあってこの妥協に落ちついた。最近になって対立が生じたとはいえ、ブローデルを侮辱するのはよくないように思われる。

それではクレマン・エレールが人間科学会館において重要な役割を演じたことになりますね？

本質的な役割です。かれは学院の本部を去ったとき、人間科学会館の事務局長に任命された。かれは複雑だが、魅力的な人物であり、知的活動をあらわす学術交流の組織についてはまことに熱心であり、かれにとって、学院と親密にすることは、われわれにとってかれと会館と親密になるのとおなじく重要だった。かれの驚くほど豊かな知性は、飽くことを知らない読書家としての広い教養と、情熱的な音楽趣味の感受性をはぐくんでいた。

学院と財団施設とは密接な関係で機能している。外国の学者仲間を共同で招待することが多い。だから、たとえば学院が二カ月間の招待をし、そのひとがわれわれのところで二回のゼミナールをするなら、人間科学会館ではおなじ人を一カ月間、招待をするか、あるいはそのひとはたんに会合に参加したり、自分の研究をしたりできる。わたし自身もその財団から旅費をもらってインドへ二度行ったことがあります。

シュジェ会館とはなんですか。

それはクレマン・エレールの最後の仕事です。まさに天才的な働きで、パリ第六区で、リセ、フェヌロン校の近くにあるシュジェ通りに面した建物を手に入れ、それを外国人招待者用のゲスト・ハウスにしたのです。それは見事な建築であり、場所もよく、どの部屋も完全に設備されている。それはアメリカ、イギリス、ドイツの最高のものに匹敵します。それはわれわれにはできなかったことです、なぜならわれわれの行政的構造が固く、資金も足らないので、不可能なことです。それにしても、もし学院が招待者のために間接的に会館の恩恵を受けられないなら、なんの意味もなくなるでしょう。

それでエレールがブローデルの後任者になったのですか。

そうです。フェルナン・ブローデルが一九八五年に亡くなったとき、エレールは、学院の支持をえて、理事会で後任者に選ばれた。次いで、一九九二年、かれは半身麻痺にかかり、辞職して、ローザンヌに引退した。わたしはまだお見舞いに行きたい気持を果たせないでいる。モリス・エマールがわれわれの承認をえて、会館の理事に選ばれた。かれは立派な歴史家であり、われわれのところの指導教授であり、フェルナン・ブローデルの側近だったが、わたしの親友でもある。

学長の終わりと、フランソワ・フュレの学長就任

一九七七年九月、あなたは学長職をしりぞいて、フランソワ・フュレが後任者になったのでしょう?

そのとき、わたしが決めていた五年の任期は終わった。ごくあっさり、われわれはフランソワ・フュレを後任に選んだ、というのもかれはすでに非常に名声を博していて、ルジエロ・ロマノ、次いでエマニュエル・ル・ロワ・ラデュリにつづいてわが歴史研究センター長になっていたから、かれが選出されて欲し

いと願っていた。わたしは会議に圧力をかけなかった、それはフランソワ・フュレも、わたしも望んでいなかった。三十ばかりある研究センターのうち、はじめのいくつかはリュシアン・フェーヴル、とくにフェルナン・ブローデルがつくり、その後、増えていったが、歴史研究センターは、そこで仕事をする人数——およそ八十名、その中には国立科学研究所の研究者らも混じっている——とともに、学院の学術的環境や影響力の上で現在まで果たしてきた地位の点から見ても、きわめて重要なセンターです。フュレはそのセンターを非常に効果的に運営した、その後も同様に、かれは最近退職するまで、レイモン・アロンが退職してから学院で創設したレイモン・アロン研究所の所長になった。

われわれふたりとも学長で、退官者だが(かれは定年前に退官し、シカゴ大学で教鞭を執っている)、あつい友情で結ばれている。わたしはこの学院を去ったという感じがしない、それほど学院から恩恵を受け、また学院を愛しているから、いまでも歓迎してくれ、わたしが希望すれば授業もできます。学院のことを思い、親しい友人の多い同僚たちのことを思うと、わたしは本能的に学院を「われわれ」と呼びつづけています。

今日、われわれは認められ、他のいかなる機関よりも重要で、必要な地位を占めている。しかし、そのような根本的な独創性でも、たえず保護勢力、政府、高等教育省の変化が起こるたびに脅かされる。しかしわれわれに迫害を加えることはますます難しくなっている。だがわれわれはまだ、最適な持続速度ではなく、危険も危機もない制度的不動の状況には到達していない。つまりわれわれは警戒を怠ってはならず、眠り込んでもならない。一般の大学の存在は安定しているが、われわれの学院は、われわれの研究業績や教育や権威や影響力でたえず正当化されなければならない。フランスでの研究全体にとっては、われわれの研究や教育だけではなく、国際交流の重要性も本質的です、つまりわれわれは外国の研究者や教師を受け入れるとともに、講演や学会のためにしばしば出張します。われわれの学院が研究の伝播に尽くすのは社会科学の分野においてであり、その領域において、一般の大学、フランス国立科学研究所、その他、多くの研究機関とわが学院との連携は発展してやまない。

7 新しい歴史学の使命

『アナール』誌の共同主宰（一九六九年）

『アナール』誌の話にもどりましょう。幾年も前に、フェルナン・ブローデルがどのようにして後継者と仕事を分担したか、思い出せますか。

それは一九六九年のことです。フェルナン・ブローデルは一九六八年のショックを深く受けていたので、まだ立ち直っていなかった。一方、それから三年後には七十歳になるので、コレージュ・ド・フランスでも高等研究学院でも退官のことが問題になるだろうと予想していた。そのころ、かれは後任者を決めようと思った。リュシアン・フェーヴルのときとは大変事情が変わっていた。当時、ブローデルはフェーヴルの遺産の全部を受けつぎ、それを発展させた。今度は、かれは自分の仕事と権限を後継者たちと共有しようと思った。

教育の面では、二人の後任者がいた、つまり高等研究学院では、すでに説明したように、かれは任期延長をむなしく願ったが、わたしが一九七二年に入れ代わった。またコレージュ・ド・フランスでは、エマニュエル・ル・ロワ・ラデュリが後任として一九七三年に近代文明史講座の主任教授に選ばれた。

残ったのは『アナール』誌の問題だった。おなじく一九六九年に、フェルナン・ブローデルは主宰のポストから退きたいと言った、ただしまだ執筆をつづけ、知的にも学術的にも働きたかった。かれはもっぱら自分の仕事に専念し、この雑誌をもっと若く、信頼できる歴史家たちに任せたいと願った。そこでわれわれ二人、エマニュエル・ル・ルワ・ラデュリとわたしに主宰を依頼してきた。われわれ二人が性格も違い、おなじ時代を専門にしていないが、われわれが親友であり、その友情が揺らがないと知っていた。こうして一人の主宰のポストに今後はカップルの主宰で、かれがひとりで主宰していた思い出をいっそう輝かすことになります。

そこでマルク・フェローのポストが問題になったのですね？

ブローデルはわれわれに決定を一任した。かれはフェローが好きだったが、われわれにかれを押しつけるつもりはなかった。しかしわれわれは、はっきり決めていた。フェローを三人目の主宰者にするようにした。かくてわれわれのカップルは三人組になった。(45)

それで正しかった。まず、フェローは、だれにも寛大で、親切で、融通が利いたから、すべての人から好かれていた。次に、一九六四年のロベール・マンドルーが去ってから、フェローは正式に『アナール』誌の編集者になっていて、ブローデルに協力して実質的にその雑誌を主宰していた、というのもブローデルから雑誌の全般的な編集方針を任され、ときには掲載したい論文を選んでくることもあった。それほど『アナール』に貢献し、またわれわれとおなじ年代でもある者がわれわれの配下になるのはまったく異常だったでしょう。

マルク・フェローが『アナール』派の歴史家だったと言えますか。

かれは完璧な歴史家で、『アナール』の精神を完全に理解していた。立派に満たされた経歴は注目に値するし、そのことは、頼まれて書いた『フェロー記念論文集』序文[46]において書きました。コルフ島からやってきたユダヤ教徒で銀行に勤めていた父をもち、一九二五年に生まれたが、かれがまだ五歳のときに父を失って、かれの青春時代は苦労を重ねた。かれの母は戦争の犠牲になり、強制収容所へ送られたまま、もどらなかった。若いマルクのほうはグルノーブルに隠れ、レジスタンス運動に参加する。かれはヴェルコール山中のマキの生存者の一人であり、リヨン解放戦では「フランス国内兵」に加わる。

戦後、フェローは若い教師として社会参加を果たす、つまりフェルナン・ブローデルより二十歳若いマルクはアルジェリアのもう一方の端にあるオラン市のリセの教授になります。歴史家としての明晰さと、人間的寛容さからヨーロッパ人とイスラム教徒の対話の必要性を理解する最初のひとりであり、まれに見るひとりであり、一九五五年に自由主義的グループ「アルジェリア友好協会」に加入する。

次いで、かれはパリにもどり、リセ、ロダン校の教授に任命され、当時の歴史教育界で、あまりにもかけ離れ、相反するという評判の二人の師から同時に可愛がられるという奇妙なことになる、つまり後でかれが語っている[47]ように、かれの人生はピエール・ルヌヴァンとフェルナン・ブローデルに負うところが大きい。前者のおかげで、かれは国立科学研究所へ移り、そこに四年間いて、ロシア研究、次いでソ連研究を志すことになる[48]。後者のおかげで、かれは一九四六年以来、感心するほど熱心に後者の講義を聴いた。それから一九六四年に、ブローデルはかれを『アナール』誌の主宰補佐にし、一九六九年には、高等研究専門学院第六部門の指導教授の選出に力をかし、一九九三年にブローデルが退官してからもおなじ学院で活動を続ける。フェローの話では、要するに、かれの歴史学はルヌヴァンのほうに似ているが、かれがもっとも尊敬する人物はブローデルです。「わたしに絶えず歴史について反省させてくれたのはブローデルです」とかれは思いだしている。かれはブローデルに対して無条件に真の崇拝者だった。その後、われわれとブローデルとの関係が厳しくなったときでも、かれはわれわれの友人でありながらも、ブローデルを弁護し、いつもかれの味方をした。これこそ、真の忠実な弟子だった。

マルク・フェローはロシアとソ連の研究と並行して、『大戦』という総合的大作を著し、また長い時代を扱う優秀な弟子として、『植民地化の歴史』を書き、十三世紀の最初の征服から二十世紀の独立までの時代を論じている。(49)

かれはとくに『ペタン』の著者であり、一九八七年にその本はかなりよく売れたが(50)、その中でかれは客観的であるとともに興奮を見事に抑えている。かれはペタンを憎むわけがいくらあっても、そのペタンを正当に扱うことができるということを示そうとした。それは確かに弁護論ではないが、まして弾劾論でもない。人物が憎むべき存在に見えるには、客観的に描かれるだけでよい、と言ったはずです。

さらにつけ加えなければならないのは、マルク・フェローの活動のひとつが、映画やテレビを通じて歴史家的な見方をマスメディアの発達に適用する能力があったためでしょう。そこから映画と歴史(51)の関係についていくつかの方法論的作品が生まれ、映画人として豊富な経験が展開されている。

マルク・フェローは「歴史と並行して」というテレビ放送で、一般視聴者のあいだで好評を博しています。それはどうやら『アナール』派のタイプではなく、アラン・ドコー以来、だれもフェローほど、テレビにおける歴史の語り方を一新できなかったからでしょう。

その毎週の放送は五年も続き、第二次世界大戦の期間とおなじです。やり方はかんたんです、つまり各国の古い時事問題と対話者としての歴史家や重要な証人が現れ、フェローが司会者として適当な質問をする。一九九五年九月に、日本の敗戦五十周年記念のあとで、放送は方式を変更し、今度はテーマ形式で続けるらしい、そして戦後の各世相を扱うことになります。

新しい『アナール』誌

フェルナン・ブローデルは、かなり早く『アナール』誌の新しいスタッフから離れていったのですか。

かれは一九六九年、われわれ三人にその雑誌の主宰を一任したとき、こうはっきり言った――「もう雑誌にはまったく関わらないようにします。あなたたちが主宰者です。自由にやってください、わたしは干渉しませんから」。そう言って、かれは約束を守った。

雰囲気は一九七三年までは牧歌的に気楽だったが、その年に、学院の元科長と新しい学長になったわたしとのあいだで関係が悪化した。その決裂の影響は当然、雑誌の面でも現れた。たとえば、毎週、ブローデルが人間科学会館に来ると、しばらく『アナール』の事務室で過ごし、新しいスタッフが望んでいた方針に対していやみを言い――後で述べるように特集号の問題について――、またわれわれ各自の役割をきまって批判するのだった。それ以上のことはあまり文句をつけなかった。

その雑誌の事務はだれが担当したのですか。

さっそく、われわれは教育や個人的な研究の仕事があるので、『アナール』誌に直接関わる暇がないと分かった。われわれにも事務を担当してくれる人が必要だった。マルク・フェローには頼めなかった、というのもかれはわれわれの合意の上で共同主宰者になっていて、たとえかれがその仕事を引き受けてもよいと言ってくれても、かれには著作の仕事があり、幾年かつとめた事務の仕事を果たすことは不可能に思われた。ちょうどそのとき、フランソワ・フュレがアンドレ・ビュルギエールを推薦したので、かれに新しい『アナール』と呼ぶべきものの事務を担当してもらうことにしました。

それは重労働であり、多くの人がその仕事に長くとどまれなかったように思われますが。

実際、その仕事はきわて忙しかった。著者との関係を確保し、雑誌の編集方針の決定に参加し、論文を読まねばならなかった。しかしその面で、われわれはリュシアン・フェーヴルやフェルナン・ブローデルのときのようなリライトの仕事に煩わされないように決めた。たとえば、ある論文の構成、あるいは構文について不適切だと思われるなら、今後は作者自身に書き直してもらうことにした。時間のかかる一部修正が多くの論文で必要だった。

要するに、編集者はすぐ疲れ果てた。まず、アンドレ・ビュルギエールも二、三年経つと、代わってほしいと言ってきた。長いあいだ、雑誌の本質的な歯車の役を果たしてきた編集者が去ると、われわれはその役目を共同主宰者の一人がその任に当たることにした。われわれは四人になり、次いで五人になり、さらに増えていった。こうしてアンドレ・ビュルギエール、ジャック・ルヴェル、リュセット・ヴァランシ、ベルナール・ルプティ、そしてピエール・スイリー、というように、ますます期間を短くし、空白をうめるようにして——最後のころは三年間——、それぞれ共同主宰者が担当した、いずれもすばらしい歴史家たちだった。立派な有力者たちだったが、運営委員会の人数が多くなって、ますます効率が悪くなった。

長いあいだ、主宰は歴史家だけに限られていました。それが最近になって、あなたはほかの社会科学の専門家たちにも入ってもらうように決定しましたね。

一九九四年に、われわれは新しい解決に合意した。いわば「やせる」代わりに、運営委員会のわれわれは太ることに決め、歴史家だけにかぎらず、各種の社会科学の専門家たちに協力を頼んだ。たとえば民族学者ジョスリーヌ・ダカリア、経済学者アンドレ・オルレアン、法学者ローラン・テヴノーに呼びかけた。歴史家は一人しか呼ばなかったが、その人物は国立科学研究所で研究をしていたドイツ人の同僚であり、近しい関係にあったミハエル・ヴェルナーだった。かれはわれわれにドイツのみならず、ヨーロッパの一部への視野を広げてくれた。またわれわれに違った視点をもたらした。それが今日の『アナール』の運営委員会であり、新しい学際化を追求している。

それでは『アナール』の運営は、あなたにとってたいへん忙しい仕事になるでしょう。

われわれは毎月、半日の会議を開きます、そしてわたしは、外国出張のときを除いて毎回会議に出席します。会議に出席するには、各自が前回の会議以後に持ち込まれた論文の原稿すべてに目を通しておく必要がある、それでたっぷり一日はかかる。だから、全体で毎月、一日半になる。わたしは大いに努力していて、何年も前からその仕事で、多くの友人に再会することになるが、残念なことにエマニュエル・ラデュリは雑誌の主宰から離れた、ただ、しばらくのあいだということだった、というのもかれはパリ国立図書館の館長に任命されたからです。(52)

新しい方式への疑義

新しい『アナール』に対する疑義を指摘しなければなりません、とくにジョルジュ・デュビーの疑義があります。

ジョルジュ・デュビーの学位論文は、それを読んだすべての中世史研究者とおなじく、それが出版されたとき[53]、強烈な印象を受けた。それからしばらくして、ジョルジュ・デュビーに会う機会があった。かれとその妻アンドレはハンカとわたしにとって非常に親しい友だちになった。わたしはジョルジュ・デュビーにそれほど大きい借りがないと言うべきでしょう、なぜならわれわれのあいだにはわずかしか年齢の差がなかったからで、かれは、わたしにとって厳密な意味で師ではなかった。しかしたいていのかれの本や、かれの歴史的考察はわたしにとって手本になり、またかれの文章は堂々たる作家のものです。

とくにブヴィーヌの戦いに関するかれの本[54]を尊敬している。『アナール』において古い史実として片づけられていた事件の再導入に見事に成功していると思われる。少し平凡ながら、ジュルジュ・デュビーによってすばらしく活写されたその「事件は氷山の一角であり」、戦争という現象の見地から、象徴性の見地から、社会的、政治的見地から、全体的で構成的な視野において、ブヴィーヌの事件に帰着する歴史の厚み全体を見事に証明しました。

ジュルジュ・デュビーがブローデル以後の『アナール』の進化にあまり好意をもっていないことは分かっている。かれは民族学的、人類学的な方向に対して興味がなく、沈黙している。「史的人類学」という言い方も、その内容もかれの関心をひかない。一九六〇年代のロベール・マンドルーとおなじころ、かれは「歴史的精神性」の定義と導入では重要な役割を演じた。その代わりに、かれはエマニュエルとわたしが少し伝統的であっても、いい言葉が見つからないので「大衆文化」という呼び方で提案しているものにも魅力を感じていない。そのころから、おたがいに友人でありながらも、疎遠な関係になっている。わたしはつねにかれを尊敬してきた。そして友情もわたしには大事だから、依然として続いている。奥さんのアンドレー・デュビーに対しては申し訳ないことをした。というのも彼女は十三世紀はじめのきわめて美しいテキスト資料、ドイツのシトー会修道士セゼール・フォン・ハイシュテルバッハ作『奇跡の対話』に関して実に立派な仕事をしていて、その最初の草稿を見て欲しいと言って送ってきましたが、それを本に仕上げるまでに急いで読む暇がなかった。ここで、そのお詫びを申し上げたい。

つけ加えるべきなのは、コレージュ・ド・フランスでのジョルジュ・デュビーの中世史における女性についての講義はまったく流行にのらず、長い間の計画と歴史的重要性に富んだ先駆者的調査の結実だったことです[55]。

たいへん議論の的になった特集号の問題はどうなりましたか。

フェルナン・ブローデルにとって、新しい『アナール』はその本質的な伝統と絶縁していた、たとえば総合性を求めるとともに、各問題についてそれを生じさせた社会的現実全体を再構成しようとしていることだけでも明らかだと見なされる[56]。

そこで、特集号の問題も、マルク・ブロックとリュシアン・フェーヴルの伝統を守ろうとするブローデルから見れば異端的だと思われた。しかし実際には、その特集号は歴史学的領域の枯渇であるどころか、ブロックとフェーヴルが初期の『アナール』において提示した調査の発展のようなものとして考えだされた。特集号は、多くの道を開拓し、欠落を指摘し、近い将来に興味ある発展を招く根本的なキーとなるべきテーマに向かう研究を方向づけるためのものでした。

とくに、一九六九年の「歴史学と生物学」と題する特集の第一号は、ビラバン博士に協力を願ったものであり、かれは完全にその役割を果たした。それ以来、疾病の歴史や体《からだ》について、多くの興味ある研究が進んだ。医学者や科学者や生物学者が、歴史的視野において血液型に関する重要な研究論文を雑誌に寄せた。

もう一つの例は、あまりにも大きな反響を呼んだので有名になったが、それは「都市化」という特集であり、それは学際的なテーマに集中していたので、社会史家、都市計画者、経済学者、文化と宗教の専門家、その他の人々の興味をひいた。

これら特集号は、『アナール』誌運営委員会のスタッフであろうと、ただ一人の歴史家に決してすべてが一任されなかった。われわれのうちのだれか、あるいは雑誌の運営委員会の外部の歴史家に特集号、あるいは特集号の一部分の編集を依頼することがあったし、またありうることです。しかし問題の特集を共同で実現するための共同的な熱意がつねに必要でした。

特集号は多少とも成功し、ほとんどすべてがこの雑誌の普通号よりよく売れた。われわれにとっては財政のことは問題でなかった、というのも雑誌にかかる費用は予算にみあって学院の助成金を当てにすることができたからです。むしろわれわれの関心は特集号を機会に、新しい購読者を引きつけ、増やすことです。しかし最近になって、この特集号の是非について意見が分かれた。われわれのうちのある者たちは雑誌が中断するのを心配した。そこで妥協が成立した、つまり雑誌の一部分だけを同一のテーマに提供するというのだった。たとえば外国文化の歴史家との対話を入れる機会として「日本歴史」の特集をしたばかりです。「笑い」というテーマで特集することも準備している、というのもそのテーマがとくにわたしの興味をひき、書いてみたいと思っているからです。それもやはり学際的なテーマであり、ミシェル・フーコーなら冒険的で、危険なテーマだと言ったでしょう。それがわれわれの気に入っていることです、なぜなら既成の雑誌が安泰を気遣っているのに対して、『アナール』誌の変わらない長所としての冒険性を歴史研究に復活させるからです。

『アナール』誌の危機について話してくださいませんか。

もちろん、『アナール』は攻撃を受けたし、いまでも受けています。われわれは刷新が必要だと意識しているが、もしこの雑誌が危機に臨んでいるなら、それはまた社会科学そのものが危機にあるからであり、そこからどうして抜け出せるか分からないからです。われわれはできるだけ第一線にいて、その危機から脱出する手だてに貢献しなければならない。歴史家は予言者ではないが、歴史家として、いっそう未来に関心を持つべきです。われわれの雑誌は、たとえ歴史家がある程度、理論的形成をおこなうために実践を遂行しなければならないと考えても、やはり本当には理論的雑誌ではない。『アナール』誌には、つねにそれなりの役割があり、その役割に忠実になるためには、いかに変化しなければならないかを知ることは充分に刺激的です。要するに、一般に雑誌の方針――それは共同のものであり、それでいっそうよいのですが――知的な冒険であり、それがわたしの好むところです。

歴史家の領域の拡大

その新しい『アナール』誌は歴史と他の社会科学との対話の追求ということになったのですか。

それは『アナール』の独創性のひとつであり、マルク・ブロックとリュシアン・フェーヴルによって創刊され、、続いてフェルナン・ブローデルに受けつがれてきて、とくに経済と社会学と地理学との対話を心がけてきました。それに反して、民族学はかれら創設者の時代の雑誌にはあまり現れていなかった。かれらはその学問をほとんど無視した、というのもヨーロッパの民族学はかれらから見て、民俗研究であって、それはかれらの時代には立派な科学になっていなかったからです。民俗学者は民話愛好者と見なされていた。また異国的民族学は「歴史を持たない(57)」国民の研究ではなかったでしょうか。だから一九六九年に、フェルナン・ブローデルが『アナール』誌の運営をわれわれに託したとき、われわれは民族学を導入しようと努めた、というのもわれわれは本質的に歴史家であり、同時に民族‐歴史学、さらにそれよりははるかに普遍的なアプローチとして史的人類学を学んでいます。それこそ、常にさまざまな学問の柵を越えて視野をひろげようとする歴史家の最良の対話者です。

そこで、あなたは史的人類学の発展に寄与されている。

われわれはその方針を強調しようとした、またそれは一九七二年にわたしが学院の科長に選ばれたときであり、『アナール』の共同主宰者になって三年目であり、われわれが教育の大部分をそのような計画のもとに再編成をしようと自分で提議したときです。そのような傾向は、当時、中心的人物だったアンドレ・ビュルギエールがその問題に深く取り組んだので、いっそう優勢になった。史的人類学は歴史のうちに人間全体、身体も心も、その物質的、生物的、感情的、精神的生活において把握しようとするものです。

われわれの資料も変化することになる、たとえばテキスト資料をはじめ、言葉や身ぶり手ぶりもその機能と年代的進化において研究される重要なものになります。

その領域において、わたしは二十年来、ある若い歴史家とともに思索し、研究してきました、というのもかれは親友のひとりで、ジャン＝クロード・シュミットと言い、一流の著書を著した、つまり『中世西洋における身ぶり手ぶりの意味』と『中世社会における幽霊』[58]です。かれといっしょに学院の歴史研究センターの中に中世西洋の史的人類学研究グループを発足させた。かれはいま、中世社会・文化におけるイメージに関する先駆的研究グループを指導している。

ゼミナールや研究グループに参加されましたか。

友人ロベール・フィリップ[59]とともに、われわれはまず、ゼミナールを開き、相互補完的で、知的、友情的協力において、われわれふたりがそれぞれある程度詳しい両分野から、たがいの知識と視点をつき合わせた。

かれのほうは技術、とくに風車のような動力生産技術の歴史であり——かれ自身、製粉業者の息子です——、その社会的、文化的、想像的局面を示した。中世において、粉屋は象徴的人物であり、嫌われることが多かった。風車自体は夢のような存在だった、というのも西洋の最初の機械だったから。

あなたは民族学者と親密な関係がありましたか。

わたしは民族学者と付き合い始めた、たとえば高等研究学院の学者や民間芸術・伝統博物館と関係のある人々です、だからその博物館長ジャン・キュイザンティエはわたしを『フランス民族学』誌の運営委員会に入れてくれるほどの好意を示してくれた。たっぷり十年にわたって、わたしはその委員会に規則正しく出席した。こうして多くの非常にすぐれた民俗学者、たとえばポール・ドラリュー、舞踊つまり全般的に民俗芸能の立派な専門家ジャン・ミシェル・ギルシェらに企画された『フランス民話集』という大変な編集を続けているマリー＝ルイーズ・トゥネーズ、またドナティアン・ローランという碩学で、民間伝承、とくにブルターニュ地方の文学の歴史家で、エルサール・ド・ラ・ヴィルマルケの名著『バルザズ・ブレーズ』〔ブルターニュ地方の民謡集〕の著者に関するすぐれた学位論文を書いた人らが好意を寄せてくれて、幾年来、わたしのゼミナールに参加し、熱心に意見の交換をおこなってくれた。

そこであなたは聖者物語や聖者伝や、あの世の旅などにおいて専門家になったのですね？

わたしとしては、ロベール・フィリップとの交流のおかげで、民族学的性格を示す証言に関心をもつようになった。たとえば、かなり早く二種のテキスト資料、つまり一方では聖者伝、他方では民俗学的な多くの要素を含む伝説物語です。そこでわたしはキリスト教会文化と民俗文化との関係で好評を博した論文のうち、二編、つまり「パリの聖マルセルと龍」および「メロヴィング王朝文明における教会文化と民俗的伝統」(60)を書いた。そのようにわたしは、必要に応じて、中世中期から離れることも好きです。

他方、あの世への旅物語を研究したが、これは紀元はじめごろにユダヤ‐キリスト教的黙示文学にはじまり、中世キリスト教的文学において発達した。これらの物語は、あるときは実際的な旅として、またあるときは夢の旅として大天使または聖者に導かれてあの世を旅する話ですが、もちろん一方では楽園のもっとも主要な部分や、他方、地獄が省かれています、つまり現世の最後、最後の審判のときでなければ選ばれるか落とされるか分からない。[61]

もっぱら一九六二年からテキストの分析研究に当てられたわたしのゼミナールにおいて、それらのテキスト資料を研究したとき、わたしは煉獄に出会った、それが後に改めて書く機会ができるとき、独特の本になります。

最後に、社会の発展と権力を、修道院や教会の鐘から都会の鐘にいたる時の測定に関連づけようと試みました。そこから「中世における教会の時と商人の時[62]」という論文が生まれた。

あなたはほかの歴史家たちと共同で論文をつくることが多いですか。

たとえばエマニュエル・ル・ロワ・ラデュリと共同で「母であり、開拓者であるメリュジーヌ[63]」という論文を書いたことがあります。その妖精は封建時代の典型であり、農地開拓と、城や都市の建設という大事業を象徴し、活気づける存在であり、またリュジニャン家に乗っとられた家系の妖精です。

そのような共同研究はたいへん刺激的であり、異なる時代を研究する異なった二人の歴史家が共通の問題性に取り組むことはこの上ない喜びだった。

もうひとつ、ピエール・ヴィダル-ナケと共同で研究したことがある。かれは古代ギリシア史家で、またとくに名著『黒い猟師[64]』の著者であり、その書で、アテナイの青年軍事教育が、すべて狩猟、森林とその周辺でおこなわれたと述べられている。われわれはレヴィ-ストロース的な解読の仕方で、クレティアン・ド・トロワの『イヴァン、または獅子の騎士』の中心的挿話、つまりイヴァンの狂気の解釈を書き、偉大な人類学者に敬意を表して「プロセリアンド森のレヴィ-ストロース」[65]という題をつけた。

ピエール・ヴィダル-ナケとわたしの最初の出会いはアルジェリア戦争のときの市民参加がきっかけでした。わたしのほうはとるに足らない、微力の闘士で、あまり危険もおかさず、オーダン委員長の勇ましい闘志にすっかり惚れこんでいた。そのような状況において、われわれは親しい仲間になり、かれの考えやかれの専門的な歴史研究について話を聞き、その初期の論文を読むようになり、そしてわれわれの学術的な関心事にかなり深い親近性のあることが分かった。かれは、かつてブローデルが史的人類学の模範だと教えてくれたルイ・ジェルネを本当に発見させてくれた。ヴィダル-ナケのおかげで、わたしは想像的なものの歴史、表象の重要性が増すように思われた。

あなたは中世におけるペストの問題も研究したそうですね。

しかし、それは研究の余技であり、偶然であり、特殊な共同研究の結実です。わたしのゼミナールで研究していた聖者伝的テキストの中に、中世初期のペストを暗示しているところがあった、だがペストについてはあまり知られておらず、ただ「ユスティニアヌスのペスト」と呼ばれた、というのも最初にペストがビザンティン帝国を襲ったからです。われわれがペストについて知っていることは、ほとんどその時代の偉大な歴史家プロコピオスの語りに頼っているだけです。それは四—七世紀のペスト流行であり、それが徐々に西ヨーロッパに達します。

一九六八年に、たまたまエマニュエル・ル・ロワ・ラデュリがジャン-ノエル・ビラバン博士を紹介してくれた。博士は医師で、国立人口統計学研究所に所属する専門家です。会話の中で、偶然、かれが中世初期のペストに関心を寄せているところだと言った。おもしろいことに、事後、そのペストは西洋で消滅し、すっかり忘れられていたことです。七世紀と十四世紀、つまり一三四八年の黒ペスト流行の時期のあいだでは、西洋の文書でペストについてはまったく語られていない。それが記憶と正史の喪失であり、まったく驚くべきことです。

わたしは自分が研究してきたメロヴィング王朝時代の聖者伝のテキスト資料をビラバンに紹介した。聖者伝の物語で、聖者がおこなったと思われるようなもっとも重要な奇跡の中に、ペストを聖者の教区ぎりぎりのところでくい止めたということがあります。したがってそれらの想像的なテキストは、実際にはペスト流行の地理、つまり流行病蔓延の限界、要するにペスト流行の地図、たとえばイギリス諸島、北フランス、アルプスの北のドイツ地方を指している。その理由はかなり容易に分かる、つまりペストはオリエントから発生して、本質的には商人によって運ばれたからです、ということは六世紀と七世紀の西洋における交通と通商の地図をつくることができるからです。

ペストにかかった地域において、六世紀のペストの被害は十四世紀の場合と同様であったと考えられる(三分の一程度の人口死亡率)。だから歴史的に重大な結果を招いた恐ろしい事件が問題です、たとえば人工的空白にともない、大量死した住民の抵抗もなく、イタリアにロンバルディア人が定住できた、というのもかれらはペスト菌に対して免疫性をもっていたからです。

ジャン-ノエル・ビラバンはそれらのテキストを、医学兼流行病的人口統計学専門家として読み、わたしのほうは文献学兼歴史家として読み直した。驚くべきことに、われわれの視点が一致しました。つまりわれわれの違った読み方がおなじテキストの取捨選択で一致していました(66)。

それでは人体の経験が全体的歴史の一部をなすと考えますか。

ペスト流行の研究はたいへん興味ある経験になった。事実、人体の研究は全体的歴史に併合されるべきです。人間には体《からだ》があり、体は病気、風土病あるいは流行病にかかりやすく、またそれらの疾患の性質や激烈さは歴史を通じて変化する。中世にはハンセン病の時期やペストの時期があり、それは象徴的な災厄であり、その点では、その後、梅毒や結核やガンや、また今日ではエイズが続いている(67)。しかし体の歴史は宗教の歴史と深い関係にあります。ほとんど知られず、それでも大量殺戮となるペスト流行に関する資料が聖者伝に見られるのは偶然ではありません。

あなたはまた言語問題についても学際的な調査をおこないましたね?

書いたり、つくったり、耕したりする人間について語るのが易しいことは事実です。話す人間の歴史はもっと難しい――「話されたことは飛び去り、書かれたものは残る」。それでも言葉、あるいはとにかくその地位と意義を見つけるに足る証言は充分に存在する。事実、一九七〇年代と八〇年代はじめに、ジャン=クロード・シュミットとわたしが指導した中世西洋の史的人類学グループにおいておこなった二つの調査の成果を喚起したい。

われわれは領土的、社会的現象と宗教的現象とのあいだに相関関係を見つけようとした。つまり十三―十五世紀のあいだのフランスにおける都市の飛躍と托鉢修道会の移住です。本質的に都市環境において、また都会の新しい社会で宗教活動についた新しい修道会とともに、言葉が新しい役割を果たし、新しい形態になったように思われた(68)。その調査はその後、ヨーロッパの他の国の歴史家たちによってもおこなわれ、われわれの仮説が大筋で承認された。ドミニコ会やフランシスコ会の托鉢修道会士らが、古代の雄弁家の役割を回復させて現れた。かれらの説教は革新されたキリスト教的伝統として、新しい言葉に大きい重要性を与えます。
二番目の調査は文学ジャンルに関わっていた、つまり『エクセンプルム』であり、これは説教に挿入される教化的逸話であり、われわれはそれを民話と比較しながら研究し、そのおかげで中世の最後の二、三世紀における説教のイデオロギー的体系を明らかにすることができた。うれしいことに、その調査のおかげで、われわれの同僚、友人クロード・ブレモンの協力が得られた。かれは語りの論理の民間・言語センターの人類学者です。その研究は実りゆたかで、刺激的な学際的研究活動だった。[69]
以上ふたつの場合において、リュシアン・フェーヴルとマルク・ブロックの『アナール』の研究的伝統において、チームワークの喜びを味わった。

ジョルジュ・デュメジルの影響

ジョルジュ・デュメジルは単独の活動家であっても、その研究業績はあなたの中世文明観にいくらか影響を与えました。どうしてこの人物とその著作を知るようになったのですか。

それはかなり昔へさかのぼらねばならない。もう三十年前になるが、わたしが『中世の西洋文明』を書いているとき、ジョルジュ・デュメジルの著作、とくに三機能の理論を知りました。それこそ中世西洋の重要な観点になる、とすぐ分かりました。

しかもその発見の時期は、二人ともほとんどおなじだった。文学史家ジャン・バタニーは中世における「身分」、各種の仕事、各種の職業について学位論文を書いた人ですが、かれは一九六四年に、『アナール』誌に論文を発表し、デュメジルの三機能説に触れていた。[70]おなじ年、わたしは拙著『中世の西洋文明』の中で、デュメジルの考えをどのように中世イデオロギーに適用すべきかを述べました。

　デュメジルに会う機会があった、それはとくに一九六九年から一九七二年にかけて、ピエール・ノラのおかげで、デュメジルといっしょにガリマール出版社の仕事をしていたときです。かれはこの出版社の執筆者だったのです。「月曜の歴史特集」というラジオ放送番組のおかげで、かれと近づきになれた。その放送のひとつがジョルジュ・デュメジルとクロード・レヴィ＝ストロースを会わせたが、いずれも自説を固執していた。デュメジルはレヴィ＝ストロースに敬意を表しながらも、自分が構造主義者ではないと主張し、レヴィ＝ストロースのほうでも、デュメジルの構成は、尊敬するが、自分の考えや作品とは縁がないと言いたかった。


デュメジルの考え方は、中世西洋の文明をどのように扱っているのですか。

　紀元一千年より以前から西洋文学は、キリスト教的社会を新しい図式で表わし、それがたちまち大成功する。たとえば九世紀から十世紀にかけて有名なオーセール派がその三機能論の形成中心として現れた。「三住民」が社会を構成する、つまり聖職者と戦士と農民です。それが明白で、相補的な範疇です。それらが合わさって社会の調和ある全体を形成する。

　十一世紀はじめに、カペー王朝のロベール敬虔王に捧げた司教アダルベロン・ド・ランの詩におなじ三者構造が見いだされる。それは重要なテキストであり、そこでは、「神の家」はひとつと思われているが、実際には三つに分けられる。ここで重要な点は、封建的社会の三階級のあいだで古典的になる特徴です、つまり祈る人、戦う人、働く人。

　そのころ、わたしはデュメジルを読んだ。かれがインド＝ヨーロッパの三機能的社会について書いていたことは知っていた。かれの本質的な発見はすでに戦前にはじまっていて、インド的事実群とローマ的事実群を模索した後に、(71)広大な文化圏、つまり紀元前二千年代末のバルト海から黒海、カルパティア山脈からウラル山脈にいたるインド-ヨーロッパ人に共通した三者的、三機能的イデオロギーの仮説を立てていた。わたしはインド-ヨーロッパ的空間という考え方をデュメジルとおなじように受け入れた、つまり民族的な着色をおこなわず、まして人種的な区別もせず、われわれの文明にもたらされたアジア的なものとしてです。

そのとき「文化伝播論」の問題が生じたのですか。

その問題は基本的なものです、つまり異なる各時代、各社会における三機能説の問題であり、異なった文化のあいだに接触がなくても、必然的に発展のある時期に出現する構造が問題かどうか、あるいは——これが有名な「文化伝播論」ですが——歴史の過程においてある種の思想が他の文化へ伝播したか、を問うことになる。

われわれが利用できる資料に依れば、三機能説の形成の場がインドにほかならないことは明らかです。加えて、ブルターニュ、ガリア、そしてアイルランドのケルト人に認められる三機能性とは別に、中世研究家にとっては重要な問題として中世初期のケルト文化の特徴や役割に注目しなければならない。デュメジルは晩年にいたるまで——かれは一九八六年に亡くなった——、とくにアイルランドが古代インドと中世西洋の各三機能的構造の架け橋ではなかっただろうかと問題視していた。

だから、そのようなデュメジルの影響はわたしにとって重要だった、というのもわたしの注意が、中世研究家の仕事を鮮明にするために、歴史家の伝統的な領域でなく宗教史または言語学の領域に属する分野へ向けられたからです。

あなたはデュメジルのイデオロギー的、政治的態度に向けられた攻撃に対して弁護しましたね？

デュメジルに向けられた非難で、わたしはひどく困惑した、しかもデュメジルは強固な確信をもって、かならずしも弁明しなかった。かれは右翼の人間だと思われたが、決して否定しなかった、というのもかれの青春時代のモーラス的時期が思い出されたからです。かれはとくに――これがはるかに重大だが――反ユダヤ人的ナチス・イデオロギーにかぶれ、またアーリア人種説に近いとして非難された。さらに明白な事実としてかれが付き合っていた人物は、いまではイデオロギー的、政治的過去でよく知られているルーマニア人ミルチャ・エリアーデという宗教史家であり、その著書はファシズム思想に強く影響を受けていた。

わたしとしては、デュメジルの作品に、非難者たちの告発に当たるものが見られなかった。しかも、わたしがかれと会って話した内容にはナチズム的傾向はまったく感じられなかったが、ちょうどそのころ、ちょっとした出来事が起こった、それは一九七〇年代のことですが、わたしがロンドンで講演をしたときのことです。わたしはデュメジルを引用した、すると、イタリアの著名なユダヤ系の古代歴史家アルナルド・モミリアーノが、そんな「ナチス」からわざわざ何かを借用するのはけしからぬと言って非難した。そのとき以来、モミリアーノには被害妄想があると多くの人が認めた。その後、「月曜の歴史特集」の放送で、わたしが何も尋ねないのに、ほかの出席者らも驚いたことに、デュメジルは発言し、自分に対する非難を否認した。かれは、インド-ヨーロッパ論において絶対に民族的、政治的なものを含めなかった。それはかれにとって、イデオロギーや、ファシズム的またはナチス的な忌まわしい政治的現実とはまったく関係がなかった。その点ははっきり確言できます。

要するに、デュメジルの作品は中世研究者にとっては尽きない興味の対象です。実例として、コレージュ・ド・フランスの教授に選ばれたばかりのジョルジュ・デュビーが一九七〇年末に開いた「原初的表現における三機能的社会のイメージ」というゼミナールを挙げてもよい。そのとき、とくに問題になったのは、十一世紀と十二世紀のあいだで、フランス北部における封建的社会自体の考え方を明らかにすることであった。またジョルジュ・デュメジルは、一九七三年三月におこなわれた最終的会議で、ジョルジュ・デュビーとその協同研究者たちが結論を提出するのを受け入れた(72)。

『煉獄の誕生』について

以上のような調査研究や論文とは別に、あなたが一九八一年に突然、発表された『煉獄の誕生』という大作をどのように位置づけますか。

それは必ずしも突然のことではありません。わたしとしては、突然に見える発表でも、すでにじっくり考え、真剣にとり組んだテーマでなければ依頼されても承諾しません。たっぷり十年かけて練りあげ、執筆した『煉獄の誕生(73)』も、それ以上の歳月をかけた『聖ルイ王』も、突然という言葉にはふさわしくありません。

その出発点は、あなたのゼミナールにおいて研究されたあの世への旅や黙示文学から成り立っているのですか。

実際、その時期には、とくに民族学と「大衆文化」に興味を注いでいた。ゼミナールで、まったく心を奪われるような一連のテキストを研究していた。問題にしたジャンルはキリスト教時代の一世紀前からその後の二世紀のあいだで発達し、ギリシア語にならって黙示文学と呼ばれたものです。つまりあの世と世界の終末について述べられているものです。キリスト教的黙示文学でいちばん有名なのは、間違って聖ヨハネの黙示録とされていて、キリスト教会自体もそれが誤りだと認めている、なぜならそのテキストは一世紀末に書かれているので、確かにその使徒はすでに亡くなっている。

煉獄に関して、あなたはその語が形容詞から名詞へ移行したことが本質的な進化の証拠になると指摘していますが。

それらのテキストを読んで、細部に感激しました、だから歴史家という仕事の、もっともつつましく、もっとも謙虚な実践から本を書くことができたのは本当にうれしいことです。あの世にいる若干の罪人《つみびと》が地獄にいるような責め苦と懲罰を受けているところが表わされていた、というのも火攻めにあうということは地獄の特徴だからです。その火と火が燃える場所、あるいは火による罰は浄化鍛錬的（*ignis purgatorius, locus purgatorius, poena purgatoria*）と形容された。次いで、はじめはわたしも決定できなかったある時期から——多くのテキストで、できるかぎり徹底的で、緻密な検討が必要だった——、浄化鍛錬的という語がたんなる形容詞でなくなり、煉獄（*purgatorium*）という名詞になったことが確かめられた。刑罰による浄化鍛錬がおこなわれるあの世の場所が決定されていたのです。形容詞から名詞への移行は重要なことに思われた。わたしは、たとえばリュシアン・フェーヴルにならって、いつも語彙によく注意し、ある語の出現、ある文法形式の変化が概念の移動、思想の移動に照応すると信じていますが、そう思わない人々もいます。

ところで、問題の場所において、きわめて興味あることが起こっていた。たとえばその場所で、罪を告白しなかったからか、あるいは改悛しても贖罪しなかったからか、とにかくまだ完全に罪を赦されていない死者たちが補足的贖罪時期に恵まれて、なんとか救われることになった。

「第三の場所」の出現は本質的なことと思われますか。

それはキリスト教徒にとって、あの世のビジョンをつくりかえ、したがって完全に基本的な方式で救済の道を変えたと思われた。その語の出現時を研究し、それが一一七〇年ごろにつくられたと決定できると考えた。煉獄を考えだした人々、普及させた人々、言うなれば宣伝者の本拠を二つのタイプに決定しようと試みた。つまり一方では、まずパリのノートル=ダム大聖堂役員派をはじめとする十三世紀のスコラ神学を告げる人々であり、他方、シトー修道会が本拠だった。

その重要な新しい趨勢は十三世紀においてキリスト教会から異端と見なされていた人々の激しい反感をそそった。つまり異端とはカタリ派信徒であり、不浄観にとりつかれ、真っ黒か真っ白かの中間を認めず、絶対に煉獄と反していた。その後、プロテスタントの反対を考慮しなければならなかった。ルターは三番目の場所に敵対した大物《おおもの》だった。わたしは反対に、煉獄の出現が天国と地獄の二元論に対して、精神性、行動の仕方、社会構造、そしてもちろん宗教心の進化として意味深いと考えます。だからその点に一種の全体的社会現象を認めて、デュルケームの用語にしたがいたい。

その本は中世に関してあなたの観点の進化を表わしましたか。

わたしが『中世の西洋文明』を書いていたとき、ホイジンガ(74)の影響を受けて、中世について対照的に割り切った概念を抱きました、つまりホイジンガはバラの香りが血の匂いに混じるというような対照的に割り切られた世界観において鮮烈な対立しか見ていなかった。それとは反対に、わたしは次第にわれわれの文明、ヨーロッパ、西洋にとって、もっとも重要な認識方法が白黒の対立から脱出できること、うまく二元論から離れて、中間的存在をつくり出すことだと悟った。たとえば、煉獄はこの上ない中間的場所として、わたしの中世のイメージと密接に結びついている。あるとき、テレビ放送で、「わたしは煉獄の存在を信じる」と言ったとき、それは煉獄が歴史的に明白な現象だったという意味です。煉獄とともに、人間たち、とくに聖職者、だが聖職者だけでなく、それまで神にしか属していなかったあの世、あの世の期間に対する神の力をどのようにして奪いとったかが理解される。同時に、十三世紀において、人間がいかにして神聖を奪い、とくに王権の神聖を獲得したかも分かる。それが聖ルイ王という人物をめぐってわたしが追究した研究テーマのひとつです。

最近の三著作

『煉獄の誕生』を発表された時期に、ほかの三種の本も出しましたね。はじめはイタリア語で出版された作品があります。

学究生活をたどり、とくにそこから生じた著書出版に当たって考えなければならない問題として、外部から、とくに外国の出版社からの依頼があります。一九七〇年代末に、イタリアの出版社の依頼を受けて、熱のはいった幾編かの論文を書かねばならなかった。その出版社エイナウディはモンダドーリ、つまりベルルスコーニの管理へ移されたが、それでも幸いなことに古い伝統の一部を保存している。

エイナウディ出版社との交渉は、歴史的思索の観点と同様に友情の面で、わたしのために尽力してくれたルッジエロ・ロマーノが当たってくれたが、かれはブローデルが一九五〇年代にパリに呼んでいた少数の外国人、とくにイタリア人のうちでもっとも優秀なひとりだった。かれは長いあいだ、信頼できる友人だった。かれはすでに指導教授になっていて、はじめはブローデルのときにわたしを援助してくれて、次いで、科長選挙のときも支援してくれた。われわれはいつも緊密な信頼関係にあって、論文依頼のことでも心から感謝している。またそれらの論文の一部はフランスでオリジナル版としてガリマール出版社の叢書「フォリオ」で『歴史と記憶』(75)として出版されていた〔邦訳、法政大学出版局刊〕。それらの論文はわたしの労作であり、一般読者向けの参考資料にわたしの個人的な考えを合致させようと努めた。かくて「過去／現在」、「古代／近代」、「記憶」、それからごくかんたんに「歴史」となる。それは情報と計画の中間的な本です。

不幸にして、ロマーノとの関係は、ブローデルとの関係がまずくなったときに、いっそう複雑になったと言わねばならない。それでもロマーノは、自分もブローデルと付き合いにくくなったと分かり、養子的存在、またはブローデル神殿の番人に変容して、わたしに対し、また『アナール』のわたしの友人たちに対しても、礼節と正気の限界を超えることが多くなった。しかしかれは、わたしにとって、いつでも旧交をあたため直すつもりでおり、また深く感謝している人です。

おなじ時期に、『新しい歴史』という辞典編纂の協力を依頼されていますね?

これはレス出版社からの依頼ですが、われわれとしては苦情を言わねばならなかった。歴史家グループといっしょに歴史学の新しい方向の辞典をつくる予定だった。わたしとしては、研究の普及とその結果については、いつも関心が強かったので、その辞典の計画に魅惑された。

その本が出版されたときには『新歴史辞典』という表題で、それでがっかりした、というのもその表題が、ほかの完全に正統な歴史書に挑戦的であり、しかも新しい方向の形成を示す年代的な含意を少しも考慮していないと思った。わたしとしては『歴史学新機軸辞典』としたかった、そのほうが内容を正確にし、限定したからです。もちろんそんな表題は面倒すぎるので、出版社の気に入らなかったのでしょう。

さらに、「新しい歴史」という表現には保証人がついていた。まず、その言い方は『知の考古学』[76]でミシェル・フーコーによって用いられ、次いでその用語はブローデルによって歴史家たちのあいだに導入された。「新しい歴史」という言葉は幾度も言われたことが思い出され、またとくにかれがテレビ放送でジャン゠クロード・ブランギエとの対談[77]においてとくに強調していた。

そのころ、わたしは学長だった、したがってその辞典を書いたり、ひとりで監修する暇がなかった。その方面の知識と歴史研究の新機軸において、もっとも余裕があり、有能だと思われる人たちのうちから、ロジェ・シャルティエとジャック・ルヴェルに頼んだ。その選択は、両人の研究業績を見れば、妥当なものに思われた。

われわれはいっしょにその辞典の事項を選び、多少とも大きい項目を対象にした。もっとも重要と思われる歴史分野で基本的な十項目を提示した。そしてわたし自身は長い序論を書いたが、それは『エイナウディ百科事典』の項目を書きはじめていたときとほぼおなじ時期だった。

しかしその辞典はあまり好評を受けなかった。

十年後に、その辞書の再版がベルギーのコンプレクスという立派な出版社から出されたが[78]、その辞典では基本的な項目だけが再録され、小項目は省かれた。その本がむしろ歴史研究に明らかな影響を及ぼしたように思われる。その本は、すでに幾年か前に、ピエール・ノラと共著で出した『歴史をつくる』でもって研究活動を刺激するのに貢献した。しかし同時に、とくにその表題のため、そして引用した人々、引用されなかった人々のせいで、あからさまな反感を引き起こした。それはわたしの著作の中で、歴史家全体の同意が得られなかったのみならず、強烈な疑義を差しはさまれた唯一のもの、あるいはとにかく主なものでした。

おなじ時期の三番目の作品、新しい依頼、それもイタリアの出版社から出されたものがありますね、つまり『中世の人間』(79)ですが。

その考えはイタリアの親しいヴィトおよびジュセッペ・タテルツァ出版社から寄せられたものです。ローマでかれらと夕食をともにしていたとき、かれらから新しい叢書の構想、つまり歴史上の各時代の典型的な人間像を多くの専門家の共同論集として出したいと言われたのです。

そこで長いあいだ迷ったのですね?

最初は慎重だった、なぜなら人間はある歴史的時期に置かれても、歴史家にとって価値ある対象になるかどうか疑問だったからです。さらに、西洋という明確な文化圏の中でも特定の時代がほんとうに人間タイプを決定させてくれるかどうか疑問だった。

次に、それがおそらく中世の人間でなく、ある時代における主要な職業的、社会的タイプの特徴的なイメージを示し、その全体が時代の人間的タイプの一種の典型をつくることができるように思われた。とにかく、中世は、わたしの研究業績の多くに見られるように中心的時代、つまり十一世紀から十五世紀のあいだに集約できた。中世の男や女の、社会的、国民的、職業的、等々の多様性にもかかわらず、若干の共通的な行動性を探究できる機会だと思われた。わたしはとくに、ミシュレの影響を受けていた、つまりミシュレを読むことは、すでに言ったように、中世の男女の妄想を研究しようとしていたわたしにいつも示唆を与えてくれた。ミシュレとともに、バルト、ホイジンガ、そしてある意味ではフーコーの影響が見られるかも知れない。一九六〇年代に、フーコーから歴史上の各時代の恐怖に関するラジオ連続放送に参加するように頼まれたことが思い出される。われわれはその機会にきわめて有益で、興味深い対話を交わすことができた。

あなたは承諾し、その本は大成功だったのでしょう?

承諾し、各国の心から尊敬できる中世史研究者らに声をかけたが、その十名の歴史家のうち、大半がイタリア人とフランス人だったが、友人ゲレメクや、ロシアの友人グレヴィッチも混じっていた。その本はわたしの期待以上に、驚くほど非常な成功をおさめた。告白しなければならないが、わたしはその本の形式が妥当なものかどうか納得していないが、その形式が一般の興味をひくことは分かっている。その叢書の刊行は続けられていて、後続の本もすべて成功していると思われる。驚くべきことは、その叢書のほかの本の監修と執筆を引き受けた歴史家たちがすべて第一線の歴史家たちであり、したがって少し隠喩的な言い方と思われるかも知れないが、史的人類学の興味に対する証言が見られるように思われる。

8　大いなる使命

メトロと中世研究者

あなたがパリ交通公団の幹部たちといっしょに仕事をする気になったのは都市への関心からでしょう？

そのとおりです。最初に、かれらはジョルジュ・デュビーに頼んだが、デュビーはことわり、そのかわりにわたしとコンタクトをとるようにすすめた。そこでルイ・ギエスという人がわたしに協力を求めてきた。当時、かれはパリ交通公団の副総裁であり、立派な人物だったので、楽しく親しい思い出を残してる。かれは一九八三年からはじまった計画で重要な役割を演じた。そのことであなたのすばらしいきょうだいエディット・ユルゴンさんといっしょに仕事と付き合いをするようになった。その後、彼女はわたしをスリジー＝ラ＝サール国際文化センターの理事にしてくれた、というのも彼女がそのセンター所長であり、その知的活動はつねに革新的で、きわめて刺激になり、しかもその場所は積極的で聡明な家族、つまりあなたの家族が住んでいる美しい城です。パリ交通公団のほうは、まだクロード・カンが総裁だったときであり、かれはその計画にすこぶる好意的に協力してくれた。

わたしが全然面識もなかったその副総裁は都市構想ゼミナールに参加する気持があるかどうかを尋ねた、

というのもパリ交通公団は大学人や都市問題について研究した社会科学の研究者で組織するゼミナールを開催したかったからです。その依頼の理由が分かった、つまり事実、わたしはジョルジュ・デュビー監修のスイユ出版社刊の『フランス都市の歴史』に協力し、そのうちの中世フランス都市編の一巻を監修し、その三分の一ほど執筆していたからです。

だがしばらくの猶予を願った、なぜなら中世研究家にとって、パリ交通公団のために都市を話し、今日のメトロやバスについて話すのは、少々とまどうからだった。しかしリスクはすくなくともわたしのほうとおなじほど向こうの側にもあった。しかも、わたしはつねに現在に興味を抱いていたので、心を惹かれた。わたしは承諾した、そしてゼミナールの議長団に加えられた。そのゼミナールは月一回程度開かれ、二度、シンポジウムが開催された、一度は一九八四年にロワイヨモンで、また二度目は一九八五年六月にスリジーでおこなわれた(80)。われわれの仕事は全部で五年ちかく続いた。

わたしが参加した理由のひとつに、そのチームの大学人と研究者側に、ごく親しい友人マルセル・ロンケヨロがいたからです。かれはわれわれの最高の地理学権威であり、またエコール・ノルマル・シュペリユール以来の親友であり、都市問題に関するかれの理解と知識、および歴史的精神はとくにすぐれていた。ロンケヨロはマルセイユ市に関するすばらしい学位論文を書き、また都市に関するテキストとしては、第一にイタリア語で『エイナウディ百科事典』に、次いで叢書「フォリオ」の一巻として発表されていた。その本質的な業績を見れば、かれの存在はわたしより適任だった。

課題について、あなたはどのような取り組み方をしましたか。

われわれはまず、「都会人の危機、都市の未来」というゼミナールの名称によって規定された問題性について合意した。われわれの考察、したがってわれわれの調査は密接に関連する両面を含んでいた。つまり一方では、明白なこととして、また真に現代の深刻な危機のひとつとして都市生活現象の危機を確認することであり、また他方では、紀元二〇〇〇年と二十一世紀を近くにして、都市を完全に見直す必要があった。そのような再検討に当たって、輸送の問題は明らかに基本的な問題だった。

その検討の本質的な面のいくつかは比較的わたしにもなじみのあることだった。そしてまず、空間の問題。わたしはたえず空間における歴史的現象を考えようとした、またはるか以前から、部分的にはモリス・ロンバールの影響を受けて、計画問題に格別の興味を抱いていた。たいへん重要な歴史的、社会的な現象がある。申すまでもなく、技術的、経済的な面も重要だが、計画は組織の要素の関係を決定する。都市におけるさまざまな計画は組織網をつくり、組織網の概念は明らかにパリ交通公団にとっては主要なものであるので、われわれの検討の骨格になった。

大いに勉強し、また現今の生活を大いに反省しなければならなかったとしても、それらの空間や計画や、輸送が機能する社会のあいだの関連性は比較的なじみやすいアプローチに属していた。

もちろん、わたしには、とくに現代に関わる問題を考察するほうが難しかった。しかし、パリ交通公団自体でなくても、少なくともメトロとバスは一世紀以上の存在という組織網をつくっている。だからすでに歴史的な厚みがあり、パリ交通公団についての検討や都市との関係においてもはや最近のことではない歴史を考慮する必要があった。

しかしそれ以外のことについては、まず、メトロとバスの機能について若干の技術的知識を学ばねばならなかった。その問題はまったく魅力的だった。たとえばメトロの駅の問題を挙げよう、つまりその職員、その組織、その装飾、その社会細胞的タイプ、外部環境との関係、その適応化など。

都市交通の表象に占めるそのような想像的なものの要素にどんな重要性があると思いますか。

わたしはいつも想像的なものにきわめて敏感ですので、そのために今回の研究にわたしも貢献できたのです。わたしはどんな歴史的役割も——パリ交通公団の場合もそのひとつですが——存在し、想像的なものを通して作用し、利用者たちやあまり知らない人々にもその想像をかき立てると信じています。

わたしが一九三三年に、若い地方人としてはじめてパリについたとき、あらかじめメトロと、おなじくバスにどれほど魅惑されていたかが思いだされる。ことに想像の大きい踏み台になるものがあった、つまりバスの乗り降り場だったが、たとえ少しでも復活させようと試みられても、いまではほとんどすっかり消滅してしまった。レイモン・クノー流にバスの乗降場から見たパリは、まったく神話的な瞬間だった。わたしは戦前には、一九三三年、一九三五年、一九三七年にパリ旅行をし、一九四五年からは学生としてパリに落ちついた。それこそ、すばらしい思い出です。地下とトンネルの想像はやはり魅力的ですね。

要するに、その研究はパリ交通公団の役に立ちましたか。

そう思います。二回開催されたシンポジウムと、ゼミナール全体は本質的に有益な経験でした。それも必ずしも楽な仕事ではなかった。ゼミナールの会議のうちには不満だったものもあり、仕事の合間が奪われ、われわれに答えられない問題にぶつかったりした。

しかしきわめて興味深かったのは、明らかに——またそれはわれわれに少しも隠されず、計画に属していたことだが——われわれの仕事がもっぱら実用的と言えそうな目的を定めていたことです。われわれの仕事は輸送を現代都市に適用し、また二十一世紀の都市に期待できるようにパリ交通公団のために尽くすことだった。比較的限定されているように思われたいくつかの改革案、たとえば地下鉄の駅の問題や、バス停留場やバス内の改造などを思うとき、議論したことが改めて思いだされる。利用者の精神性や感受性を考慮しながら輸送機関を現代化すること、その輸送機関を物質的、人間的というふたつの生きている実態の複雑で、巨大な全体、つまり都会と郊外に位置づけること、それはなんと興味をそそられることでしょうか！

都心と郊外、都会と地方という問題にも関わったのですか。

現代の都市交通の大問題として、都心と周辺、都会と郊外の関係がある、なぜならある組織網から他へ移ると、社会が変わるからです。首都でははっきりしているが、都会の境界からひとたび外へでると、どうなるか。事実、パリは中世の都会のように壁で囲まれている、つまり空洞の壁であり、環状線と呼ばれているものに囲まれている。それはまことに興味ある問題ですよ！

イデオロギー的に見て好ましいと思われるのは、都会の組織網と郊外の組織網とのあいだがつながっていることであり、それが地方にまで浸透して欲しいと思った。われわれの時代の大きい現象のひとつ、それは過去においてよく喚起されたが、それが今日では現実のものとなっていること、それは都会と田舎のあいだの領土的境界が言わば消滅することです。ほとんど都会にいるように田舎で暮らせる。その面で、三つの進化が重要だった。第一の進化はまさしく輸送問題です、つまり自家用車が増加する重要性であり、それは古い個々の集団‐輸送という輸送問題を改めた。第二は、テレビジョンであり、これは都会でも田舎でも報道を統一した。そして第三に、市場の地位が支配的になったことであり、これは空間を著しく変えた――中世のときから田舎の変貌の大部分は市場から生じていたとしても――、そして国家的にも、ヨーロッパ的にも、さらに将来は世界的にも都会‐田舎の対照が変わった。都会‐田舎の歴史的な対立は消減しつつあるように思われる。

パリ・メトロの利用者という呼び方についても議論されたとか？

それは見かけより重要な問題です。もっとも普通の用語は「利用者」だが、これはわれわれの大部分を喜ばせなかった。それは少し平凡で、実用的な感じを与え、パリ交通公団がパリの住民や郊外の人々におこなっているサービス全体を卑しめていて、とくに想像的なものを考慮していないように思われた。

当時、パリ交通公団の総裁だったクロード・カンは「旅客」という語を提示したが、それはきわめて論理的だった。今日、有力な用語がないという印象を受け、またとりわけパリ交通公団が公用語をつかっているのかどうかは分からない。「利用者」という語は今後も使われるだろうが、「利用者」から「旅客」へ移れば、パリ交通公団の本部や職員がメトロの利用者に対する態度の変化を示すことになるでしょう。わたしとしては、その点で確たる意見はありません。しかしながらパリ交通公団のような機構が本質的に公共サービスであり、かなり容易に利用者という概念に結びつくことも尊重しなければならないと思われる。もちろん、「旅客」という語に含まれる空間と時間の意味は、魅力的だが、輸送、たとえば列車や航空機を含めて一般的な輸送の顧客において、都市交通機関、とくにパリ交通公団の特定の顧客の意味をぼやけさせる。「旅客」は善意から出た言葉でしょうが、結局、あまり適当とは言えないように思われる。あるいは補足的に「都市旅客」と言わねばならない。「乗客」ではどうだろうか。それを希望する人もいるだろう。だがそのような公共的輸送を商業的に考えるのは残念です。

パリ交通公団への協力は歴史家としての仕事に実りがありましたか。

われわれは自由に物事を考えられるチャンスに恵まれた。理論的に、とは言わないが、「学術的」に問題を扱ったので、その点が大いに気に入っています、さらに対象が具体的な現実から出発していたこともあります、というのも歴史家の対象は資料によってしか到達できず、それも裏切られることが多いからです。一般的に言って、研究者はその調査研究において自由でなければならないが、その研究が真に価値あるものになるためには社会と現在に基づかねばならない。さらにいつも思ったことだが、歴史家の仕事、ことに中世史家の仕事は、そのような経験が非常にためになった。わたしは中世史家と限定されるのが嫌いです。わたしの気持、願望は歴史家であることです。つまりその研究と主要な思索の分野が、ただ中世だということです。しかしわたしの仕事の動機となり、励みとなるのは、結局、長い時代の経過における現在の理解と現在の社会を理解することです。

わたしは、あの機会に、立派な能力のある人々に会えたことでいっそう楽しかった。わたしとおなじ専門的教育を受けていない人々に接触し、さらにいっしょに仕事ができるのは、わたしの願望のひとつであり、また一般的にわたしの幸福でもある。その点で、わたしは言わば本質的に「学術的な人々」に出会えた。言わば二つの領域の人たちです、つまり一方では、メトロの管理に専従している人々、他方では、社会学者として、むしろ人間的側面について研究している若干の人です。大きい喜びとしては、エディット・ユルゴンのもとで仕事をしているパリ交通公団の社会科学課といっしょに仕事ができたことですが、とりわけもっとも活動的なメンバーのひとりとしてジャン・ドゥカンという若い社会学者を挙げたい、というのもかれがきわめて効果的な役割を演じたからです。大学人、研究者、パリ交通公団のひとに混じって、ほかにも立派な人々がいたが、ここでその名簿をつくろうとは思いません。くり返して言うが、それはまことに刺激的な仕事だった。それは自分のささやかな専門領域から出ることになるので、他の世界を眺めるのはつねに楽しいことです。事実、その仕事は自分の研究、自分の仕事に深みと広がりをもたらしてくれた。

わたしは四、五年のあいだ参加し、それで討議の目的を果たすのに充分だったが、比較的限定された。なぜならわたしとしては、物好き、何でも屋に見られたくなかったからです。自分の仕事が中世史の研究と教育であることを忘れないし、また、すでに述べたように、たとえ外部の活動がわたし自身の仕事に効用があるとしても、ほかの仕事にあまり長く参加するのは不可能だった。

しかしあの組織の幹部たちとの接触はつづけた。たとえばパリ交通公団の総裁になったクリスティアン・ブランはかれが主催したささやかな学会で話して欲しいと依頼してきた、そのときにかれが実に聡明で、毅然とした人物だと分かった。[81]

エディット・ユルゴン（パリ交通公団、総務局）の証言

パリ交通公団は多くの理由で、一九八〇年のはじめに、都市と交通に関して、企業の責任者と都市問題に詳しい社会科学系の研究者や大学人（歴史学者、地理学者、人類学者、社会学者、言語学者、経済学者、等）を集めた検討協議会を発足させることにした。パリ交通公団はあまりにも技術的で専門的と思われる研究活動を、もっと広い視野と見通しにたって検討し直そうと考えたのである。都市の住民、輸送機関の乗客、および企業の職員は技術的対象でなく、行動的主体であると確認したので、パリ交通公団は社会科学によって、それらの期待をもっとよく理解し、適切な回答を引きだせると仮定した。他方、企業の技術者らは都市住民の移動や、その結果生じる公共的空間に広がる不安の問題に関してますます理解できなくなってきた。

以上のことが動機になって、一九八三年にパリ交通公団は二つの並行した行事を開催することにした。急速

に発展する周辺地域のために輸送企業を適応させるための紀元二〇〇〇年「交通網」の計画、および外部に開放されるゼミナール「都会人の危機、都市の未来」の開催。その目的は経済的、社会的、文化的問題に関する検討を拡大すること。

そのゼミナールから何が得られたか。パリ交通公団の文化水準を高め、未来の構成に必要な能力をもたらすべき、いかなる結果が引き出せたか。

そのゼミナールは参加者全員に、永続的または一時的に、学識者と意見交換をすることができた喜びとともに、異なる意見を突き合わせる機会に恵まれた。たとえば、ピエール・サンソとともに「都会の喜び」を発見して技術者たちの驚きはいかばかりであったか……さらに一般的には、都会の想像的次元の発見は当局の責任者らにとっては重要なものであった、つまりかれらは幾度も疑義をはさみながらも、今日ではメトロの入口と出口において果たされる儀礼を明白なものと認めるようになっている。参加者たちが個人的に明白なゆたかさを引きだしたとしても、その反面、ゼミナールの業績は企業の文化にはあまり影響がなかった――その業績を公表するための努力はおこなわれたが（二冊の本、『タン・リーヴル』誌の特集号、教育的性質のビデオ・シリーズ）。しかしジャック・ル・ゴフが指摘するように、「二〇〇〇年交通網計画」をめぐって集まった研究者グループの経験が企業界と研究界のあいだに最適の媒体をつくり、いっそうの対話的交流と、いっそうの実りある仕事になったことはまちがいない。

そのゼミナールは、都市の混合的研究として、とくに交通網と管轄区域の問題をめぐる概念と見通しの更新をもたらした、しかも新しい研究に基づいて。そしてパリ交通公団にとっては、主要な二計画、つまり「駅の新しいサービス」と郊外のバス交通網の新しい組織「別のバス」をもたらした。交通網を問題にすれば、それは当然――今日では、企業戦略が力点を置いていることだが――地下鉄駅、国鉄駅、要するに交通の公共的なスペースが、仕事の進化に含まれるすべての含意的内容とともに、いわゆる輸送とおなじほど大切な乗客へ提供されるサービスの質的向上のためにあったということを認識する機会になった。その段階から、次のことが確信された、つまりパリ交通公団にとって、主要な目的は乗客へのサービス文化へ向かって進むということである（なぜなら、われわれはためらうことなく、われわれの旅客――移動するのに、ますます公共的交通機関か自家用車を選べる人々――を指定しているからである。とはいえ公共的サービスとして、すべての人に輸送と都市へのアクセスの権利を保証するように努力している）。

交通網を管轄領域内に限定したので、ますます強烈にわれわれの現状や空間を都市化する必要を感じるようになるとともに、地方や地域住民との対話に重要性を認めるようになった。そこから企業の機能を現代世界に適応させるために必要なクリスティアン・ブランの改革が起こる。

郊外状況と「周辺都市化」現象の分析によって、イル-ド-フランス地方の多焦点的発展をうながし、郊外間の移動をしやすくするためには多くのバイパス道路につながる公共的輸送網をつくることが急務とされた。

結局、あのゼミナールの教訓は幾年ものあいだ、パリ交通公団の戦略と計画をつちかってきたと言っても過言ではない、ちなみに一九九五―九七年の新しい企業プランは「都会で暮らすほうがよい」である。

歴史教育をいかにして改革するか

あなたは歴史教育委員会委員長という大役を依頼されたのはどのような事情からですか。

それは一九八三年に、各政界の人々、たとえばミシェル・ドゥブレやジャン-ピエール・シュヴェヌマンらを結集させる動きが高まった。それは国民感情の動きであり、一九六八年以後、いや、それ以前からすでに学校での歴史教育に現れていた傾向に対する反発の必要が感じられたからです。その教育にフランス史を復活させる必要があった。当初は、フランソワ・ミッテラン自身も介入した。ピエール・モーロワ内閣のもとで文部大臣だったアラン・サヴァリは方法の選択と人選をしなければならなかった。わたしにはまったく妥当だと思われたやり方で、かれは歴史教育をもっぱら全般的に再検討すべきだと判断した。かれとしては、それが復活とか反動と見られたくなかった。

大臣はまず、ルネ・ジローに答申を依頼した。ジローは現代世界と国際関係の著名な歴史家で、ロシア史を専門とし、当時はナンテール大学、今日ではパリ第一大学の教授であり、そこで国際関係の講座を受けもっていて、成果を挙げ、名声を博している。大臣は答申を受けとると、結論を引きだすために委員会を発足させ、その審議内容として、きわめて明確に「学校における歴史・地理教育の革新」とした（つまり初等教育と中等教育であって、高等教育には触れていない）。かれはわたしに委員長になってもらいたいと言ってきたので、わたしは引き受けた。

わたしはサヴァリに、ルネ・ジローを委員会の事務局長にするように頼み、承諾をえた、というのもわれわれはかれの答申から出発するので、答申者が委員会の外部の者であってはならなかったからです。ほかに、わたしは二年間だけ任務にあたることを通告した、なぜならはっきり言って――それが現実だった――その仕事は、わたしにとってかなりの時間を消耗するが、わたしには教育の仕事を保有し、研究もつづけねばならなかったからです。

当時、あなたはアラン・サヴァリを知っていましたか。

いいえ、まったく知らなかった。またおそらくかれもフランソワ・フュレからわたしの名を聞いたのでしょう。しかしかれはわたしがどんな人間かを知っていた。サヴァリから見て、わたしには大学的見地からも、政治的見地からも、はっきりした敵がいなかった。わたしは六、七年前から学院の学長でもなく、きわめて自由な身でした。わたしは左翼の人間だと思われていたが、二十年前に統一社会党を去ってからははっきりした政治活動をしていなかった。しかもわたしは『アナール』の活動に加わっている、つまり革新的な運動に参加していると見なされていた。当時、フェルナン・ブローデルとの関係はよくなかったが、それでもかれに意見を聞き、それから承諾した。ブローデルはこう言った——「承諾しなさい、だが、だれがやっても、うまくいかないだろう」。

その委員会はどのように機能しましたか。

またわたしは教育について、とりわけ初等教育において、わたしが出会ったもっとも大きい障害になった「覚醒教育」と呼ばれた教育法の支持者でもないという正当な評判を得ていた。わたしは、委員会の構成について大臣官房から意見を求められたので、機能の点でも、組合関係の点でも、また教育傾向について知りうることでも、とにかくかなり広い多様性に向かって行くことができた。たとえば、微妙で重要に思われた技術教育の立派な代表を加えることを希望し、また「覚醒」派の穏健な人、少なくとも聡明な人を入れて欲しいと頼んだ、なぜならその一派の意見を聞くことも避けられないと思ったからです。

その委員会は恵まれた条件で機能したように思われる。議論も激しくなることがあった。ふたつの対立する戦線をなんとかしなければならなかった。ルネ・ジローとのあいだに信頼関係は生まれたが、それでも困難なことがあった。かれは答申者であり、勇ましく重要な人物だったが、委員会では二義的存在でしかなかった、それでも少々御しがたい状況だった。ジローにはかなり権威主義的傾向があり、自分の答申を再検討すべきではないと考えていた。ところで、事柄は明瞭であり、その点では、なすべきことがサヴァリとともによく理解しあえた。ジロー答申は出発点、基礎、枠にとどまっていたが、それを展開させねばならなかった。そこでわたしは反‐ジロー答申派にそのテキストが基本的であることを認めさせるとともに、ルネ・ジローには修正することを承知させた。

それらの傾向の合流点にいたのですね?

おおまかに言って、教育の面を重要視し、「覚醒」まではいかないが、とくに方法論、教育への生徒の参加に固執する傾向と、他方、教育内容にこだわる権威主義的、伝統主義的な傾向があった。事実、わたしはそれらの合流点にいたが、それはたんなる外交的理由からではなく、それがわたしの信念だったからです。

もちろん、生徒は知識を学ばねばならなかった。だがわたしにとって、歴史学はとくに、そしてつねに、世界、現在の社会に向かって反省し、思索することによって現在の社会を過去に照らして明らかにすることですが、その過去もたんに事実や事件や実例等を含むだけでなく、歴史的進化の問い方を学ばせるものでしょう。申すまでもなく、『アナール』誌の運動においてもっとも重要に思われるものの意味を生徒たちに与えるように心がけている、つまり本質的にはブローデル個人によってもたらされたことだが、それは持続の意味であり、時の異なる速度の意味であり、歴史における多様な活動期の性質です。

『アナール』のスタッフに対する敵対者らが年表の意味をすべて放棄したとして不当に非難されているが、それとは反対に、持続、継続、あるいは歴史において重要なこと、たとえばたんに軍事的、政治的な年代に限らず、経済的、文化的事実も参照しながら堅実で、しかも分かりやすい年代的骨格における断絶の意味も強調しなければならなかった。それは明らかにいっそう難しいことだった、なぜならそれらの現象とその進化がめったに事実として現れないからです。その進化をはっきりさせるような出来事を選びだす必要があった、たとえば中世におけるシャンパーニュ地方の定期市です。そして同時に年代だけに頼った古い年表より柔軟性のある年表を採用しなければならなかった。本当の年代区分を目指さねばならなかった。

委員会の最初の提案はどんなものでしたか。

われわれは議論を尽くして、いくつかの提案をおこない、その大部分が受け入れられた、そして初等教育に適用された。頑固な「覚醒」派は敗北感を味わったようだが、わたしは決してかれらとの話し合いを断とうとは思わなかった。かれらの敗北になったのは、おそらくわたしには無茶だと思われるような概念の行きすぎのためです。たとえば教育の指導原則を幼い子供の自発性に任せることはできません。教師の知識と技量、そして子供の熱望とのあいだに交わりがなければならない。そのことは明白だと思われる。しかし「覚醒」派のうちにはそう思わない者もいて、それが国立教育研究所の主流を形成していた。とくに、われわれは歴史の教育問題から離れて、その後に生じた改革に貢献した点を明らかにした。つまり実際に、師範学校でおこなわれている教育がまったく教育、とくに歴史教育の要望に応えていないと思われた。

しかしわれわれの委員会は新しい教育カリキュラムを提案することも担当していた。それは初等教育のためのものであり、くり返して言えば、われわれが提案した改革案はよい方向へ進んでいたと思われる。中等教育については、もっとゆるやかに進行した、というのもその問題が難しくなったからです、とくに専門課程における歴史と地理の教育に関する問題です。

そのころ、大臣の更迭がおこりましたね?

委員会は一年半以来つづいてきて、ほぼ任期の四分の三を終えていた、そのとき、一九八四年六月二十四日、パリで大きいデモがあった後に、フランソワ・ミッテランは議会の議事日程から私学教育に関する法案を引っこめた。それがモーロア内閣の辞任を招いた。アラン・サヴァリは何も知らされずに大統領から見放された。ローラン・ファビウスを中心とした新しい内閣において、文部省の責任者はジャン-ピエール・シュヴェヌマンの手に落ちた。

そこから新しい障害が起こった、そしてまず、シュヴェヌマンの官房の人を相手に議論をつづけなければならなかったが、かれは哲学の視学総監であり、幸いにして、すぐ対話ができるようになった。それでも新しい大臣の国家的-革新的傾向を考慮しなければならなかった、しかし心配したことは無駄に終わった。

たとえば、事実、われわれは初等教育のために、国史、つまりフランス史教育の「優れた」性格をカリキュラムにおいて明確にしていた。若い生徒が自分の国の歴史について基本的なことを学ぶことからはじめ、そして歴史的方法——資料に問いかけ、事件に反応する仕方——を学ぶことが当然だと思われた。その歴史はそれ自体が目的として選ばれたのでなく、むしろ方法の適用の場としてです。

われわれとしては、教えこむというような一種の圧力をかけるのでなく、納得のいくようなやり方で子供たちに寛容さへいたる道、他人の理解へ向かわせたい、だから歴史も国民主義的でなく、他の国々を含めた広い全体に開かれ、置きなおされる、たとえばフランスにとってはヨーロッパ的視野という基本的なものです。しかも、すべての人に問われる大問題は個人的で集団的なアイデンティティの問題です。だから自分の国の歴史を通して、その内容、重要性、目的をはっきり悟ることができる。つまりそれが今日と未来の社会の女性や男性に肝要なことです。国民主義者にならないで、国民になることが大切です。

だからこそ、シュヴェヌマンも考えるように、わたしは国民主義より祖国愛のほうが好きです、なぜなら歴史家は祖国という考えにきわめて敏感だからです——祖国には父たちがいる、つまり前の世代、過去、歴史的進化との連帯感です。すでに中世において、大きい祖国でなく小さい祖国、都市、地方、「国」が話されていた。国家あるいは州、そして「国民的」感情の萌芽が誕生したのは、ようやく十三世紀末から十四世紀にかけてです。

こうして二年が経って辞任したとき、わたしが引きさがる唯一の理由は自分の義務を果たしたと思ったからであって、とくにわたしの辞任をシュヴェヌマンがもたらした修正に対する反発だと見られたくないことを強調しておきたい。もちろん、わたしはシュヴェヌマンの若干の示唆に反対できた、しかしあからさまな大きい争いは起こらなかった。かれから二度もかなり長い招待を受けた。要するに、委員会とわたし自身の仕事は、相次ぐふたりの大臣に対して大いに自由で、独立していた。

打ち明けて言うなら、その後、わたしは委員会の仕事には少し無関心になった、ただ、しばらくのあいだは、希望どおりの後任者フィリップ・ジュタールというすぐれた歴史家が委員会の進行状況を知らせてくれたのですが。もちろん、わたしは歴史教育の問題については、つねに関心をもっています。

その二年間の仕事でどんな結論を引きだしましたか。

今日、われわれの仕事が効果を挙げたか、またその効果が実際に役立ったかどうかを判断できる立場におかれていません。まだ多くの問題が未解決のまま残っているように思われる。しかしながら、それが正確な尺度で表わせないとしても、われわれが進めた検討や原則は有益だったはずです。

とにかく、わたしに関するかぎり、今度のことで、歴史家としての仕事、またもっと一般的に大学人の仕事が、どれほど多くの領域、多くの方面において展開させなければならないかを悟った。もちろん、研究のこともあるが、その結果の普及も必要ですが、さらに研究にともなって現れる新しい原則も大切です、といっても教育がそれだけ先端研究の原則に支配されてはなりません、たとえば一九五〇年代の錯誤のようにです。当時は、学校、つまり中学やリセにおける授業カリキュラムや歴史教育において『アナール』誌または学術雑誌の研究や論争を組み入れようとされた。さまざまな方向づけ、ずれがあり、研究が一般化するのを待って、その結果や成果を教えることが古くさいとは思われない。しかも、わたしは「一般化」という語が昔の媒体とともに新しい媒体をも含んでいると思われる、しかも「一般化」という語は不愉快どころか、むしろ好ましい。昔の媒体、それは本質的に本でした、つまり大学人や研究者が特殊な言葉――歴史学で、われわれが術語を必要とするのは例外的です――を使わないで、一般読者に分かるような著書を出すのはけっこうなことです。そのような考えがあったので、「フランス文化」放送局のラジオ番組に誘われたとき、わたしは引き受けた。だから二十五年来、「月曜の歴史特集」をまじめに、喜んでつづけています、なぜなら、もちろん、比較的教養のある人々を相手に、歴史の興味や活力や進歩を示す歴史書を紹介することはまったく必要だと信じるからです。

あなたにとって、歴史家はたんに過去に興味をもつだけでなく、現在と未来にも関心をもつのですか。

実際、きわめておだやかな生活において、あの委員会で経験したことは、幸運にも何らかの段階が示されるチャンスに恵まれた。高等研究学院におけるような研究や研究指導も、歴史書の執筆も、学術委員会への参加も問題でなく、世界の基本的問題について活発な審議をおこなう組織に加わったのです。わたしにとっては、現在のことに何らかの社会活動をすることは、わたしがまず第一に歴史家として、次いで市民として抱いていた願望をかき立てた。マルク・ブロックはすでに、最良の手段、とくに歴史家の手段をもって次の日、つまり将来に接する考えを表明していた。もちろん、歴史家はまず、その本質的な活動として、過去を把握するように心がけねばならないが、個人的にはわたしの専門分野は古い時代です。しかし同時に現在に限定すべきではなく、また未来について考えていることを、希望的な未来像へ向かわせようとすることも必要です。

中世史家は中世の男女の関心事として、キリスト教会の教えにおいて、ふたつの大きな方向として未来を見ています。つまり救いの見通し、「最後の審判」であり、またかなり重要性があって、わたしも少しは研究した反抗的運動の系列にある至福千年説、つまりこの「地上」に可能なかぎり完璧な社会が出現するという思想です。後者の伝統に、たとえばマルクス主義の至福千年説的側面がある――明らかにソ連世界で見られた衰退、堕落以前のマルクス主義がそうです。また最近では、非常に尊敬しているエリー・ヴィーゼルが設立中の「世界文化アカデミー」会員にわたしを推薦してくれた光栄と友情に感謝して承諾しました。それはわたしにとっては、著名な人々とともに、まさしくその未来を志向する機会になった、しかもその会員の中には友人たち、ブロニスラフ・ゲレメク、ウンベルト・エーコ、ルドルフ・フォン・タッデン、アンドレ・ミケル、フランソワーズ・エリティエ、ミシェル・ペロー、そのほかヨーロッパ諸国の著名人たちがいます。

各種文化間の理解を促進することにも協力したのでしょう?

基本的な問題は不寛容に反対して、各文化間の相互理解を生じさせ、相違があっても、それぞれの文化を尊重し、存続させ、発展させることで、その本質的な目標として現れているものと協調しながら、普遍性をめざすことです。

アカデミー、つまりわたしもそれに深い関係がありますが、そのアカデミーは現在、学校ならびに学校外の子供のための寛容マニュアルを作成中ですが、その中でわれわれは多様な文化の子供たちに理解してもらうというきわめて難しい問題を克服しようと努めていて、そのささやかなマニュアルが中国語版、アラビア語版もつくられ、たんに西洋語版にとどまらないように願っています。

各文化の異なる構造を通じて、われわれはみな、教育が大事なものであり、それがこの世界において少しでも進歩を見いだせる条件だと思います。二十世紀の大きい悲劇のひとつとして、きわめて肉体的、悲劇的、人類的な破局のほかに、進歩概念の崩壊があったと考えられる。その進歩の熱望を、謙虚に、効果的にとりもどし、子供たちに軽蔑や不寛容や憎悪につながるもの、迫害や戦争にみちびくものを拒否するように仕向けたい。すべての文化において、古い教育的ユートピアは何よりもまず、知識の習得だけでなく、作法、態度、考え方に向けられ、他人との対話と他人の尊重を学ばせたはずです。

あなたは歴史哲学にいつも反感を示していますね?

それはフランスの歴史家の伝統であり、よい伝統だと思います、つまり歴史は正真正銘の学問です。フランス語の「歴史」には二つの意味がある、つまりまず、歴史は史学、修史であり、それがわれわれの仕事です。しかし出来事の展開でもあり、歴史家が学問を通じてそれを説明しようとする。たとえば歴史は物理学とは非常に違う、なぜなら物理と呼ばれる客観的現実はないからです。存在するもの、それは世界、宇宙であり、物理学は宇宙のメカニズムを研究する学問です。他方、歴史にはその両義があり、それがしばしば混乱を招くように思われる、たとえミシュレの場合でも。

哲学者が歴史を思索の対象にするのは、歴史の二つの意味においても、またとくに後者の意味、つまり出来事の客観的な展開の意味においては、きわめて当然のことです。だから歴史の大哲学者も存在する、たとえばもっとも有名な哲学者としてヘーゲルを挙げることができる、しかもそのような哲学者の本を読むことは歴史家にとって興味深いことです。他方、ミシェル・フーコーのような人物は歴史家的、歴史学的な哲学者だった。しかし歴史哲学をすることはわれわれに属さず、またわれわれの仕事でもありません。そして一般的に歴史家がそれに関わるのは、むしろ概念を利用し、哲学するという限定された能力を示すためです。さらに、歴史哲学として提供される説明のタイプは、一般的に形而上学に依存している、しかし他方、われわれにとっては、歴史家の仕事、つまり資料を思索の対象とし、またわれわれが利用する方法を考える。しかし歴史について哲学することは重要でなく、またたとえばトインビーのように哲学しようとする者はあまり成功しなかった。ドイツの影響を受けたイタリア歴史家らにおいては、ドイツ、アングロ-サクソン、そして一部はイタリアの傾向が問題になるが、それはフランス的ではありません。フランスにおける歴史哲学にとって唯一の重要な人物を挙げるなら、それはレイモン・アロンですが、それがかれの考えのもっとも独創的なものだとは思われず、とくにかれはドイツ歴史哲学の非常に賢明な普及者のように思われる。

「月曜の歴史特集」

あなたはフランス文化放送局の「月曜の歴史特集」に出ていますが、そのラジオ放送番組はどうして生まれたのですか。

そのことでも、わたしはたいへん幸運に恵まれた、というのも一九六八年、しかしあの「事件」以前に、その事件とはまったく関係なく、「フランス文化」放送局は改組された。そして一九六六年に番組「月曜の歴史特集」をつくったピエール・シプリオは放送番組の新しいディレクター、ピエール・ド・ボアデッフル(82)のもとで、番組の制作とは関係のない仕事に就かせられた。それでもかれは番組の経験をつづけたいと希望していた。かれは司会する討論会のことで二、三度わたしを呼んだことがあるので、知り合いになっていた。かれは歴史家でもなく、かなり折衷的、伝統的な教育を受けていたが、それでも『アナール』のブローデル流の歴史に明るかった。

だからシプリオは自分の代わりに「月曜の歴史特集」を引き受けてくれないかと頼んできた、というのもわたしが偏向的な審判者にならないだろうと知っていたから。実際、わたしは適宜に、『アナール』派の精神とは無関係に、興味があり注目すべきすべての歴史書を紹介してきたと信じています。

はじめは、ひとりで番組全体を担当したのですか。

そうです、シプリオとおなじように、毎週、放送を引き受けていて、それが非常に楽しかった。たぶん中世に偏らないで、歴史の各時代を扱った。現代史にも力を入れた、なぜならそれが多くの聴衆の要望に応えるように思われたからです。しかしこの分野では、質が悪く、主観的で、資料不足の著書がもっとも多かった——いつもそうですが。たとえジャーナリストがすぐれた歴史家に早変わりしても、また「現代史専門」の歴史家がだんだん増えても、現代の歴史書には廃棄されるものがいちばん多い。

一九六八—七二年のあいだは、「月曜の歴史特集」は順調に毎週、放送された。ところがわたしが高等研究学院第六部門でブローデルの後任として科長になったとき、毎週、一時間半の放送番組をつづけることが困難になった、というのも沢山の読書と準備が必要だったからです。そこでパートナーを見つけなければならなくなった。すぐ、ドニ・リシェのことを思いついた、というのもわたしはかれを尊敬し、かれと親しかったからであり、かれに番組の半分を分担してほしいと頼んだ。われわれふたりは歴史のおなじ時代の専門でなかったので、本や、時代や、主題を分けあい、また年代の配分を決めた、つまりドニには近代・現代史、わたしには古代・中世史です。リシェはその放送に尽力して、生彩を与えた。

ドニ・リシェはあまりにも早く去ったが、かれの歴史家としての偉大な才能とともに、かれが演じた役割を強調しても当然でしょうね。

かれとわたしは友情で結ばれていたが、いろいろな事情で、必ずしも常に充分な意思疎通ができなかった。わたしはドニを学生時代から知っていた、ちょうどかれの義弟だったフランソワ・フュレと同様に、というのもその姉と結婚していたからです。ドニ・リシェは非常に多くの若い知識人をすっかり魅了するような道を歩み、短い期間だったが共産党に加入し、すぐ離党した。かれは統一社会党員になり、二年以上も熱心に大学部局で活動し、おなじ党員の高等教育者たちを組織した。

かれはピエール・グベールとともに、しかし違ったタイプの、十六世紀からフランス大革命にいたる

「旧体制」時代に関して、もっとも鋭く、明敏で、聡明な歴史家だったと思われる。かれは、制度の専門家ですが、もっとも保守的な歴史形態、つまりリュシアン・フェーヴルとマルク・ブロックを権威とした領域の専門家でしたが、それを現代の専門とすることに成功し、『アナール』の精神を受けついでいて、その雑誌に多くの論文を発表した。かれは抽象的な制度研究にとどまることなく、制度の社会的、文化的な側面の研究にも専念した。

しかし一般読者にとっては、一九六五年に、ドニがフランソワ・フュレと共同で執筆した大作『フランス大革命』は、歴史家たちのあいだで、かれらのきわめて重要な地位を確立した。ふたつの革命、つまり一七八九年から一七九二年にかけての革命と、一七九二年から一七九三年の革命があったことに関する評価はかれらに期待されなかった。かれらが証明しようとしたのは、二番目の革命が一番目のものの延長であって、根本的には違っていない。それがその本の本質的な考え方であり、フランス大革命史の再検討という大仕事の基礎になっている、しかしその後、ふたりは別々の方法へ進んだ、つまりふたりはそれほど接近した研究者ではなかったが、それでも第三者が考えるほど、決して本当に別れたのではない。わたしにとって――また多くの歴史家たちにとっても――、ドニの傑作は『現代フランス、制度的精神』（一九七三年）であり、また不幸にして遺作となった論文集『宗教改革から大革命へ――フランス近代史研究』であり、最後の本はフェルナン・ブローデルへ捧げられ、ピエール・グベールの序文が付けられている。

リシェは、言葉と分析の力で、たんに立派な教授であったのみならず、きわめてすぐれた教育者でもあった。多くの弟子、とりわけロジェ・シャルティエやロベール・デシモンのような抜群の弟子たちは、かれの恩を忘れていない。しかしドニのうちには、歳とともに深刻化する問題から生じた深い孤独が感じられた。かれはどうしたらよいのか分からなかったので、わたしの了解を得てから「フランス文化」放送の手伝いをロジェ・シャルティエに頼んだ。しかしだれも、かれが突然、六十歳で急死したとき、それほど死期が近づいていたとは思わなかった。シャルティエは放送の番組をドニの追悼に当て、わたしもそれに出たが、そのときの録音のコピーをとって、まだ元気だったかれの老父へ進呈した、その方はほとんど百歳で亡くなった。

その後、その歴史放送の番組では新しい役割配分がおこなわれた。

事実、われわれ各自の責務は重くなり、「フランス文化」放送のディレクターたちは仕事を分割するように望んだ。そこでわれわれはほかの同僚で友人でもある人たちに参加を求めました。だいたい十六世紀、十七世紀、十八世紀についてはは、すでにロジェ・シャルティエがドニ・リシェに代わっていた。十九世紀については、アルレット・ファルグとミシェル・ペローが担当し、番組を分担した。またフィリップ・ルヴィランは、もっと現代の時代を担当した。

今日では、われわれ各自は毎月一回放送にでています。わたしはあいかわらず中世と古代を受けもっているが、どちらかといえば中世に偏っている、というのも古代についての研究業績は、個人的に言えばきわめて確実に進歩しているが、それでも学殖的な作品であり、そのような著書を放送で取り上げにくいからです。そのようにして二十七年来、聴衆は月に一度の月曜日に、一時間半にわたって、新刊の中世史の本について、わたしが中世史のほかの専門家たちと議論するのをおとなしく聴いてくれます。それこそ、続けることによって効果のあがる経験です。

国立文化遺産学院

あなたは国立文化遺産学院でも責任ある地位につくことを承諾しましたね?

一九九〇年から、学術審議会員としてのジャン・ピエール・バディの信頼と友情によって、フランソワ・ミッテランとジャック・ランによって創立された新しい国立文化遺産学院の院長に選ばれ、元文化相ジャン-ピエール・ルカという偉い理事長とともにその学院の発展に尽くして欲しいと言われた。

それは魅力的な仕事であり、いつかもっと詳しく話したい。ジャン-ピエール・バディは高い見識をもってその仕事に専念し、また効果を挙げている。その学院で専門的な勉強をして卒業する若い学芸員たちは、フランスの古文書、美術、考古学、民族学に関する文化遺産を保管するだけでなく、それをフランス社会に生かすはずです。そこに、わたしは歴史家として、大いなる満足に値する過去、現在、そして未来に参加しているのだと考えます。

9　ヨーロッパのために

『歴史をつくる』

一九七七年に、あなたが社会科学高等研究学院の学長職をしりぞいたとき、「職業」をほとんど終えたと考えましたか。

そうです、そのことは一九八七年に、ピエール・ノラ編集による『自己史のこころみ』のなかで述べたとおりです[83]。そのかわり、一九八七年には歴史学国家大賞をもらい、またとくに一九九一年には国立科学研究所から金メダルをもらった。最近は、歴史家の仕事について反省し、執筆しています。

ピエール・ノラとはどのようにして知り合ったのですか。

最初の出会いは大学関係の外部ではじまった。ピエール・ノラはまず、アルジェリア戦争がはじまったとき、オランのリセの歴史教授として教職に就き、そのころ『アルジェリアのフランス人[84]』という本を書き、その本をわたしにも送ってくれた。しかも、わたしはかれを知っていた、というのもかれの義兄フランソワ・フュレと親しかったし、またかれのきょうだいの一人シモン・ノラも少し知っていたから。

ピエールはわたしに会いたいと言ってきた。わたしはかれの本が好きだった、というのもアルジェリアに関して充分、緻密で、興味深く、独創的な見方をしていたからであり、また同時にその本が時局的歴史の比類ない模範としてマルク・ブロックの『奇妙な敗北』のような珍しい本のひとつだと思われたからです。そのような歴史的考察はまったく現代的な歴史の発展にきわめて効果的な影響を及ぼした。つまり現在、あるいは現在から離れたばかりの過去を、真の歴史につくりかえる努力がどれほど重要かを示していた、つまり語りや関係や印象や証言を越え、まだ生々しい体験を消し去ることなく、長い持続期間において、同時に歴史的問題性に必要な時間的距離を置いて研究されなければならないことです。

しかも、人間的な面でも、その出会いは感銘的であり、われわれ、ノラとわたしはそのとき以来、言わば友情で結ばれたのです。

あなたはピエール・ノラといっしょにガリマール出版社の歴史叢書発行に尽くしましたね？

われわれはよく議論することがあって、かれはガリマール社に働きかけていた出版事業について、わたしの意見をときどき尋ねてくれた。一九七〇年ごろ、かれは新しい叢書の発行を思いつき、創刊を助けて欲しいと言ってきたが、それがその後歴史叢書というフランス修史の飾り窓になった。それはわたしには新しい経験だったが、じつに実りあるものだった。というのもわたしはいつも具体的な企画に情熱を燃やしたからです。つまり知識と文化の普及のために技術的、財政的、経営的な面も含めて、です。映画の分野で、ごく短い経験があったことはすでに述べたとおりです。ラジオの分野ではもう少し長い経験があり、また出版のことにも関わったことがある。そこで二年間、ピエールといっしょに仕事をしたが、ただ補佐役にすぎず、主要な役割はすべてかれが果たしてくれた。

その共同作業は一九七二年に中断した、つまりわたしが高等研究学院第六部門の科長に選ばれたときです。なぜならたとえ片手間にでもガリマール出版社の仕事をつづけることはもはや問題でなくなっていた、というのもわたしの役割はますます薄れていたからです、つまりその叢書の発行は順調にいっていた。

そのころ、ピエール・ノラがその叢書に『歴史をつくる』を入れようと思いついたのですね?

わたしがかれの最初の構想、つまり少し控え目だった発想を変更するようにさせた、とかれは言いたがっている。かれは史学の新しい方向の戦略について、ただ一巻の本をつくりたいと考えていたが、わたしは研究と歴史的記述の領域において、まさしく革新に関わるずっと広い調査と収集を率先しておこなうように勧めた。その結果、『歴史をつくる』は三巻本になった。当時の立派な歴史家すべてがその本で執筆しているとは言えず、また一九七〇年代はじめのフランス修史の精髄だとも言えない。それでも全体が『アナール』の系列において著しい刷新の証明になると思われるが、それも戦後にとどまらず、同時にその刷新を激励し、刺激することにもなります。

最後に、『歴史をつくる』は三編からなっている、つまり『新しい問題』、『新しいアプローチ』、そして『新しい対象』です。その三分割は古典的になっているが、実は思いつきなのです、というのもその本があまり大きくなりすぎたので、プランを練り直して三巻に分けざるを得なかったから。(85)

だれにもましてピエール・ノラに感心する点は、かれが模範的な発行者であっても独創的な研究者であり、すぐれた歴史家であることには変わりがないことです。以上の三点がそろっています。またノラがフランスの歴史学界と社会科学において占めている本質的な地位を充分に評価するためには、かれが考え、実現した成果『記憶の場』のみならず、『ル・デバ』誌のすごい成功を考えなければならない。

古いヨーロッパとわれわれのヨーロッパ

あなたはいつもヨーロッパ全体に広い感性を抱いていましたね?

二重の感性だと言いたい。まず、歴史家の感性ですが、それはもちろん中世史研究者としてのものです。わたしが中世について研究し、思索しはじめたときから、ヨーロッパという枠内でなければ中世史のよい仕事ができないといつも考えていた。わたしのすべての著書は中世の西洋、つまりもっぱらヨーロッパの一部を視野に入れていると信じます。『商人と銀行家』、『中世における知識人』、『中世の西洋文明』、あるいは『もうひとつの中世のために』、また『煉獄の誕生』または『中世の想像的世界』、さらに見方によれば『聖ルイ王』も、すべてヨーロッパ的な枠を必要とした。また中世以外の時代を眺めても、つねにヨーロッパ的独自性に感銘する。各時代、国別に問題を検討しても、ヨーロッパ的見地から大きな問題を考察しなければならない。

ヨーロッパに対するわたしの第二の感性は、いくらかは読書、しかしとくに旅行から来ている。ヨーロッパ以外のところへ行ったとき、たとえばアメリカ、アジア、あるいは北アフリカでも、そのたびごとに、もはやヨーロッパにいないと感じた。逆に、イギリスでも、スペインでも、ポルトガルでも、イタリアでも、ドイツでも、中・東ヨーロッパ諸国でも、スカンジナビア諸国でも、それらの国々の国民的、地域的特性を感じると同時に、ヨーロッパ的属性を感じた。またとくにスラブ世界との比較的深い接触をもったことで、その世界のうちにもヨーロッパの真正にして必然的な構成要素を認めるようになった。

もっとも重要な計画は国家的な枠を越えると思いますか。それでは、変質した企画にならないでしょうか。国民や国家は、偉大な計画を構想し、経験し、成功させようと試みたときに、はじめて偉大な時期を知った、と思われる。国民に偉大さ——これはあまり好きな言葉ではない——とは言わないまでも、ゆたかさと栄光をもたらした計画はまさしく国家の枠を越えた。ヨーロッパ人に関するかぎり、そのような願望は、まず、ある時期にほとんどすべてのヨーロッパ諸国が知ったように攻撃的で排他的な国民主義によって堕落したことが多かった。今日でもそのような被害がユーゴスラビアで見られるとおりです。だがヨーロッパ全体をまき込む大きな計画においても堕落させられた、たとえば十字軍があり、婉曲な言い方で大発見とか植民地化と呼ばれるものがある。

この上もないヨーロッパ的悪夢としてのヒトラー的ヨーロッパ計画には触れないことにしましょう。おなじくナポレオン的ヨーロッパに対する強烈な反感もひかえましょう。そしてわたしは、デ=ガスペリ、シューマン、アデナウアーの不気味なトリオとともにカトリック的で、教皇庁に着色された「六カ国のヨーロッパ」のように切断され、「党派的」なヨーロッパに反対します、たとえその状況が冷戦状況によって和らげられたとしても。ジャン・モネについては、テクノクラートのヨーロッパの父のように思わせることになったかれのゆがんだイメージに、少し失望した、それでもかれは文化的ヨーロッパを熱望していました。

それにしても一九四五年以後のドイツ＝フランス和合の熱意はヨーロッパ建設にとって本質的な事実になりました。

そのとおりです、それは強調すべきことです、重要な出来事ですから。まず、両国民にとって、長い歴史的経過においてです。カロリング王朝以後、二分されたガリア地方、つまり「西ガリア」と「東ガリア」はすぐ、当初の血縁関係を忘れて戦場で戦いあった。この千年来の宿敵関係に終止符をうった厳粛な和合は世論に受け入れられてヨーロッパの基礎をつくっています。統合されたヨーロッパの力は、明らかに、まずドイツ、フランス両国の友好に根ざしているが、ヨーロッパをドイツ－フランス的支配の上にあるとは言いません、それこそわたしが非常に反感を覚えることになります。

マルク・ブロックやシャルル＝エドモン・ペランのように、二十世紀の両世界大戦のときに愛国者だった歴史家がドイツとフランスの文明に精通していたことはたいへん感銘的です。かれらはドイツのひどい悪魔たちと、ドイツ国民ならびにドイツ文化の肯定的な現実の違いを完全に識別できた。きわめてたくましいフランス愛国心と敵国の文化に親しみ、崇拝する心との結合は、かれらの性格の美点です。両国の紛争を超越できるすぐれた主役は、おそらく、はげしく戦い、それでも相手国の文化に深くなじんだ両文化、両国の人々の中に見いだされるでしょう。それに反して、エルネスト・ラヴィスその他の実証主義的歴史全体は、フランスを一八七〇―七一年の敗北の復讐へ駆りたてるような閉鎖的で対抗的な国民主義という形のもとで現れました。

あなたはとくにマーストリヒト条約のときに、ヨーロッパ建設の促進を主張しましたね？

ヨーロッパの歴史的予想、各地方的、国民的多様性を通じてヨーロッパ存在の具体的経験、ヨーロッパ統一という大計画の重要性と価値、それらすべてがわたしをヨーロッパ統合の熱望者にし、ヨーロッパのために戦える能力にしたがって、つつましく努力する者にしました。

十年来、事実、わたしはヨーロッパ建設に関与しているような気持です。その理由はまず、何らかの運動、なんらかの計画のために行動する機会がなく、もちろん、人権のための基本的運動を除けば、現在の世界、とくにフランスにおいては情熱を燃やせるような活動は見られません。

個人生活も集団生活も、社会の発展に参加して活性化されなければ、完全ではない。現在、必要と思われる活動は、ヨーロッパのために尽くすことです。もちろん、現在あるがままのヨーロッパ、つくられつつあるヨーロッパは、わたしが夢見るヨーロッパではない。申すまでもなく、わたしは堅実な経済的、とくに通貨的基盤のあるヨーロッパを考え、それが安定の保証です。しかし政治的統一のあるヨーロッパの必要も考える、なぜなら政治は、何としても歴史を輝かせるからです。またそのようなヨーロッパがもっと正義に守られて欲しい、なぜなら社会的ヨーロッパにはあまりにも重大な欠陥があるからです。

かくて歴史家は市民と結びつき、一九九二年（九月二十日の国民投票）に、マーストリヒト条約に賛否が問われたとき、わたしは賛成した、なぜならわれわれのような古い大陸(86)の長い歴史には、ひとつの段階があってもよいのではないでしょうか。またヨーロッパ的欠陥の改善をマーストリヒト条約に求めるべきではありません。マーストリヒト条約があろうとなかろうと、その欠陥と戦わねばならず、マーストリヒト条約はただ希望の見通しを開いているにすぎません。

しかし、知識人にとっては、そのようなヨーロッパは何よりもまず、文化的ヨーロッパであるべきでしょう？実際、ヨーロッパはその文化遺産に、もっともよく現れている。ヨーロッパ人が共同で保有しているものは、ある種の文明であり、それはときには重大な相違を保ちながらレニングラード、モスクワ、ワルシャワ、ソフィア、ウィーン、ロンドン、その他に見いだされます。

『ヨーロッパをつくる』——五巻本の叢書

あなたは、一九八八年から『ヨーロッパをつくる』と題された歴史叢書を監修され、ヨーロッパ主要五カ国語で同時に出版された。その企画はどのようにして実現したのですか。

多くても共通した遺産はヨーロッパ各国に不可欠だと思われたので、そのような見地でその叢書が誕生したのでしょう。一九八八年に、フランクフルトで図書見本市が開催されたとき、出版社五社[87]が一堂に会して、前例のない企画を試みようと決定した、つまりヨーロッパ形成に関わるすべての重要問題に関して新しい歴史叢書を発行したのです。総括的な『ヨーロッパ史』を書くのはまだ早すぎるように思われた。だが可能性は有益です、だからその叢書は長い持続期間におけるヨーロッパの本質的な面についての著作になったのです。

当初の企画に基づいて、各出版社とわたしは、テーマ、ヨーロッパ史のテーマに優秀な各国執筆者を決めた。はじめの十五編のタイトルに合意が得られた。執筆者らはそれぞれ担当の編を書くことに同意し、同時に国ごとにそれぞれ五通の契約に署名した。各巻はまず五カ国語のいずれかで書かれ、ほかの四カ国語に翻訳された。こうして、一九九三年に、フランスからはミシェル・モラ、スイスからはウルリッヒ・イム・ホフ、そしてイタリアからはレオナルド・ベネヴォロの名で出版された[88]。ほかに十カ国語版も出たか、まもなく出るでしょう。さらにほかの十カ国の出版社が発行しようとして（ネーデルラント語版、スウェーデン語版、ポーランド語版、スロバキア語版、ハンガリー語版、ギリシア語版、トルコ語版、ポルトガル語版、さらに日本語版も）この叢書の翻訳権を取得しています。

『ヨーロッパをつくる』は、ヨーロッパ諸国の未来が、国境を知りながら、それを越え、長い持続期間において、統一ヨーロッパの現実と期待、その有利な条件と不利な条件を示す活発な思想伝播にかなり左右されるという確信に基づいている。

あなたの言う「感情的ヨーロッパ」とは何を意味するのでしょうか。

ヨーロッパの中にいて、わたしは感情的に三つの愛国心を感じていると言うべきでしょう。わたしが多くの論文を書き、少し本も書き、フランスや外国で講演をした題材としてのヨーロッパは、祖国の集まりとしてのヨーロッパです――この言い方のほうが諸国の集まりとしてのヨーロッパというより好きです。わたしの三つの祖国は、まずフランスであり、それからイタリア、最後にポーランドです。しかし歴史的な祖国、あすの祖国はヨーロッパです。

最後に、そのヨーロッパは今日のヨーロッパ人の子供たちの祖国になるでしょうから、わたしは子供たちのために『子供に語るヨーロッパ』を書いたが、その中でヨーロッパ人の過去の過ちや罪を隠さず、またヨーロッパのみならず世界にとっても、すばらしい成功や価値も明らかにした(89)。ここでわたしはジャック・ドゥロールの模範的な活動に敬意を表したい。かれはヨーロッパ建設にとって歴史的所与の重要性を心得ているヨーロッパ人であり、光栄にも、また友情から、ときどきわたしの話を聴いてくれたことがある。

エピローグに代えて

『聖ルイ王』――総合的伝記の試み

一九九六年、あなたは聖ルイ王の伝記を発表しましたが、それは十年以上もかけて執筆した労作[90]ですね。たいへん期待されたその作品の趣旨を述べてください。

だれかの伝記を書こうと決心するには、その個性にいたるまで、伝記の主題となる人物の人格まで到達できると思わねばならない、なぜなら資料的手段と方法論的手段があるからです。真の歴史的伝記は個性的人格を、もちろんその社会、その文化、その状況から引き離すことなく記述する試みにほかならない、なぜなら貴人と社会とのあいだに対立はないが、両者のあいだに相互作用があるからです。だからその可能性があることを証明しなければなりません。

それが伝統的な言い方によれば資料批判です。わたしはその批判をもっと押し進めようと試みた。わたしの本の第二編において、少し挑戦的な自問をおこなった、つまり聖ルイは存在したのか、と。聖ルイに関する資料は豊富ですが、よく調べてみると、実際には、紋切り型のように思われ、その人物の常套的イメージを再生していて、今日、伝記に要求されるようにほかの人々と違った人物へのアプローチが見られない、たとえ少しは共通した値打があるとしてもです。だから同時代人による聖ルイのイメージづくりの動機と方法を研究する必要があった。聖ルイの話を聞き、少し調査をしたら、ロベール敬虔王、シャルルマーニュ大帝、あるいは悪くすれば旧約聖書か『王の鏡』から来た理想像に行き当たった。

「聖ルイは存在したか」という問いは次のことを意味している、つまり聖ルイは歴史家にとって、さらに人物像を表現し、できるなら蘇生させ、説明する歴史家の一般読者にとって、存在しうるか、どうか？　決まり文句、つまり「トポイ」というものを集めた資料研究を積みあげて、どうにかその人物に到達できると感じた。それにはふたつの理由がある。第一に、人物をじかに知っていた人々の証言があるからです。中でもふたりの者にとって本質的に重要なことがある、その相手は本人の告解師です。告解師の証言には、いわば真実の保証がある、なぜならその種の法則だからです。当然、告解師は国王のおこないについてひととおりの質問をするが、かれの仕事は悔悛者としての国王が国王としての威光と完璧さを台なしにするかも知れないようなことまで包み隠さないように仕向けることです。そのためにその人物をいっそう人間らしくし、自分の欠点を矯正するか、少なくとも厳しく欠点と戦った後でなければ聖者もしくは正式に聖者と認められなかったことが証明される。

もうひとつの理由は、ジャン・ジョアンヴィルの『聖ルイ王物語』という、まったく例外的な作品に触れることができたからです。どうして例外的か。それは中世で最初に世俗人によって書かれた歴史的人物の伝記だからです、つまりこの作者は、深くキリスト教的な社会の価値観をもち、決まり文句を使うとしても、聖職者らによって書かれた聖者伝的ジャンルの紋切り型に影響されていません。さらに加えて、すでに明らかにされている聖ルイ王との関係をいっそう深く研究しようと努めたが、そのジョアンヴィルは親しい国王に対して尊敬の念を深めながらも、その尊敬と友情で赦される非難をためらわない。ジョアンヴィルは告解師とは異なる視点で聖ルイの人柄を明らかにしているので、そのほうが聖ルイをいっそう真正で、いっそう個人的に人間らしくしています。

それだけではない。わたしはこの伝記的究明の方針として、ある仮説を立てた、つまりほかの人々がわたしより前に述べていたが、そこから結論を引きださない、と。早くから、聖ルイは――ここで少し時代錯誤的な言い方を許していただきたい――母と助言者たちによって理想的なキリスト教徒的国王となるように「プログラム」されていた。そのような育成は母たちの敬虔さを映しているだけでなく、とくに政治的な事柄です。どの王朝ともおなじく、カペー王朝も家族の中に聖者を求め、王朝自体を神聖なものにしようとした。そのような試みはすでに多かった。たとえば主なものとして、十一世紀のベネディクト会修道士エルグント・ド・フルーリは、二代目のカペー王朝で、ユーグ・カペーの息子ロベール敬虔王の伝記を書き、その王を聖者にしてもらおうと考えていたが、その試みは失敗した。もっと奇妙なのは、十三世紀はじめに起こった場合で、これは聖ルイの祖父フィリップ・オーギュストを聖者にしようとしたことです、つまりその人物がかずかずの奇跡をおこなったとされ、それが聖性の証拠になると思われた。わたしの本のなかで、なぜその試みが失敗したかを説明してみた。十三世紀では、奇跡をおこなうだけではもはや聖者になれなかった。つまり聖者らしい生き方が大切であったのに、フィリップ・オーギュストの場合はそうでなかった。

　聖ルイ王の場合、母や側近の者らの計画――かれ自身も、若いころから明らかに悟っていたが――は厳密に言って、かれを聖者にすることではなかった、なぜならその計画はかれがいくら高い地位にあるキリスト教徒であっても、まったく微妙な問題であったからです。それこそ、かえって計画自体をつぶしてしまう傲慢の表われになるでしょう、というのも聖者は傲慢であってはならないからです。聖者になりたいと思うことは聖性と見なされない。むしろ理想的なキリスト教徒的国王に化身することが必要だった、またた聖ルイは告解師やジョアンヴィルによって欠点を暴露されたが、要するにその計画を成功させた。したがって、かれについて知られたこと、つまりかれの業績、感情、かれが言ったとされる言葉、一見、決まり文句と思われる言葉、それが理想を現実化するチャンスになった、なぜなら聖ルイはその理想に化身したからです。換言すれば、別の文脈で述べたように、ルイ・マランはルイ十四世について言ったこと――「国王の肖像、それは国王である」――は聖ルイについても真実になるチャンスがあった。

全体的伝記の試みを正当化するもうひとつの理由を挙げよう、つまり聖ルイのような人物の個性に到達できる条件のひとつとして、かれが生きた時代には個性についていくらかの認識があることです。もし個性の概念がなかったら、個性を説明する資料は生まれないでしょう。確かに、その点で歴史家たちが論争しているので、そのことについては説明しますが、十三世紀は個性の概念が出現する時代になっています。だから、歴史的条件との一致が、個性を聖ルイ王に適用させるのです。

最後に、聖ルイ王の総合的伝記の試みが問題です、なぜならある人物、まして偉大な人物――それは平凡です――はみずから時代をつくっただけに、ますますその時代の産物になる。個人が生きた社会の価値観全体に関連づけないでは、その個人のすべての要素、すべてのゆたかさを理解することはできない、つまりかれはその時代から刻印を受け、「否応なしに」活動とイメージの見返りとして輝くことになったのです。

だから第三編において、わたしは理想的でユニークな聖ルイ王を表わします。わたしの古くからの妄想として、国王、聖者、奇跡の人、神聖な人物としての聖ルイと時間・空間との関係、知的、芸術的環境との関係、家族との関係、制度、君主制の進化、そして封建制との関係において、いかに聖ルイの総合的なイメージを与えることができるかを示そうと努力した、つまり聖ルイをたんにその状況における対象として置きなおすのでなく、その時代とその社会に浸らせたのです。

最後の章で、聖ルイの個性、およびかれとその時代の相互的影響を理解する重要な点として、かれのうちに悩める王を考慮しなければならない。その理由は、まず、そうすることによってかれの身体と感受性における もっとも秘めやかな部分にはいりこめるからであり、またその悩める王というイメージを利用して、その時代の支配的なキリスト像に一致できたからです。だがそれは輝かしいキリストの像でなく、勝利者キリストの像でもなく、明らかに王者としてのキリストですが、苦悩と苦痛のうちにある王者であり、「受難」のキリストでした。だから聖ルイの大失敗——敗戦、幽閉、十字軍の失敗——は精神的でもあり地上的でもある勝利に変わったのです、ちょうどおなじ十三世紀に聖痕のおかげでアッシジの聖フランチェスコに起こったように。

以上の三つの視野と三つのレベル、つまり事件と年代のレベル、記憶の生産的資料と個性観のレベル、そして最後にその時代の価値観のレベルにおいて、わたしは、あまりにも野心的かも知れないが、総合的伝記と呼べるものを書こうと試みたわけです。

『聖ルイ王』、それは十年以上かかったが、それでもわたしの現在です。しかしまだ生きながらえることができるなら、それで終わりではありません。すでにほかの仕事にとりかかっています。そして長い持続期間において思索しながら、ときには短い期間のことに関わりながら、二十一世紀の到来を見つめています。わたしはエリー・ヴィゼルから招待された広島のシンポジウムから戻ったばかりです。そのシンポジウムのテーマは「希望の未来」でした。歴史家、人間としてのわたしの期待に希望を刻んでくれました。

訳者あとがき

本書は Jacques Le Goff, *Une vie pour l'histoire. Entretiens avec Marc Heurgon*, Éditions La Déouverte, Paris, 1996 の全訳である。なお、この対談の聞き手マルク・ユルゴンは大学教授資格者である。

著者ジャック・ル・ゴフは、西洋中世史の権威であるばかりでなく、伝統ある大学が多いパリにおいて、いわば大学院大学とも言うべきユニークな大学、社会科学高等研究学院（Éole des hautes éudes en sciences sociales）の画期的な発展に尽くした歴史家である。この学院は、もともと、フランス第二帝政時代に、文部大臣に抜擢された歴史家ヴィクトル・デュリュイによって一八六八年に高等研究専門学院（Éole pratique des hautes éudes）として創立され、自由な研究環境に恵まれたパリ大学付属施設として誕生し、当初は数学、物理・化学、自然科学、歴史・哲学、宗教学の五部門から成り、その設置場所は専門研究に応じてソルボンヌ大学、コレージュ・ド・フランス、博物館等に分散していた。一九四七年にリュシアン・フェーヴルの尽力によって第六部門、つまり経済・社会学部門が増設された。本書で問題になっているのはこの第六部門の発展経過である。ル・ゴフはこの学院の主任助手（のちの助教授）、指導教授を経て、フェルナン・ブローデルの後を継いで第六部門の科長になってから、本書で語られているような努力の末に、この学院を社会科学高等研究学院にまで発展させ、その初代学長になった。『絵画の記号論』で知られ、また法政大学出版局刊の『声の回復』、『語りは罠』、『食べられる言葉』などで著名なルイ・マランもこの学院の芸術言語センター教授であった。またロラン・バルトもこの学院の発展に三年間協力している。

他方、ル・ゴフは、「新しい歴史」をめざしたマルク・ブロックとリュシアン・フェーヴルによって、一九二九年に創刊された研究誌『アナール』——当初は『経済・社会史年報』と題され、その後、『社会史年報』、『年報‐経済・社会・文明』などと改題されたが、今日では『年報』つまり『アナール』あるいは『アナール』派として知られている——の主宰者となって活躍し、ブロックとフェーヴルの歴史観を発展させ、歴史における「精神性」から「史的人類学」という名において、歴史を主として「全体的」(トータル)あるいは「総合的」としてとらえ、また学際的な研究への道を開き、今日ではこの研究誌をフランスのみならず、国際的地位にまで高めた。

ところで、ル・ゴフは本書より以前にピエール・ノラ編集による『自己史のこころみ』(一九八七年、ガリマール出版社刊)を出しているということだが(本文、一および二五四頁)、訳者の怠慢から本書と比較する余裕がなかったのは残念である。しかし「自己史」であっても「自伝」であっても、自分を語ることは同時に他人を語ることになり、自分が生きた時代や環境や状況を話すことにもなる。この歴史家ル・ゴフの自伝はその家族の思い出を含めて二十世紀全体にわたっている、つまりフランス国民全体を分断し、震撼させた「ドレフュス事件」の余波から、第一次、第二次世界大戦、アルジェリアをはじめとする植民地事件、一九六八年の「五月革命」、そして今日までのヨーロッパの動向にいたるまでである。本書において、ル・ゴフは歴史家として、また「市民」として、今世紀をふりかえり、二十一世紀のフランスというよりはむしろヨーロッパ統合の発展に希望を託している。

またル・ゴフは、名著と言われる『もうひとつの中世のために』(一九七七)、『煉獄の誕生』(一九八一、法政大学出版局刊・一九八八)、『中世の想像的世界』(一九八五)、さらに最近の大作『聖ルイ王』(一九九六)をはじめ、二十数編におよぶ中世研究書を発表しただけでなく、本書でも語られているように映画、テレビ、ラジオ、その他、多くの分野でも活動している。現在は定年退官しているが、まだまだ旺盛な研究意欲と活動力を示している。ただし本書で、歴史学における「社会科学」諸分野の援用がしばしば語られているが、歴史家たちがあまり異口同音に社会科学を唱えるようになると、たとえば古代ローマ史研究の大家として知られるポール・ヴェーヌ、つまりおなじ『アナール』派の歴史家から批判され、「真実を述べる方法は、みんなと反対のことを言うことであり、みんながある考えに賛同してしまったら、そんな考えは必然的にでたらめである。これは偏見に対するヴォルテール流の古い考え方だ」と言われたこともある（当時、ヴェーヌはまだ若い新進気鋭の歴史家であった）。確かに、歴史はつねに書き直される。それがル・ゴフの「新しい歴史」観であるはずである。『アナール』派の史学は、そのような多極性を特色としているのかも知れない。

最後に、本書の翻訳にあたっては、法政大学出版局の前編集長稲義人氏、ならびに同編集部の藤田信行氏にたいへんお世話になったので、この場をかりて心から御礼申し上げる。

二〇〇〇年一月

鎌田博夫

原　注

末尾に（M. H.）が付されているのはマルク・ユルゴンの注であり，それ以外はすべて著者ジャック・ル・ゴフによる注である．

（1）　Jacques Le Goff, *Essais d'ego-histoire,* réunis et présentés par Pierre Nora, Gallimard, Paris, 1987.

（2）　Henri Leclerc, *Un Combat pour la justice. Entretiens avec Marc Heurgon,* La Découverte, Paris, 1884.

（3）　クロード・ファレールの小説は戦前，映画化された．かれはとりわけ1922年6月，『プチ・パリジャン』紙の連載小説を刊行した．それはモロッコにおけるフランス植民地主義精神を賛美した小説である．この小説から2本の映画がつくられた．ひとつは1923年の無声映画で，『新しい人々』であり，1936年のアリー・ボールとマルセル・レルビエによって再映画化され，それはかなり成功した（Pierre Boulanger, *Le Cinéma colonial,* Seghers, Paris, 1975）．他はファレール作の小説で，日露戦争を扱った『戦い』であり，それは1933年に映画化され，シャルル・ボアイエとアナベラが日本人に扮している．

（4）　エコール・ノルマル・シュペリユール時代のピエール・グレコについては次を見よ―― Jacques Le Goff, *Archives de psychologie,* 1990, pp. 81-86.

（5）　マルーが親密に協力していた『エスプリ』誌で特集された反植民地主義の立場を思いだすべきである．1956年4月5日付の『ル・モンド』紙で，かれは「わが祖国フランス」と題して「私見」を発表し，戦争継続の危険性を指摘し，特殊な権力のためにアルジェリアでおこなわれている手段を批判した．これは知識人から出された最初の宣言であり，そのために執筆者は警察の捜索を受けた．

（6）　ジャック・ル・ゴフはに1985年6月2－3日付けの『ル・モンド』紙においてギッタ・パシス－パステルナークについておなじような指摘をおこなっている．

（7）　マサリックの子孫は現在，アメリカ市民であり，1993年にニック・リードの協力をえてドキュメンタリーを製作した．それは1994年5月24日，「アルテ」で放映されたが，それを見ても，マサリックの謎は解明されないまま，その人物は感動的に正確なポートレートとして表現されている．

（8）　プラハの状況についてのジャック・ル・ゴフの話とは反対の懐疑論につ

いては次の書を見よ── Emmanuel LE ROY LADURIE, *Paris-Monpellier, PCPRU, 1945-1963,* Gallimard, Paris, 1982, p. 45.

(9) François Furet, *Le Passé d'une illusion. Essai sur l'idée communiste au XXe siècle,* Laffont-Calmann-Lévy, Paris, 1995.

(10) 次を見よ── Marc Heurgon, *Histoire du PSU,* tome 1, *La fondation et la guerre d'Argérie (1958-1962),* La Découverte, Paris, 1994.

(11) Pierre Mandes France, *La République moderne,* Gallimard, 1962.

(12) «scout» は中年の男（退役軍人が多い）で，用務員として学生の世話をしていた．

(13) 次を見よ── M.D. CHENU, *La Théologie comme science au XIIIe siècle,* Vrin, Paris, 1969, 3e éd.; また立派な古典としては── *La Théologie au XIIe siècle,* Vrin, Paris, 1976, 3e éd. おなじく次も見よ── *Saint Thomas d'Aquin et la Théologie,* Le Seuil, coll. «Maîtres spirituels», Paris, 1959; *Introduction à l'étude de saint Thomas d'Aquin,* Vrin, Paris, 1976.

(14) ヴォルテール，シャトーブリアン，ギゾーの本の引用は次による── Jean Ehrard et Guy Palmade, *L'Histoire,* Armannd Colin, «Collection U», Paris, 1964. この問題の全体に関しては次を見よ── Jacques Le Goff, introduction à *La Nouvelle Histoire,* 2e éd., Complexe, Bruxelles, 1988.

(15) Lucien Febvre, *Michelet,* Éd. des Trois Collines, coll. «Les classiques de la liberté», Lausanne, 1946.

(16) Jacques Le Goff, «Les Moyen Age de Michelet», in Michelet, *Œuvres complètes,* éd. P. Viallaneix, I, IV, *Histoire de France,* I, Flammarion, Paris, 1974, repris dans *Pour un autru Moyen Age,* pp. 19-45.

(17) Lucien Febvre, *Un destin, Martin Luther,* 1re éd., 1927, 2e et 3e, PUF, Paris, 1945 et 1951.

(18) Roland Barthes, *Michelet,* Le Seuil, coll. «Écrivains de toujours», Paris, repris et mis en jour en «Points», 1988.

(19) 次の共同論文集，ジャック・ル・ゴフ監修および序章執筆，『中世の人間』を見よ── Sous la direction de Jacques Le GOff, *L'Homme médiéval,* éd. original en italien, éd. française, Le Seuil, Paris, 1989.

(20) Alexander Murray, *Reason and Society in the Middle Ages,* Oxford University Press, Oxford, 1978.

(21) 他所で，ミシェル・パストゥローと共同で仕事をしたと述べたが，次の書を読んでいただきたい── Michel Pastoureau, *Figures et Couleurs. Études sur la symbolique et la sensibilité médiévales,* Le Léopard d'or, Paris, 1986.「中世におけるイメージ」に関するジャン－クロード・シュミ

ットとそのグループによる主要な研究を思いだしていただきたい.

(22) Jules Michelet, *Correspondance générale,* éd. par Louis le Guillou, 3 vol., Champion, Paris. この書簡集の第四巻も近刊. Jules Michelet, *Cours au Collège de France,* 2 vol., publiés par Paul Viallaneix, Gallimard, «Bibliothèque des Histoires», Paris, 1996. 次を見よ —— François Furet, «Michelet, le réveil du volcan», *Le Nouvel Observateur,* 12 octobre 1995.

(23) Jacques Le Goff, «L'histoire politique est-elle toujours l'épine dorsale de l'Histoire?», première parution en anglais dans *Daedalus,* 1971, repris dans *L'Imaginaire médiéval,* pp. 333-349. 次を見よ —— la préface de Jacques La Goff à la nouvelle édition des *Rois thaumaturges,* Gallimard, Paris, 1983.

(24) ユーグ・カペーの家来の領主から投げつけられたこの暴言は, 987年にかれを国王に選んだ領主たちに対するこの王の弱みをついた言葉と見なされている.

(25) マルク・ブロックとリュシアン・フェーヴルの共同監修で1929年に出版された雑誌の名称は *Annales d'histoire économique et sociale,* それは前世界大戦とともに *Annales d'histoire sociale* (1939-1941, さらにふたたび1945年), 1942-1944年までは *Méranges d'histoire sociale* となり, 表紙からマルク・ブロックの名が消える. 1946年からは次のとおり —— *Annales : Économies-Sociétés-Civilisations* ; またサブタイトルは1994年から次のように変更される —— *Histoire, sciences sociales.*

(26) ドイツ軍占領下におけるリュシアン・フェーヴルの態度と『アナール』誌の再刊の問題については, 最近では見直されている, たとえばスイスの歴史家による次の書を見よ —— Philippe Burrin, *Les Français, à l'heure allemande,* Le Seuil, Paris, 1995 ; および *L'Hisoire* 誌, 1994年12月号に載った同氏の対話. ビュランは協力という言い方より「順応」という語を使いたがっている. かれはジョリオ－キュリーの場合を挙げている, つまりジョリオ－キュリーはコレージュ・ド・フランスの存続を救うために, その大学の自分の実験所でドイツ人科学者の入所を承認したが, 同時に1941年から活発にレジスタンス運動に加わる. ビュランの言うように, リュシアン・フェーヴルの反ドイツ感情は問題ではなく, フェーヴルはただ『アナール』誌をどうしても再刊したかった. そこから1941年の春のフェーヴルとブロックの往復書簡に見られるような両者の意見対立が生じる. フェーヴルとしては, 「驚かせる気がなかったこと」を証明できただろう. 結局, マルク・ブロックは折れて, ドイツ軍占領下の条件で雑誌は再刊できた. Pierre Daix, *Braudel,* Flammarion, Paris, 1995では, 「ドイツ軍占領下のリュシアン・フェーヴル」のために13ページも割いている (187-200ペ

ージ）．フィリップ・ビュランの論争的な言い方では，リュシアン・フェーヴルの無条件の擁護が問題であり，『アナール』の再刊はレジスタンスの行為として現れる，なぜなら「ドイツ軍の検閲をあざむいて，書物または印刷物でフランスの知的存在を，可能なかぎり示すこと」だから．ピエール・デクスは次の古い証言と，最近の論説によっている —— Fernand Braudel, *Hommage à Lucien Febvre,* Paris, 1953 ; Paul Braudel, «Ce que je sais de Lucien Febvre», *Libération,* 24 mars 1995（M. H.）.

(27) 次を見よ —— Marc Bloch et Lucien Febvre, *Correspondance,* Édition établie, présentée et annotée par Bertrand Müller, t. 1, *La Naissance des Annales, 1929-1933,* Fayard, Paris, 1994.

(28) 次を見よ —— Marc Bloch, *Souvenirs de guerre, 1914-1915,* Cahier des Annales, Paris, 1969.

(29) この方法をアルケオロジーとジェネアロジーに関するミシェル・フーコーの概念と比較しなければならない，つまりフーコーはもっと一般的なやり方で，「新しい歴史学」の歴史家たちと複雑な知的関係を維持したが，かれはわたしにとっては，どんな歴史哲学とも違って哲学と歴史とのあいだのユニークな関係における偉大な啓発者だった．

(30) 『奇妙な敗北』の初版はジョルジュ・アルトマンの前書きと，1943年に書かれたマルク・ブロックの遺書とともに発表されたが，発行所は次のとおり —— Éditions Franc-Tireur, Paris, 1946. その遺書から引用するなら ——「死に直面して，必要なら，以下のことを確認する，つまりわたしはユダヤ人として生まれた，それを弁解しようとは決して思わないし，また弁解する理由もない［……］わたしはいかなる告解形式や，人権的連帯性にも無関心であり，全生涯を通して，なによりもまず，ただたんにフランス人であったと感じた．わたしは，すでに長い家系の伝統にしたがい，その精神的遺産とその歴史にはぐくまれて祖国に執着し，事実，気楽に呼吸できるほかの祖国を考えることもできず，深く祖国を愛し，全力を尽くして祖国に奉仕した［……］これまで生きてきたように，わたしは立派なフランス人として死んでゆく」．(M. H.)

(31) Étienne Bloch, le fils aîné de Marc Bloch, *Apologie pour l'Histoire ou Métier d'historien,* Armand Colin, Paris, 1993, Préface de Jacques Le Goff.

(32) 次を見よ —— Marc Bloch, *Histoire et Historiens*（textes réunis par Étienne Bloch）, Paris, 1995. Sixième partie : «L'enseignement de l'histoire.»

(33) Lucien Febvre, *Le Problème de l'incroyance au XIVe siècle. La Religion de Rabelais,* Albin Michel, coll. «L'évolution de l'humanité», Paris, 1942.

(34) Georges Duby et Robert Mandrou, *Histoire de la civilisation française,* Colin, Paris, 1969, réédition revue et corrigée.

(35) 次を見よ—— *L'Histoire,* n° 192, octobre 1995 : un dossier intitulé «Faut-il brûler Fernand Braudel?» は辛辣であり，特に次の論評ではマンドルーの一件を詳しく報じ，「危険なライバルを遠ざけた」としてブローデルを非難している—— François Dufay, «Portrait d'un mandarin». それに反して，同誌の次の論説ではマンドルーの悲運には少しも触れられていない—— Pierre Daix, «Braudel». (M. H.)

(36) 次の引用による—— *L'Histoire,* n° 192, octobre 1995.

(37) リュシアン・フェーヴルの「名誉と祖国」と題する原稿の事件はまことに奇妙である．テキストとともにその経緯が発表されるはずである．その原稿は30年間行方不明のままだったが，1993年に，フランソワ・フュレが発見したが，それはかれがノルマンディーのある城でトックヴィルに関する調査をしていたときだった．

(38) *L'Histoire,* n° 192, octobre 1995.

(39) Jacques Le Goff, *Marchands et banquiers du Moyen Age,* PUF, coll. «Que sais-je?», Paris, 1re éd. 1956, 上述，88ページを見よ．

(40) Jacques Le Goff, «Au Moyen Age : temps de l'Église et temps du marchand», *Annales E. S. C.,* 1960.

(41) *Le Moyen Age, classe de quatrième,* par Jacques Le Goff, Bordas, collection d'histoire, Paris, 1962. この教科書は計画の変更により，発行が2年遅れた．

(42) *Essais d'égo-histoire, op. cit.,* p. 238.

(43) 資料のそろった，最近出版の興味深い本（*Braudel,* Flammarion, paris, 1995）において．しかしこの本は明らかにブローデルの側近の者の影響を受けていて，ピエール・デクスは，わたしが「ブローデル王国全体を相続しよう」としたが，ブローデルの「国際的名声」に耐えられなくなっている，と非難している．あの状況と時期を身近に経験した人々は，理解あるフランソワ・フュレをはじめ，そのような仮説を無意味だと知っている．

(44) 1976年，ジャン - ピエール・ソワソンは大学局をやめて職業教育局へ移る．バール内閣のとき，かれは青年・スポーツ省の大臣になる．1988年6月，ミシェル・ロカールの内閣にはいり，ふたたび労働・雇用・職業教育省の大臣になる．

(45) ピエール・デクスは，その本の中で（上掲書，439ページ），フェローを共同委員にするためにブローデルに働きかけたことについては，まったく触れていない，そして「ブローデルの配慮によるマルク・フェローの昇進」を挙げている．(M. H.)

(46) *De Russie et d'ailleurs. Feux croisés sur l'histoire, Mélanges pour*

Marc Ferro, Collection historique de l'Institut d'études slaves, Paris, 1995, préface de Jacques Le Goff. さらに次もある—— François Dufay, «Les Vies parallèles de Marc Ferro», in *L'Histoire* (mai 1995), n⁰ 188.

(47) *Historiens et géographes,* 1981という雑誌でマルク・フェローの対談.

(48) マルク・フェローのロシアに関する著書の主なものを挙げるなら—— Marc Ferro, *La Révolution de 1917,* 2 vol., Aubier-Montaigne, Paris, 1967-1976 ; *Des Soviets au communisme bureaucratique,* Gallimard, coll. «Archives», Paris, 1980 ; *Nicolas II,* Payot, Paris, 1990 ; *Les Origines de la perestroïka,* Ramsey, Paris, 1990 ; Marc Ferro et Marie-Hélène Mandrillon, *L'état de toutes les Russies,* La Découverte, Paris, 1993.

(49) Marc Ferro, *La Grande Guerre. 1914-1918,* Gallimard, rééd. «Folio». Paris, 1990 ; *Histoire des colonisations,* Le Seuil, Paris, 1994.

(50) Marc Ferro, *Pétain,* Fayard, Paris, 1987. この本は1993年，ジャン・マルブッフによって映画化され，メーンキャストはジャック・デュフィロ.

(51) Marc Ferro, *Cinéma et Histoire,* Gallimard, réédit. «Folio», Paris, 1993. *Film et Histoire* はマルク・フェローが社会科学高等研究学院の出版事業として出した叢書の一冊である.

(52) エマニュエル・ル・ロワ・ラデュリは1987年秋から1994年はじめまでパリ国立図書館長になったとき，『アナール』誌の仕事を休ませて欲しいとわれわれの了解をとった，というのもその新しい職務のために論文を読む暇もなく，会議にも出席できないからだった．かれがその職務を終えたとき，『アナール』の運営委員会の者，とくにわたしはかれに戻って欲しかった．委員会を代表して，わたしがかれに戻る気がないかどうかを尋ねた．かれはたいへんうれしいが，しばらく待って欲しいとのことだった，なぜなら，当分のあいだ，コレージュ・ド・フランスでの講義や，著作（とくに *Platters* シリーズ）に専念したいからだった．

(53) Georges Duby, *La Société aux Xe et XIIe siècles dans la région mâconnaise,* Armand Colin, Paris, 1953.

(54) Georges Duby, *Le Dimanche de Bouvines, 27 juillet 1214,* Gallimard, coll. «Les trente journées qui ont fait la France», Paris, 1973. 次も見よ—— *L'An mil,* Julliard, coll. «Archives», Paris, 1967 ; *Guillaume de Maréchal ou le Meilleur Chevalier du monde,* Fayard, Paris, 1984. しかしすべてを引用しなければならなくなるだろう．

(55) 次を見よ—— Georges Duby, *Dames du XIIe siècle,* 2 vol., Gallimard, Paris, 1994.

(56) Pierre Daix, *Braudel, op. cit.,* p. 439によれば1983年にフェルナン・ブローデルがソ連の歴史家ダーリンにそう言明している．

(57) しかしながらリュシアン・フェーヴルとフェルナン・ブローデルは，第

六部門にヴァラニャック，レヴィ-ストロース，スステル，ドニーズ・ポールム，ジェルメーヌ・ティリヨン，また若い人としてはモーリス・ゴドリエ，マルク・オージェのような人々を受け入れた．しかし両人は，かれらとの対談で，構造主義のためにレヴィ-ストロースとの場合を除いて，民族学を歴史研究にとりいれなかったし，深めもしなかった．

(58) Jean-Claude Schmitt, *La Raison des gestes dans l'Occident médiéval,* Gallimard, Paris, 1990 ; *Les Revenants, les Vivants et les Morts dans la société médiévale,* Gallimard, Paris, 1994.

(59) ロベール・フィリップは次の論文の共著者である—— *Enquête sur l'alimentation, Annales 1961* 以降つづく．かれは 4 巻からなる次の学位論文を書いた—— *L'Ênergie ou Moyen Age.*

(60) «Culture ecclésiastique et culture folklorique au Moyen Age : saint Marcel de Paris et le dragon», in *Richerche storiche ed economiche in memoria di Corrado Barbagallo,* Napoli, 1970, repris dans *Pour un autre Moyen Age, op. cit.,* pp. 236-280. また『コレージュ・ド・フランス講義録』で，ミシュレへの関心が示されたことも指摘されよう．
«Culture cléricale et tradition folklorique dans la civilisation mérovingienne», *Annales E. S. C.,* 1967, repris dans *Pour Un autre Moyen Age, op. cit.,* pp. 223-236.

(61) «Aspects savants et populaires des voyages dans l'au-delà au Moyen Age» は次のように英語で発表され，次いでフランス語で発表された—— Steven L. Kaplan (ed.), *Understanding Popular Culture,* 1984 ; *L'Imaginaire médiéval, op. cit.,* pp. 103-119.

(62) «Au Moyen Age : temps de l'église et temps du marchand», *Annales,* 1960, repris dans *Pour un autre Moyen Age, op. cit.,* pp. 46-66.

(63) ジャック・ル・ゴフとエマニュエル・ル・ロワ・ラデュリは，それぞれ第六部門のゼミナールにおいて使ったテキストで別個にメリュジーヌに出会っている．その後，ふたりはそれぞれのテキストとその考え方について意見を交換した．その結果は共同研究として次の一番目で発表され，中世の部分も次の二番目で再掲載されている—— *Annales E. S. C.,* 1971 ; *Pour un autre Moyen Age, op. cit.,* pp. 307-335.

(64) Pierre Vidal-Naquet, *Le Chasseur noir. Formes de pensée dans le monde grec,* Maspero, Paris, 1981 ; la Découverte, Paris, 1983 et 1991.

(65) «Lévi-Strauss en Brocéliande», *Critique,* 1974, repris dans *L'Imaginaire médiéval, op. cit.,* pp. 151-187.

(66) 次の論文を見よ—— Jacques Le Goff et Jean-Noël Biraben, «Biologie et société», *Annales E. S. C.,* décembre 1969.

(67) Jacques Le Goff, «Corps et idéologie dans l'Occident médiéval»,

これは最初はイタリア語で発表されたが，次の書で再録された―― *L'Imaginaire médiéval, op. cit.,* pp. 123-126. わたしは Mirko D. Grmek の疾病史に関する先駆的研究に熱中した．

(68) «Ordres mendiants et urbanisation dans la France médiévale», *Annales E. S. C.,* 1970, pp. 924-945. おなじく次の共同研究論文で「総合化する構造」を探究したが，この共通の考え方はいまでも中世研究者のあいだで反響を呼んでいる―― Jacques Le Goff et Pierre Toubert, «Une histoire totale du Moyen-Age est-elle possible?», *Actes du Centième Congré national des sociétés savantes,* Bibliothèque nationale, Paris, 1975, pp. 37-38.

(69) Claude Brémond, Jacques Le Goff et Jean-Claude Schmitt, *L'Exemplum,* fas. 40, 1982. この分冊は次のベルギーのルーヴァン－ラ－ヌーヴ大学のすぐれた同学者レオポルド・ジェニコの次の名著の中の *L'Exemplum* のために求められる栄光に浴した―― Léopold Génicot, *Typologie des sources du Moyen Age occidental.*

(70) Jean Batany, «Des "trois fonctions" aux "trois États"?», *Annales E. S. C.,* 1963, pp. 932-938.

(71) Georges Dumézil, «La préhistoire des flamines majeurs», *Revue d'histoire des religions,* 1938, pp. 188-220. デュメジルは，ユピテル，マルス，クイルヌス［ロムルス］に仕える祭司としての古代ローマの3人の主任神官を説明するのに，ヴェーダ・インドの社会的三階級，つまり祭司，戦士，生産者との類似によって説明している．「デュメジル，レヴィ－ストロース，構造主義」については次を見よ―― Didier Eribon, *Faut-il brûler Dumézil?,* Flammarion, Paris, 1992, pp. 329-338.

(72) Georges Duby, *Les Trois Ordres ou 1'Imaginaire du féodalisme,* Gallimard, «Bibliothèque des Histoires», Paris, 1978.

(73) Jacques le Goff, *La Naissance du purgatoire,* Gallimard, Paris, 1981.

(74) J. Huizinga, *Le Déclin du Moyen Age,* traduit du néerlandais, 1932 ; *L'Automne du Moyen Age,* Payot, Paris, 1975.

(75) J. Le Goff, *Encyclopedia Einaudi,* 1977-1981, traducion française, Gallimard, «Folio», Paris, 1988.

(76) M. Foucault, *L'Archéologie du savoir,* Gallimard, Paris, 1969.

(77) テレビ放送，1984年8月に放映，ジャン－クロード・ブランギエの解説と対話．

(78) Éditions Retz CEPL, Paris, 1978, Nouvelle édit. réduite, Complexe, Bruxelles, 1988.

(79) Sous la direction de Jacques le Goff, *L'uomo medievale,* Laterza, Roma, 1987 ; édit. française, *L'Homme médiéval,* Le Seuil, Paris, 1989.

(80) Colloque de Rayaumont, 1984, RATP-université-Recherche, *Crise de l'urbain, futur de la ville,* Économica, Paris, 1985 ; Colloque de Cerisy, 1985, *Métamorphose de la ville,* Économica, Paris, 1987.

(81) クリスティアン・ブランは現在，エール・フランス社社長.

(82) ピエール・シプリオはジャーナリストで文芸家，1945年からRTFの教育放送のディレクターをつとめ，とくに「思想と歴史」を担当（1963-1968年），それから1966年に「月曜日の歴史特集」をつくった．それから，かれはアシェット出版社の要職につき（古典文庫），次いで1974年から『フィガロ・リテレール』紙へ移る．ピエール・ド・ボアデッフルは文芸評論家であるが，番組ディレクターとして活躍し（1963-1968年），その後，外交官になる（1981年，モンテヴィデオ駐在フランス大使）．(M. H.)

(83) *Essais d'égo-histoire, op. cit.*——「わたしの第二の野心はコレージュ・ド・フランスの講座主任教授になることだったが，それは成功せず，わが人生も終わったと思う．名誉欲はないので，尊敬するフランス学士院への野心はない」．

(84) Pierre Nora, *Les Français d'Algérie,* Julliard, Paris, 1961. そのころ，わたしはティエール財団を去り，そこへかれを入れる手伝いができるようになる．

(85) *Faire de l'histoire,* sous la direction de Jacques Le Goff et Pierre Nora, 3 vol., Gallimard, Paris, 1973-1974. また *Les Lieux de mémoire,* collectif sous la direction de Pierre Nora, 7 vol., Gallimard, Paris, 1992.

(86) Jacques le Goff, *La Vieille Europe et la nôtre,* le Seuil, Paris, 1994, reprenant «Europe, vingt-cinq siècles de vie commune», *L'Histoire cultuelle de l'humanité,* publiée par l'UNESCO.

(87) C. H. Beck à Munich, Basil Blackwell à Oxford, Crítica à Barcelone, Laterza à Rome et Bari, Le Seuil à Paris.

(88) Michel Mollat, *L'Europe et la Mer,* Ulrich Im Hof, *Les Lumières en Europe,* Leonardo Benevolo, *La Ville dans l'histoire européenne.*

(89) 1995年11月，ラテルツァ出版社からイタリア語版が発行され，1996年にスイユ出版社から発行される予定であり，ほかにヨーロッパ諸国語に翻訳されるはずである．

(90) Jacques Le Goff, *Saint Louis, Gallimard,* Paris, 1996.

《叢書・ウニベルシタス　665》
ル・ゴフ自伝　歴史家の生活

2000年 2 月25日　初版第 1 刷発行

ジャック・ル・ゴフ
鎌田博夫 訳
発行所　財団法人　法政大学出版局
〒102-0073 東京都千代田区九段北3-2-7
電話03(5214)5540／振替00160-6-95814
製版，印刷　三和印刷／鈴木製本所

Printed in Japan

ISBN4-588-00665-7

著者

ジャック・ル・ゴフ

現代フランスの歴史学者．1924年南フランスのトゥーロンに生まれる．パリの高等師範学校．パリ大学，プラハのカール大学に学ぶ．アミアンのリセ教授，オックスフォード大学留学，パリの国立科学研究所員などを経て1960年高等研究学院講師・教授，1972年同院第六部門科長に就任，1975年からF.ブローデルの後をうけてアナール派の牙城とされる社会科学高等研究学院学長をつとめた．アナール派第三世代のリーダー的存在．邦訳書に『煉獄の誕生』，『中世の高利貸』，『中世の人間』（編著），『歴史と記憶』〔以上，法政大学出版局〕などがある．

訳者

鎌田博夫（かまた ひろお）

1924年東京に生まれる．大阪外国語学校フランス語部・京都大学文学部文学科（フランス文学専攻）卒業．1988年東北大学文学部教授退官．同大学名誉教授．フランス共和国パルム・アカデミック勲賞（シュヴァリエおよびオフィシェ）を受章．著書：『スタンダール——夢想と現実』，訳書：P.ヴェーヌ『古代ローマの恋愛詩』，同『パンと競技場——ギリシア・ローマ時代の政治と都市の社会学的歴史』，J.ジェルネ『中国とキリスト教』，L.マラン『語りは罠』，ル・ゴフ編著『中世の人間』（以上，法政大学出版局）

				(頁)
1	芸術はなぜ必要か	E.フィッシャー／河野徹訳	品切	302
2	空と夢〈運動の想像力にかんする試論〉	G.バシュラール／宇佐見英治訳		442
3	グロテスクなもの	W.カイザー／竹内豊治訳		312
4	塹壕の思想	T.E.ヒューム／長谷川鉱平訳		316
5	言葉の秘密	E.ユンガー／菅谷規矩雄訳		176
6	論理哲学論考	L.ヴィトゲンシュタイン／藤本,坂井訳		350
7	アナキズムの哲学	H.リード／大沢正道訳		318
8	ソクラテスの死	R.グアルディーニ／山村直資訳		366
9	詩学の根本概念	E.シュタイガー／高橋英夫訳		334
10	科学の科学〈科学技術時代の社会〉	M.ゴールドスミス,A.マカイ編／是永純弘訳		346
11	科学の射程	C.F.ヴァイツゼカー／野田,金子訳		274
12	ガリレオをめぐって	オルテガ・イ・ガセット／マタイス,佐々木訳		290
13	幻影と現実〈詩の源泉の研究〉	C.コードウェル／長谷川鉱平訳		410
14	聖と俗〈宗教的なるものの本質について〉	M.エリアーデ／風間敏夫訳		286
15	美と弁証法	G.ルカッチ／良知,池田,小箕訳		372
16	モラルと犯罪	K.クラウス／小松太郎訳		218
17	ハーバート・リード自伝	北條文緒訳		468
18	マルクスとヘーゲル	J.イッポリット／宇津木,田口訳	品切	258
19	プリズム〈文化批判と社会〉	Th.W.アドルノ／竹内,山村,板倉訳		246
20	メランコリア	R.カスナー／塚越敏訳		388
21	キリスト教の苦悶	M.de ウナムーノ／神吉,佐々木訳		202
22	アインシュタイン ゾンマーフェルト往復書簡	A.ヘルマン編／小林,坂口訳	品切	194
23 24	群衆と権力（上・下）	E.カネッティ／岩田行一訳		440 356
25	問いと反問〈芸術論集〉	W.ヴォリンガー／土肥美夫訳		272
26	感覚の分析	E.マッハ／須藤,廣松訳		386
27 28	批判的モデル集（I・II）	Th.W.アドルノ／大久保健治訳	〈品切〉 〈品切〉	I 232 II 272
29	欲望の現象学	R.ジラール／古田幸男訳		370
30	芸術の内面への旅	E.ヘラー／河原,杉浦,渡辺訳	品切	284
31	言語起源論	ヘルダー／大阪大学ドイツ近代文学研究会訳		270
32	宗教の自然史	D.ヒューム／福鎌,斎藤訳		144
33	プロメテウス〈ギリシア人の解した人間存在〉	K.ケレーニイ／辻村誠三訳	品切	268
34	人格とアナーキー	E.ムーニエ／山崎,佐藤訳		292
35	哲学の根本問題	E.ブロッホ／竹内豊治訳		194
36	自然と美学〈形体・美・芸術〉	R.カイヨワ／山口三夫訳		112
37 38	歴史論（I・II）	G.マン／加藤,宮野訳	I・品切 II・品切	274 202
39	マルクスの自然概念	A.シュミット／元浜清海訳		316
40	書物の本〈西欧の書物と文化の歴史.書物の美学〉	H.プレッサー／轡田収訳		448
41 42	現代への序説（上・下）	H.ルフェーヴル／宗,古田監訳		22 29
43	約束の地を見つめて	E.フォール／古田幸男訳		32
44	スペクタクルと社会	J.デュビニョー／渡辺淳訳	品切	18
45	芸術と神話	E.グラッシ／榎本久彦訳		26
46	古きものと新しきもの	M.ロベール／城山,島,円子訳		31
47	国家の起源	R.H.ローウィ／古賀英三郎訳		20
48	人間と死	E.モラン／古田幸男訳		44
49	プルーストとシーニュ（増補版）	G.ドゥルーズ／宇波彰訳		25
50	文明の滴定〈科学技術と中国の社会〉	J.ニーダム／橋本敬造訳	品切	45
51	プスタの民	I.ジュラ／加藤二郎訳		38

				(頁)
52 53	社会学的思考の流れ（I・II）	R.アロン／北川, 平野, 他訳		350 392
54	ベルクソンの哲学	G.ドゥルーズ／宇波彰訳		142
55	第三帝国の言語LTI〈ある言語学者のノート〉	V.クレムペラー／羽田, 藤平, 赤井, 中村訳	品切	442
56	古代の芸術と祭祀	J.E.ハリスン／星野徹訳		222
57	ブルジョワ精神の起源	B.グレトゥイゼン／野沢協訳		394
58	カントと物自体	E.アディッケス／赤松常弘訳		300
59	哲学的素描	S.K.ランガー／塚本, 星野訳		250
60	レーモン・ルーセル	M.フーコー／豊崎光一訳		268
61	宗教とエロス	W.シューバルト／石川, 平田, 山本訳	品切	398
62	ドイツ悲劇の根源	W.ベンヤミン／川村, 三城訳		316
63	鍛えられた心〈強制収容所における心理と行動〉	B.ベテルハイム／丸山修吉訳		340
64	失われた範列〈人間の自然性〉	E.モラン／古田幸男訳		308
65	キリスト教の起源	K.カウツキー／栗原佑訳		534
66	ブーバーとの対話	W.クラフト／板倉敏之訳		206
67	プロデメの変貌〈フランスのコミューン〉	E.モラン／宇波彰訳		450
68	モンテスキューとルソー	E.デュルケーム／小関, 川喜多訳	品切	312
69	芸術と文明	K.クラーク／河野徹訳		680
70	自然宗教に関する対話	D.ヒューム／福鎌, 斎藤訳		196
71 72	キリスト教の中の無神論（上・下）	E.ブロッホ／竹内, 高尾訳		234 304
73	ルカーチとハイデガー	L.ゴルドマン／川俣晃自訳		308
74	断　想　1942—1948	E.カネッティ／岩田行一訳		286
75 76	文明化の過程（上・下）	N.エリアス／吉田, 中村, 波田, 他訳		466 504
77	ロマンスとリアリズム	C.コードウェル／玉井, 深井, 山本訳		238
78	歴史と構造	A.シュミット／花崎皋平訳		192
79 80	エクリチュールと差異（上・下）	J.デリダ／若桑, 野村, 阪上, 三好, 他訳		378 296
81	時間と空間	E.マッハ／野家啓一編訳		258
82	マルクス主義と人格の理論	L.セーヴ／大津真作訳		708
83	ジャン=ジャック・ルソー	B.グレトゥイゼン／小池健男訳		394
84	ヨーロッパ精神の危機	P.アザール／野沢協訳		772
85	カフカ〈マイナー文学のために〉	G.ドゥルーズ, F.ガタリ／宇波, 岩田訳		210
86	群衆の心理	H.ブロッホ／入野田, 小崎, 小岸訳	品切	580
87	ミニマ・モラリア	Th.W.アドルノ／三光長治訳		430
88 89	夢と人間社会（上・下）	R.カイヨワ, 他／三好郁郎, 他訳		374 340
90	自由の構造	C.ベイ／横越英一訳		744
91	1848年〈二月革命の精神史〉	J.カスー／野沢協, 他訳		326
92	自然の統一	C.F.ヴァイツゼカー／斎藤, 河井訳	品切	560
93	現代戯曲の理論	P.ションディ／市村, 丸山訳	品切	250
94	百科全書の起源	F.ヴェントゥーリ／大津真作訳	品切	324
95	推測と反駁〈科学的知識の発展〉	K.R.ポパー／藤本, 石垣, 森訳		816
96	中世の共産主義	K.カウツキー／栗原佑訳		400
97	批評の解剖	N.フライ／海老根, 中村, 出淵, 山内訳		580
98	あるユダヤ人の肖像	A.メンミ／菊地, 白井訳		396
99	分類の未開形態	E.デュルケーム／小関藤一郎訳	品切	232
100	永遠に女性的なるもの	H.ド・リュバック／山崎庸一郎訳		360
101	ギリシア神話の本質	G.S.カーク／吉田, 辻村, 松田訳	品切	390
102	精神分析における象徴界	G.ロゾラート／佐々木孝次訳		508
103	物の体系〈記号の消費〉	J.ボードリヤール／宇波彰訳		280

				(頁)
104	言語芸術作品〔第2版〕	W.カイザー／柴田斎訳	品切	688
105	同時代人の肖像	F.ブライ／池内紀訳		212
106	レオナルド・ダ・ヴィンチ〔第2版〕	K.クラーク／丸山, 大河内訳		344
107	宮廷社会	N.エリアス／波田, 中埜, 吉田訳		480
108	生産の鏡	J.ボードリヤール／宇波, 今村訳		184
109	祭祀からロマンスへ	J.L.ウェストン／丸小哲雄訳		290
110	マルクスの欲求理論	A.ヘラー／良知, 小箕訳		198
111	大革命前夜のフランス	A.ソブール／山崎耕一訳	品切	422
112	知覚の現象学	メルロ=ポンティ／中島盛夫訳		904
113	旅路の果てに〈アルペイオスの流れ〉	R.カイヨワ／金井裕訳		222
114	孤独の迷宮〈メキシコの文化と歴史〉	O.パス／高山, 熊谷訳		320
115	暴力と聖なるもの	R.ジラール／古田幸男訳		618
116	歴史をどう書くか	P.ヴェーヌ／大津真作訳		604
117	記号の経済学批判	J.ボードリヤール／今村, 宇波, 桜井訳	品切	304
118	フランス紀行〈1787, 1788&1789〉	A.ヤング／宮崎洋訳		432
119	供　犠	M.モース, H.ユベール／小関藤一郎訳		296
120	差異の目録〈歴史を変えるフーコー〉	P.ヴェーヌ／大津真作訳	品切	198
121	宗教とは何か	G.メンシング／田中, 下宮訳		442
122	ドストエフスキー	R.ジラール／鈴木晶訳		200
123	さまざまな場所〈死の影の都市をめぐる〉	J.アメリー／池内紀訳		210
124	生　成〈概念をこえる試み〉	M.セール／及川馥訳		272
125	アルバン・ベルク	Th.W.アドルノ／平野嘉彦訳		320
126	映画　あるいは想像上の人間	E.モラン／渡辺淳訳		320
127	人間論〈時間・責任・価値〉	R.インガルデン／武井, 赤松訳		294
128	カント〈その生涯と思想〉	A.グリガ／西牟田, 浜田訳		464
129	同一性の寓話〈詩的神話学の研究〉	N.フライ／駒沢大学フライ研究会訳		496
130	空間の心理学	A.モル, E.ロメル／渡辺淳訳		326
131	飼いならされた人間と野性的人間	S.モスコヴィッシ／古田幸男訳		336
132	方　法　1. 自然の自然	E.モラン／大津真作訳	品切	658
133	石器時代の経済学	M.サーリンズ／山内昶訳		464
134	世の初めから隠されていること	R.ジラール／小池健男訳		760
135	群衆の時代	S.モスコヴィッシ／古田幸男訳	品切	664
136	シミュラークルとシミュレーション	J.ボードリヤール／竹原あき子訳		234
137	恐怖の権力〈アブジェクシオン〉試論	J.クリステヴァ／枝川昌雄訳		420
138	ボードレールとフロイト	L.ベルサーニ／山縣直子訳		240
139	悪しき造物主	E.M.シオラン／金井裕訳		228
140	終末論と弁証法〈マルクスの社会・政治思想〉	S.アヴィネリ／中村恒矩訳	品切	392
141	経済人類学の現在	F.プイヨン編／山内昶訳		236
142	視覚の瞬間	K.クラーク／北條文緒訳		304
143	罪と罰の彼岸	J.アメリー／池内紀訳		210
144	時間・空間・物質	B.K.ライドレー／中島龍三訳	品切	226
145	離脱の試み〈日常生活への抵抗〉	S.コーエン, N.テイラー／石黒毅訳		321
146	人間怪物論〈人間脱走の哲学の素描〉	U.ホルストマン／加藤二郎訳		206
147	カントの批判哲学	G.ドゥルーズ／中島盛夫訳		160
148	自然と社会のエコロジー	S.モスコヴィッシ／久米, 原訳		440
149	壮大への渇仰	L.クローネンバーガー／岸, 倉田訳		368
150	奇蹟論・迷信論・自殺論	D.ヒューム／福鎌, 斎藤訳		200
151	クルティウスージッド往復書簡	ディークマン編／円子千代訳		376
152	離脱の寓話	M.セール／及川馥訳		178

				(頁)
153	エクスタシーの人類学	I.M.ルイス／平沼孝之訳		352
154	ヘンリー・ムア	J.ラッセル／福田真一訳		340
155	誘惑の戦略	J.ボードリヤール／宇波彰訳		260
156	ユダヤ神秘主義	G.ショーレム／山下,石丸,他訳		644
157	蜂の寓話〈私悪すなわち公益〉	B.マンデヴィル／泉谷治訳		412
158	アーリア神話	L.ポリアコフ／アーリア主義研究会訳		544
159	ロベスピエールの影	P.ガスカール／佐藤和生訳		440
160	元型の空間	E.ゾラ／丸小哲雄訳		336
161	神秘主義の探究〈方法論的考察〉	E.スタール／宮元啓一,他訳		362
162	放浪のユダヤ人〈ロート・エッセイ集〉	J.ロート／平田,吉田訳		344
163	ルフー，あるいは取壊し	J.アメリー／神崎巌訳		250
164	大世界劇場〈宮廷祝宴の時代〉	R.アレヴィン,K.ゼルツレ／円子修平訳	品切	200
165	情念の政治経済学	A.ハーシュマン／佐々木,旦訳		192
166	メモワール〈1940-44〉	レミ／築島謙三訳		520
167	ギリシア人は神話を信じたか	P.ヴェーヌ／大津真作訳	品切	340
168	ミメーシスの文学と人類学	R.ジラール／浅野敏夫訳		410
169	カバラとその象徴的表現	G.ショーレム／岡部,小岸訳		340
170	身代りの山羊	R.ジラール／織田,富永訳	品切	384
171	人間〈その本性および世界における位置〉	A.ゲーレン／平野具男訳	品切	608
172	コミュニケーション〈ヘルメスⅠ〉	M.セール／豊田,青木訳		358
173	道　化〈つまずきの現象学〉	G.v.バルレーヴェン／片岡啓治訳	品切	260
174	いま,ここで〈アウシュヴィッツとヒロシマ以後の哲学的考察〉	G.ピヒト／斎藤,浅野,大野,河井訳		600
175 176 177	真理と方法〔全三冊〕	H.-G.ガダマー／轡田,麻生,三島,他訳		Ⅰ・350 Ⅱ・ Ⅲ・
178	時間と他者	E.レヴィナス／原田佳彦訳		140
179	構成の詩学	B.ウスペンスキイ／川崎,大石訳	品切	282
180	サン=シモン主義の歴史	S.シャルレティ／沢崎,小杉訳		528
181	歴史と文芸批評	G.デルフォ,A.ロッシュ／川中子弘訳		472
182	ミケランジェロ	H.ヒバード／中山,小野訳	品切	578
183	観念と物質〈思考・経済・社会〉	M.ゴドリエ／山内昶訳		340
184	四つ裂きの刑	E.M.シオラン／金井裕訳		234
185	キッチュの心理学	A.モル／万沢正美訳		344
186	領野の漂流	J.ヴィヤール／山下俊一訳		226
187	イデオロギーと想像力	G.C.カバト／小箕俊介訳		300
188	国家の起源と伝承〈古代インド社会史論〉	R.=ターパル／山崎,成澤訳		322
189	ベルナール師匠の秘密	P.ガスカール／佐藤和生訳		374
190	神の存在論的証明	D.ヘンリッヒ／本間,須田,座小田,他訳		456
191	アンチ・エコノミクス	J.アタリ,M.ギヨーム／斎藤,安孫子訳		322
192	クローチェ政治哲学論集	B.クローチェ／上村忠男編訳		188
193	フィヒテの根源的洞察	D.ヘンリッヒ／座小田,小松訳		184
194	哲学の起源	オルテガ・イ・ガセット／佐々木孝訳	品切	224
195	ニュートン力学の形成	ベー・エム・ゲッセン／秋間実,他訳		312
196	遊びの遊び	J.デュビニョー／渡辺淳訳	品切	160
197	技術時代の魂の危機	A.ゲーレン／平野具男訳	品切	222
198	儀礼としての相互行為	E.ゴッフマン／広瀬,安江訳	品切	376
199	他者の記号学〈アメリカ大陸の征服〉	T.トドロフ／及川,大谷,菊地訳		370
200	カント政治哲学の講義	H.アーレント著,R.ベイナー編／浜田監訳		302
201	人類学と文化記号論	M.サーリンズ／山内昶訳		354
202	ロンドン散策	F.トリスタン／小杉,浜本訳		484

				(頁)
203	秩序と無秩序	J.-P.デュピュイ／古田幸男訳		324
204	象徴の理論	T.トドロフ／及川馥, 他訳		536
205	資本とその分身	M.ギヨーム／斉藤日出治訳		240
206	干　渉〈ヘルメスII〉	M.セール／豊田彰訳		276
207	自らに手をくだし〈自死について〉	J.アメリー／大河内了義訳		222
208	フランス人とイギリス人	R.フェイバー／北條, 大島訳	品切	304
209	カーニバル〈その歴史的・文化的考察〉	J.カロ・バロッハ／佐々木孝訳	品切	622
210	フッサール現象学	A.F.アグィーレ／川島, 工藤, 林訳		232
211	文明の試練	J.M.カディヒィ／塚本, 秋山, 寺西, 島訳		538
212	内なる光景	J.ポミエ／角山, 池部訳		526
213	人間の原型と現代の文化	A.ゲーレン／池井望訳		422
214	ギリシアの光と神々	K.ケレーニイ／円子修平訳		178
215	初めに愛があった〈精神分析と信仰〉	J.クリステヴァ／枝川昌雄訳		146
216	バロックとロココ	W.v.ニーベルシュッツ／竹内章訳		164
217	誰がモーセを殺したか	S.A.ハンデルマン／山形和美訳		514
218	メランコリーと社会	W.レペニース／岩田, 小竹訳		380
219	意味の論理学	G.ドゥルーズ／岡田, 宇波訳		460
220	新しい文化のために	P.ニザン／木内孝訳		352
221	現代心理論集	P.ブールジェ／平岡, 伊藤訳		362
222	パラジット〈寄食者の論理〉	M.セール／及川, 米山訳		466
223	虐殺された鳩〈暴力と国家〉	H.ラボリ／川中子弘訳		240
224	具象空間の認識論〈反・解釈学〉	F.ダゴニェ／金森修訳		300
225	正常と病理	G.カンギレム／滝沢武久訳		320
226	フランス革命論	J.G.フィヒテ／桝田啓三郎訳		396
227	クロード・レヴィ=ストロース	O.パス／鼓, 木村訳		160
228	バロックの生活	P.ラーンシュタイン／波田節夫訳		520
229	うわさ〈もっとも古いメディア〉増補版	J.-N.カプフェレ／古田幸男訳		394
230	後期資本制社会システム	C.オッフェ／寿福真美編訳		358
231	ガリレオ研究	A.コイレ／菅谷曉訳	品切	482
232	アメリカ	J.ボードリヤール／田中正人訳		220
233	意識ある科学	E.モラン／村上光彦訳		400
234	分子革命〈欲望社会のミクロ分析〉	F.ガタリ／杉村昌昭訳		340
235	火，そして霧の中の信号—ゾラ	M.セール／寺田光徳訳		568
236	煉獄の誕生	J.ル・ゴッフ／渡辺, 内田訳		698
237	サハラの夏	E.フロマンタン／川端康夫訳		336
238	パリの悪魔	P.ガスカール／佐藤和夫訳		256
239 240	自然の人間的歴史（上・下）	S.モスコヴィッシ／大津真作訳		上・494 下・390
241	ドン・キホーテ頌	P.アザール／円子千代訳	品切	348
242	ユートピアへの勇気	G.ピヒト／河井徳治訳		202
243	現代社会とストレス〔原書改訂版〕	H.セリエ／杉, 田多井, 藤井, 竹宮訳		482
244	知識人の終焉	J.-F.リオタール／原田佳彦, 他訳		140
245	オマージュの試み	E.M.シオラン／金井裕訳		154
246	科学の時代における理性	H.-G.ガダマー／本間, 座小田訳		158
247	イタリア人の太古の知恵	G.ヴィーコ／上村忠男訳		190
248	ヨーロッパを考える	E.モラン／林　勝一訳		238
249	労働の現象学	J.-L.プチ／今村, 松島訳		388
250	ポール・ニザン	Y.イシャグプール／川俣晃自訳		356
251	政治的判断力	R.ベイナー／浜田義文監訳		310
252	知覚の本性〈初期論文集〉	メルロ=ポンティ／加賀野井秀一訳		158

				(頁)
253	言語の牢獄	F.ジェームソン／川口喬一訳		292
254	失望と参画の現象学	A.O.ハーシュマン／佐々木, 杉田訳		204
255	はかない幸福—ルソー	T.トドロフ／及川馥訳		162
256	大学制度の社会史	H.W.プラール／山本尤訳		408
257 258	ドイツ文学の社会史 (上・下)	J.ベルク,他／山本, 三島, 保坂, 鈴木訳		上・766 下・648
259	アランとルソー 〈教育哲学試論〉	A.カルネック／安斎, 並木訳		304
260	都市・階級・権力	M.カステル／石川淳志監訳		296
261	古代ギリシア人	M.I.フィンレー／山形和美訳	品切	296
262	象徴表現と解釈	T.トドロフ／小林, 及川訳		244
263	声の回復 〈回想の試み〉	L.マラン／梶野吉郎訳		246
264	反射概念の形成	G.カンギレム／金森修訳		304
265	芸術の手相	G.ピコン／末永照和訳		294
266	エチュード 〈初期認識論集〉	G.バシュラール／及川馥訳		166
267	邪な人々の昔の道	R.ジラール／小池健男訳		270
268	〈誠実〉と〈ほんもの〉	L.トリリング／野島秀勝訳		264
269	文の抗争	J.-F.リオタール／陸井四郎, 他訳		410
270	フランス革命と芸術	J.スタロバンスキー／井上尭裕訳		286
271	野生人とコンピューター	J.-M.ドムナック／古田幸男訳		228
272	人間と自然界	K.トマス／山内昶, 他訳		618
273	資本論をどう読むか	J.ビデ／今村仁司, 他訳		450
274	中世の旅	N.オーラー／藤代幸一訳		488
275	変化の言語 〈治療コミュニケーションの原理〉	P.ワツラウィック／築島謙三訳		212
276	精神の売春としての政治	T.クンナス／木戸, 佐々木訳		258
277	スウィフト政治・宗教論集	J.スウィフト／中野, 海保訳		490
278	現実とその分身	C.ロセ／金井裕訳		168
279	中世の高利貸	J.ル・ゴッフ／渡辺香根夫訳		170
280	カルデロンの芸術	M.コメレル／岡部仁訳		270
281	他者の言語 〈デリダの日本講演〉	J.デリダ／高橋允昭編訳		406
282	ショーペンハウアー	R.ザフランスキー／山本尤訳		646
283	フロイトと人間の魂	B.ベテルハイム／藤瀬恭子訳		174
284	熱　狂 〈カントの歴史批判〉	J.-F.リオタール／中島盛夫訳		210
285	カール・カウツキー 1854-1938	G.P.スティーンソン／時永, 河野訳		496
286	形而上学と神の思想	W.パネンベルク／座小田, 諸岡訳		186
287	ドイツ零年	E.モラン／古田幸男訳		364
288	物の地獄 〈ルネ・ジラールと経済の論理〉	デュムシェル, デュピュイ／織田, 富永訳		320
289	ヴィーコ自叙伝	G.ヴィーコ／福鎌忠恕訳	品切	448
290	写真論 〈その社会的効用〉	P.ブルデュー／山縣熙, 山縣直子訳		438
291	戦争と平和	S.ボク／大沢正道訳		224
292	意味と意味の発展	R.A.ウォルドロン／築島謙三訳		294
293	生態平和とアナーキー	U.リンゼ／内田, 杉村訳		270
294	小説の精神	M.クンデラ／金井, 浅野訳		208
295	フィヒテ-シェリング往復書簡	W.シュルツ解説／座小田, 後藤訳		220
296	出来事と危機の社会学	E.モラン／浜名, 福井訳		622
297	宮廷風恋愛の技術	A.カペルラヌス／野島秀勝訳		334
298	野蛮 〈科学主義の独裁と文化の危機〉	M.アンリ／山形, 望月訳		292
299	宿命の戦略	J.ボードリヤール／竹原あき子訳		260
300	ヨーロッパの日記	G.R.ホッケ／石丸, 柴田, 信岡訳		1330
301	記号と夢想 〈演劇と祝祭についての考察〉	A.シモン／岩瀬孝監修. 佐藤, 伊藤, 他訳		388
302	手と精神	J.ブラン／中村文郎訳		284

				(頁)
352	倫理・政治的ディスクール	O.ヘッフェ／青木隆嘉訳		312
353	モーツァルト	N.エリアス／青木隆嘉訳		198
354	参加と距離化	N.エリアス／波田,道籏訳		276
355	二十世紀からの脱出	E.モラン／秋枝茂夫訳		384
356	無限の二重化	W.メニングハウス／伊藤秀一訳		350
357	フッサール現象学の直観理論	E.レヴィナス／佐藤,桑野訳		506
358	始まりの現象	E.W.サイード／山形,小林訳		684
359	サテュリコン	H.P.デュル／原研二訳		258
360	芸術と疎外	H.リード／増渕正史訳	品切	262
361	科学的理性批判	K.ヒュプナー／神野,中才,熊谷訳		476
362	科学と懐疑論	J.ワトキンス／中才敏郎訳		354
363	生きものの迷路	A.モール,E.ロメル／古田幸男訳		240
364	意味と力	G.バランディエ／小関藤一郎訳		406
365	十八世紀の文人科学者たち	W.レペニース／小川さくえ訳		182
366	結晶と煙のあいだ	H.アトラン／阪上脩訳		376
367	生への闘争〈闘争本能・性・意識〉	W.J.オング／高柳,橋爪訳		326
368	レンブラントとイタリア・ルネサンス	K.クラーク／尾崎,芳野訳		334
369	権力の批判	A.ホネット／河上倫逸監訳		476
370	失われた美学〈マルクスとアヴァンギャルド〉	M.A.ローズ／長田,池田,長野,長田訳		332
371	ディオニュソス	M.ドゥティエンヌ／及川,吉岡訳		164
372	メディアの理論	F.イングリス／伊藤,磯山訳		380
373	生き残ること	B.ベテルハイム／高尾利数訳		646
374	バイオエシックス	F.ダゴニェ／金森,松浦訳		316
375 376	エディプスの謎（上・下）	N.ビショッフ／藤代,井本,他訳		上・450 下・464
377	重大な疑問〈懐疑的省察録〉	E.シャルガフ／山形,小野,他訳		404
378	中世の食生活〈断食と宴〉	B.A.ヘニッシュ／藤原保明訳	品切	538
379	ポストモダン・シーン	A.クローカー,D.クック／大熊昭信訳		534
380	夢の時〈野生と文明の境界〉	H.P.デュル／岡部,原,須永,荻野訳		674
381	理性よ，さらば	P.ファイヤアーベント／植木哲也訳	品切	454
382	極限に面して	T.トドロフ／宇京頼三訳		376
383	自然の社会化	K.エーダー／寿福真美監訳		474
384	ある反時代的考察	K.レーヴィット／中村啓,永沼更始郎訳		526
385	図書館炎上	W.シヴェルブシュ／福本義憲訳		274
386	騎士の時代	F.v.ラウマー／柳井尚子訳		506
387	モンテスキュー〈その生涯と思想〉	J.スタロバンスキー／古賀英三郎,高橋誠訳		312
388	理解の鋳型〈東西の思想経験〉	J.ニーダム／井上英明訳		510
389	風景画家レンブラント	E.ラルセン／大谷,尾崎訳		208
390	精神分析の系譜	M.アンリ／山形頼洋,他訳		546
391	金《かね》と魔術	H.C.ビンスヴァンガー／清水健次訳		218
392	自然誌の終焉	W.レペニース／山村直資訳		346
393	批判的解釈学	J.B.トンプソン／山本,小川訳		376
394	人間にはいくつの真理が必要か	R.ザフランスキー／山本,藤井訳		232
395	現代芸術の出発	Y.イシャグプール／川俣晃自訳		170
396	青春　ジュール・ヴェルヌ論	M.セール／豊田彰訳		398
397	偉大な世紀のモラル	P.ベニシュー／朝倉,羽賀訳		428
398	諸国民の時に	E.レヴィナス／合田正人訳		348
399 400	バベルの後に（上・下）	G.スタイナー／亀山健吉訳		上・482 下・
401	チュービンゲン哲学入門	E.ブロッホ／花田監修・菅谷,今井,三国訳		422

			（頁）
402	歴史のモラル	T.トドロフ／大谷尚文訳	386
403	不可解な秘密	E.シャルガフ／山本，内藤訳	260
404	ルソーの世界〈あるいは近代の誕生〉	J.-L.ルセルクル／小林浩訳	品切 378
405	死者の贈り物	D.サルナーヴ／菊地，白井訳	186
406	神もなく韻律もなく	H.P.デュル／青木隆嘉訳	292
407	外部の消失	A.コドレスク／利沢行夫訳	276
408	狂気の社会史〈狂人たちの物語〉	R.ポーター／目羅公和訳	428
409	続・蜂の寓話	B.マンデヴィル／泉谷治訳	436
410	悪口を習う〈近代初期の文化論集〉	S.グリーンブラット／磯山甚一訳	354
411	危険を冒して書く〈異色作家たちのパリ・インタヴュー〉	J.ワイス／浅野敏夫訳	300
412	理論を讃えて	H.-G.ガダマー／本間，須田訳	194
413	歴史の島々	M.サーリンズ／山本真鳥訳	306
414	ディルタイ〈精神科学の哲学者〉	R.A.マックリール／大野，田中，他訳	578
415	われわれのあいだで	E.レヴィナス／合田，谷口訳	368
416	ヨーロッパ人とアメリカ人	S.ミラー／池田栄一訳	358
417	シンボルとしての樹木	M.ルルカー／林 捷 訳	276
418	秘めごとの文化史	H.P.デュル／藤代，津山訳	662
419	眼の中の死〈古代ギリシアにおける他者の像〉	J.-P.ヴェルナン／及川，吉岡訳	144
420	旅の思想史	E.リード／伊藤誓訳	490
421	病のうちなる治療薬	J.スタロバンスキー／小池，川那部訳	356
422	祖国地球	E.モラン／菊地昌実訳	234
423	寓意と表象・再現	S.J.グリーンブラット編／船倉正憲訳	384
424	イギリスの大学	V.H.H.グリーン／安原，成定訳	516
425	未来批判 あるいは世界史に対する嫌悪	E.シャルガフ／山本，伊藤訳	276
426	見えるものと見えざるもの	メルロ＝ポンティ／中島盛夫監訳	618
427	女性と戦争	J.B.エルシュテイン／小林，廣川訳	486
428	カント入門講義	H.バウムガルトナー／有福孝岳監訳	204
429	ソクラテス裁判	I.F.ストーン／永田康昭訳	470
430	忘我の告白	M.ブーバー／田口義弘訳	348
431 432	時代おくれの人間（上・下）	G.アンダース／青木隆嘉訳	上・432 下・546
433	現象学と形而上学	J.-L.マリオン他編／三上，重永，檜垣訳	388
434	祝福から暴力へ	M.ブロック／田辺，秋津訳	426
435	精神分析と横断性	F.ガタリ／杉村，毬藻訳	462
436	競争社会をこえて	A.コーン／山本，真水訳	530
437	ダイアローグの思想	M.ホルクウィスト／伊藤誓訳	370
438	社会学とは何か	N.エリアス／徳安彰訳	250
439	E.T.A.ホフマン	R.ザフランスキー／識名章喜訳	636
440	所有の歴史	J.アタリ／山内昶訳	580
441	男性同盟と母権制神話	N.ゾンバルト／田村和彦訳	516
442	ヘーゲル以後の歴史哲学	H.シュネーデルバッハ／古東哲明訳	282
443	同時代人ベンヤミン	H.マイヤー／岡部仁訳	140
444	アステカ帝国滅亡記	G.ボド，T.トドロフ編／大谷，菊地訳	662
445	迷宮の岐路	C.カストリアディス／宇京頼三訳	404
446	意識と自然	K.K.チョウ／志水，山本監訳	422
447	政治的正義	O.ヘッフェ／北尾，平石，望月訳	598
448	象徴と社会	K.バーク著，ガスフィールド編／森常治訳	58[illegible]
449	神・死・時間	E.レヴィナス／合田正人訳	36[illegible]
450	ローマの祭	G.デュメジル／大橋寿美子訳	44[illegible]

			(頁)
550	ハイデガーと実践哲学	O.ペゲラー他,編／竹市,下村監訳	584
551	彫　像	M.セール／米山親能訳	366
552	人間的なるものの庭	C.F.v.ヴァイツゼカー／山辺建訳	
553	思考の図像学	A.フレッチャー／伊藤誓訳	472
554	反動のレトリック	A.O.ハーシュマン／岩崎稔訳	250
555	暴力と差異	A.J.マッケナ／夏目博明訳	354
556	ルイス・キャロル	J.ガッテニョ／鈴木晶訳	462
557	タオスのロレンゾー〈D.H.ロレンス回想〉	M.D.ルーハン／野島秀勝訳	490
558	エル・シッド〈中世スペインの英雄〉	R.フレッチャー／林邦夫訳	414
559	ロゴスとことば	S.プリケット／小野功生訳	486
560 561	盗まれた稲妻〈呪術の社会学〉(上・下)	D.L.オキーフ／谷林眞理子,他訳	上・490 下・656
562	リビドー経済	J.-F.リオタール／杉山,吉谷訳	458
563	ポスト・モダニティの社会学	S.ラッシュ／田中義久監訳	462
564	狂暴なる霊長類	J.A.リヴィングストン／大平章訳	310
565	世紀末社会主義	M.ジェイ／今村,大谷訳	334
566	両性平等論	F.P.de ラ・バール／佐藤和夫,他訳	330
567	暴虐と忘却	R.ボイヤーズ／田部井孝次・世志子訳	524
568	異端の思想	G.アンダース／青木隆嘉訳	518
569	秘密と公開	S.ボク／大沢正道訳	470
570 571	大航海時代の東南アジア(I・II)	A.リード／平野,田中訳	I・430 II・
572	批判理論の系譜学	N.ボルツ／山本,大貫訳	332
573	メルヘンへの誘い	M.リューティ／高木昌史訳	200
574	性と暴力の文化史	H.P.デュル／藤代,津山訳	768
575	歴史の不測	E.レヴィナス／合田,谷口訳	316
576	理論の意味作用	T.イーグルトン／山形和美訳	196
577	小集団の時代〈大衆社会における個人主義の衰退〉	M.マフェゾリ／古田幸男訳	334
578 579	愛の文化史(上・下)	S.カーン／青木,斎藤訳	上・334 下・384
580	文化の擁護〈1935年パリ国際作家大会〉	ジッド他／相磯,五十嵐,石黒,高橋編訳	752
581	生きられる哲学〈生活世界の現象学と批判理論の思考形式〉	F.フェルマン／堀栄造訳	282
582	十七世紀イギリスの急進主義と文学	C.ヒル／小野,圓月訳	444
583	このようなことが起こり始めたら…	R.ジラール／小池,住谷訳	226
584	記号学の基礎理論	J.ディーリー／大熊昭信訳	286
585	真理と美	S.チャンドラセカール／豊田彰訳	328
586	シオラン対談集	E.M.シオラン／金井裕訳	336
587	時間と社会理論	B.アダム／伊藤,磯山訳	338
588	懐疑的省察 ABC〈続・重大な疑問〉	E.シャルガフ／山本,伊藤訳	244
589	第三の知恵	M.セール／及川馥訳	250
590 591	絵画における真理(上・下)	J.デリダ／高橋,阿部訳	上・322 下・390
592	ウィトゲンシュタインと宗教	N.マルカム／黒崎宏訳	256
593	シオラン〈あるいは最後の人間〉	S.ジョドー／金井裕訳	212
594	フランスの悲劇	T.トドロフ／大谷尚文訳	304
595	人間の生の遺産	E.シャルガフ／清水健次,他訳	392
596	聖なる快楽〈性,神話,身体の政治〉	R.アイスラー／浅野敏夫訳	876
597	原子と爆弾とエスキモーキス	C.G.セグレー／野島秀勝訳	408
598	海からの花嫁〈ギリシア神話研究の手引き〉	J.シャーウッドスミス／吉田,佐藤訳	234
599	神に代わる人間	L.フェリー／菊地,白井訳	220
600	パンと競技場〈ギリシア・ローマ時代の政治と都市の社会学的歴史〉	P.ヴェーヌ／鎌田博夫訳	1032

			(頁)
601	ギリシア文学概説	J.ド・ロミイ／細井，秋山訳	486
602	パロールの奪取	M.セルトー／佐藤和生訳	200
603	68年の思想	L.フェリー他／小野潮訳	348
604	ロマン主義のレトリック	P.ド・マン／山形，岩坪訳	470
605	探偵小説あるいはモデルニテ	J.デュボア／鈴木智之訳	380
606 607 608	近代の正統性〔全三冊〕	H.ブルーメンベルク／斎藤，忽那 佐藤，村井訳	I・328 II・ III・
609	危険社会〈新しい近代への道〉	U.ベック／東，伊藤訳	502
610	エコロジーの道	E.ゴールドスミス／大熊昭信訳	654
611	人間の領域〈迷宮の岐路II〉	C.カストリアディス／米山親能訳	626
612	戸外で朝食を	H.P.デュル／藤代幸一訳	190
613	世界なき人間	G.アンダース／青木隆嘉訳	366
614	唯物論シェイクスピア	F.ジェイムソン／川口喬一訳	402
615	核時代のヘーゲル哲学	H.クロンバッハ／植木哲也訳	380
616	詩におけるルネ・シャール	P.ヴェーヌ／西永良成訳	832
617	近世の形而上学	H.ハイムゼート／北岡武司訳	506
618	フロベールのエジプト	G.フロベール／斎藤昌三訳	344
619	シンボル・技術・言語	E.カッシーラー／篠木，高野訳	352
620	十七世紀イギリスの民衆と思想	C.ヒル／小野，圓月，箭川訳	520
621	ドイツ政治哲学史	H.リュッベ／今井道夫訳	312
622	最終解決〈民族移動とヨーロッパのユダヤ人殺害〉	G.アリー／山本，三島訳	470
623	中世の人間	J.ル・ゴフ他／鎌田博夫訳	478
624	食べられる言葉	L.マラン／梶野吉郎訳	284
625	ヘーゲル伝〈哲学の英雄時代〉	H.アルトハウス／山本尤訳	69
626	E.モラン自伝	E.モラン／菊地，高砂訳	36
627	見えないものを見る	M.アンリ／青木研二訳	24
628	マーラー〈音楽観相学〉	Th.W.アドルノ／龍村あや子訳	28
629	共同生活	T.トドロフ／大谷尚文訳	23
630	エロイーズとアベラール	M.F.B.ブロッチェリ／白崎容子訳	
631	意味を見失った時代〈迷宮の岐路IV〉	C.カストリアディス／江口幹訳	33
632	火と文明化	J.ハウツブロム／大平章訳	35
633	ダーウィン，マルクス，ヴァーグナー	J.バーザン／野島秀勝訳	52
634	地位と羞恥	S.ネッケル／岡原正幸訳	43
635	無垢の誘惑	P.ブリュックネール／小倉，下澤訳	35
636	ラカンの思想	M.ボルク=ヤコブセン／池田清訳	50
637	羨望の炎〈シェイクスピアと欲望の劇場〉	R.ジラール／小林，田口訳	69
638	暁のフクロウ〈続・精神の現象学〉	A.カトロッフェロ／寿福真美訳	35
639	アーレント＝マッカーシー往復書簡	C.ブライトマン編／佐藤佐智子訳	71
640	崇高とは何か	M.ドゥギー他／梅木達郎訳	41
641	世界という実験〈問い，取り出しの諸カテゴリー，実践〉	E.ブロッホ／小田智敏訳	40
642	悪　あるいは自由のドラマ	R.ザフランスキー／山本尤訳	32
643	世俗の聖典〈ロマンスの構造〉	N.フライ／中村，真野訳	25
644	歴史と記憶	J.ル・ゴフ／立川孝一訳	40
645	自我の記号論	N.ワイリー／船倉正憲訳	46
646	ニュー・ミメーシス〈シェイクスピアと現実描写〉	A.D.ナトール／山形，山下訳	4
647	歴史家の歩み〈アリエス　1943-1983〉	Ph.アリエス／成瀬，伊藤訳	42
648	啓蒙の民主制理論〈カントとのつながりで〉	I.マウス／浜田，牧野監訳	4
649	仮象小史〈古代からコンピューター時代まで〉	N.ボルツ／山本尤訳	2